白癡的歷史

18世紀至今世人如何看待智能障礙者

Simon Jarrett
賽門・賈勒特

劉卉立◎譯

THOSE THEY CALLED

IDIOTS

The Idea of the Disabled Mind from 1700 to the Present Day

好評推薦

一部可讀性極強、圖文並茂的歷史……感謝賈勒特以如此清晰、卓越的寫作風格，娓娓道來這個複雜、迷人，又經常令人不安的故事。

——史蒂芬・昂文，作家、劇作家暨導演

在他的這本近期歷史鉅作中……賈勒特讚揚學習障礙者從長期的監禁中「大解禁」成功……然而，他也看出社會仍需去適應所有人類成員。

——麥可・菲茨帕特里克，《每日電訊報》

賈勒特是一位充滿魅力的歷史學家……他的故事是對那些被貼上「白癡」標籤者的掙扎和渴望的讚詞。

——喬安娜・伯克，倫敦大學伯貝克學院歷史教授

員。既優雅又富煽動性……這部充滿人道精神的歷史教導我們，社會可以如何學著去適應包容全體成

——大衛・特納，《十八世紀的英國殘障問題》作者

本書從十九世紀末的優生學和機構當局的觀點，到當代社會的思想和實踐，對智能障礙進行了重大的反思。

——桑德・吉爾曼，埃默里大學文理科特聘教授暨心理學教授

推薦序

透過「白癡」的歷史，理解我們對於生命的認識

胡川安

日本神奈川縣在二〇一六年六月發生了第二次世界大戰後最大的屠殺事件，一共有十九人死亡、二十六人受傷。案發地點是當地照顧智能障礙所「津久井山百合園」，行凶的人是植松聖，曾在此工作過。他曾經預告犯罪，寫信給眾議院議長大島里森：

「要是沒有障礙者就好了！」

「我要讓殘障者可以在監護人的同意下安樂死。」

「殘障者在社會上生存有太多困難。」

植松聖認為障礙者不應該存在這個社會上，因為他們有太多的不方便，所以殺了他們等於是解脫。這樣的邏輯在台灣也發生過很多次。

台灣沒有發生蓄意進入智能障礙者場域的殺傷事件，但如果注意新聞，每年都有不少的人倫慘

案。大多都是照顧智能障礙者或是腦性麻痺患者的雙親，由於長久照護自己的孩子，不堪負荷，最後親手殺死自己的孩子。

我們可以決定一個人的生命嗎？如果我們蓄意殺了一個人，會以蓄意殺人案判刑，但為什麼有人可以決定心智障礙者的生命呢？

除此之外，我們社會是什麼時候決定要將心智障礙者排除在社會之外隔離、治療，覺得他們不是「正常」人呢？這本《白癡的歷史》跟我們說了一群本來與社會融合在一起，後來被排斥，甚至遭遇到屠殺的故事。

智能可以是我們判斷一個人生命權的基準嗎？從人類的歷史上來看是可以的。十八世紀時，被稱為「白癡」的那群人仍然生活在社區中。從紀錄上可以看到雖然生活充滿著挑戰，有時也會被當作怪人，且沒有生活上該有的行為能力，不過，當時社會仍將他們視作一個完整的人，只是需要被保護。

我們可以看到，在十八世紀被貼上「白癡」標籤的人，他們不是像後來那樣住在收容機構中，而且，癡呆並不是一種醫療問題，當時的醫療付費方式主要看醫師能否給予成功的治療，按成效付費。如果癡呆無法治療，無法變得更好，那就不是醫療的問題，所以無須被醫治，而是天生萬物，本來就有各種不同的人，癡呆也是造物主創造出來的人類。

如果我們承認每個人都有不完美的地方，不管是美醜、能力、智力……都是正常人，智能上的低下並不是原罪，學識上的高超和容貌上的美好也不構成美德的條件。上天給我的稟賦，或是給我們的障礙，並不是一個人成為人的美德，受過完整教育，且知識、學問都好的罪人，會比無知的傻瓜來得罪惡，因為有知識的人無可推託自己的責任。

十八世紀當時的社會還沒有如此強調「理性」，不是智能決定一切的社會，但當大家逐漸「啟蒙」，開始覺得智力是生活在社會中最為重要的一項能力。狄更斯說到「白癡」是否為：「一個沒有希望、無法矯正、無法改善的生命呢？」甚至說：「也許沒有人會將他處死，但每個人都希望他死，看著他活著就令人苦惱。」

如果沒有適當的介入（不管是醫療或是訓導的方式），「白癡」會陷入孤立的處境中。從知識分子開始，很多對於教育心智障礙者的理論開始發展，以往在社區中生活的「白癡」，但他們現在需要被安置在機構裡面，需要透過醫療的監管，同時需要治療。

隨著白人開始征服世界，遇到了黃種人、黑人和各種不同的人種，白人覺得站在「文明」的頂端，不符合白人「文明」標準的，就要將其馴化，透過教育、訓導和懲罰來完成「文明化的使命」。在機構中的「白癡」，開始被類比為遠方那些需要教育的蠻人，需要被控制和管理。

透過醫學、心理學和生物學在人種的分類和智能測驗的發明，以及鑑定、控制和醫療這些科學的權力，將智能障礙者通通關起來接受治療，讓他們從社區進入了機構，有如囚犯一般，在收容機構的高牆後度過一生。

由於機構需要配置醫療人員進行「正常人」的治療，國家需要配置人員加以管理這些「不完美的人類」。而最令人髮指的案例，就是德國在一九三九年開始對「垃圾兒童」安樂死，允許醫師、護理師和衛生官員對於患有包含智能缺陷在內等遺傳疾病的兒童，進行安樂死，或者直接送進「飢餓屋」，讓他們活活餓死。

納粹不過是不到百年前的歷史，我們真的可以用「理性」、「科學」決定一群人的生命嗎？一九八〇年以後，英國開始提倡「社區照護」，然而心智障礙者還是需要接受一系列的評估和個人化的計畫，依然將他們視為有別於一般人。

而且，以往我們生活的空間，還有生活上的大小事，都是為了「正常人」設計，而排除身心障礙者。如果我們都同意國家應該要保障所有人的權利，不會有人因為身體、心靈和智力上生病或有障礙，就遭到社會排擠，遭遇到不公平的對待，那我們就應該要平等的對待所有的人，排除不平等的環境、規定和社會氛圍。

一個社會要如何創造出環境可以讓全體成員都生活在其中，而不是用各種標籤分別彼此，讓每個成員用自己的姿態活出自己。還有作為一個人是因為智能的關係嗎？我們的答案一定是否定的。作為一個人就是因為每個人都不同，我們能夠交流、溝通、分享、建立關係，而不在於智能的高下。

胡川安　中央大學教授、真善美社會福利基金會執行董事。

白癡的歷史　目次

前言

一九八〇年代，我還是個初出茅廬的年輕護佐（護士助理），起初任職於英格蘭南部一家小型「心智障礙醫院」。那裡的病患全是年長男性，他們在一九二〇至三〇年代期間，還是幼童的時候就被收治在這裡。我在上班第一天輪值結束後，把一個年長病患G的檔案快速看完，他那時候穿著一套破舊西裝，整日在病房裡到處幫忙。檔案包含了他在一九二四年、年僅六歲時的入院紀錄，開頭寫道：「G，一個蝙蝠耳白癡（cretin）」。看到用如此刻薄的輕蔑用語來形容一個年幼的孩子，令我感到一陣厭惡。我後來才知道，對G的這番描述在他的那個年代，其實是正確的臨床診斷用語。Cretin（克汀病患）一詞經歷了一段不算長的變遷，它在G寄住於醫院病房的六十年間，從權威的醫學術語演變為大街小巷濫用的名詞。*這段期間，還發生了其他重大變化，諸如：大罷工、大蕭條、

*譯注：cretin為呆小病或克汀病患者，該字的使用紀錄始自十八世紀下半葉，借用法語crétin，最初指阿爾卑斯山和其他山谷中發現的侏儒和弱智者，他們因為甲狀腺機能亢進阻礙了身體發育和認知發育。後來，衍伸為白癡、傻瓜之意。

法西斯主義的興起、爆發第二次世界大戰、大屠殺、成立(英國)國民保健署、大英帝國終結、冷戰、搖擺六十年代、民權運動、越戰和柴契爾主義等等。儘管G從男孩到男人再到人生來日無多的今天,這段歲月發生的種種事情對他而言,並沒有什麼改變。連同其他男人(或者說「男孩」,這是鎮上的人對他們的稱呼),他的頭髮也許變長了、腰圍變粗了、套頭衫變鮮艷了,病房也不再那麼簡陋了。然而,儘管外面的世界改變了,他仍舊過著一成不變的生活,每天三餐吃著相同的難吃食物,每晚七點半上床睡覺,早上六點半起床,然後打發時間度過一天。他過著一種奇異的彼得潘式生活,他永遠別想奢望或看到可以擺脫眼前這種日復一日、永無止境的例行性生活而長大,這是絕不被容許的,然後他會在未來某個時間點死去。他來到這個世界是個「有蝙蝠耳的白癡」,而且從來不被允許以其他身分存在。為什麼?

接下來的幾十年間,我因工作上的需要,與這群人有了接觸、共事的機會,許多疑問也油然而生,我認識他們的時候,他們起初被稱為心智障礙者、接著是學習障礙或學習困難者,然後是智能障礙者,而其他時候,他們曾被稱作心智低下者、智能缺損者、低能兒、克汀白癡、低智者、智能遲滯者、白癡,還有許多其他稱呼。為什麼這個稱呼不斷在改變?這些人是誰?是誰決定了他們的這些身分?如果不是生病了,他們為什麼要接受醫生的管理和治療?他們一直住在收容所(或療養院)裡,還是曾有一段時期,他們過著另外一種生活方式,也或許那根本就不是「他們」?

與其歷史一樣引人關注的是,那些受僱於政府來照護他們的當代專業大軍中,有許多人對他們的歷史興趣缺缺。對許多人來說,這些人毫無歷史可言。他們不過是一種恆常不變的普世現象。相關的

「治療」方法和公共政策卻不斷在改變，但這是因為過去永遠是錯的；所以，現在總是在矯正過去的過失。

無論是在收容所裡面或外面，這個族群似乎活在一個奇特的平行世界裡。隨心所欲的生活、賺錢、享受權利，這個西方現代性通則似乎不適用在他們身上。他們是這個世界的一分子，卻不屬於這個世界。我後來明白許多被貼上智能障礙標籤的人，他們也懷抱著希望、一樣奮發向上，而且往往和我擁有相同的關切和熱望。但是他們和我不同，他們只在某些方面被當成人來看待，而沒有賦予他們完全的人類地位。對他們所關切的事情和熱切願望，世人絕大部分都充耳不聞。他們是誰？他們來自何處？他們又有什麼樣的故事呢？

基於諸如此類的疑問和探究，催生出了這本書。我想要了解，我們今天所稱為的智能障礙者他們所走過的歷史。他們過著什麼樣的生活？其他人是如何看待他們的？他們又是如何看待自己的？以及其他諸如此類的問題：我們用來描述他們的用語為什麼如此頻繁更迭，這些異動有什麼意涵？當我們使用這些不同術語的時候，我們所談論的是同一群人嗎？還是，根據心智能力來決定什麼以及誰理應被排除在外的社會觀，會隨著時間而改變？我期盼以上探問，將有助於我們更了解現今社會中智能障礙者的地位。

我發現，大多數的歷史研究主要聚焦在晚近的「社區照護」，或是始於十九世紀中葉的收容所時期，這類研究暗示著，唯有在智能障礙者成了機構的目標對象後，才獲得了歷史的關注。但在收容所出現之前，他們如何生活？是被社區接納為其中的一分子，還是受到排擠呢？他們肯定曾和家人住在社區裡，以某種方式過著日常生活，被當地人所認識和談論。他們一定經歷了某種改變，以至於不再被認為可以繼續住在社區和家裡，而是該被隔離，由收容所高牆後面的專家們負責照護他們。從十八世紀到十九世紀顯然出現了轉變（主要是人的想法改變了），從那些被他們稱為「白癡」的人生活其中的社區，轉為一八五五年於英國薩里郡厄爾斯伍德鎮所開設的全世界第一家白癡專門收容所。掌管收容所的是知名的約翰・朗頓・唐醫生，他是「蒙古癡呆症」的發現者和命名者，亦即今日廣為人知的唐氏症。是什麼樣的心路歷程，使唐醫生創立了白癡專門收容所？之後，還有另一個發生在二十世紀下半葉的社會轉變。一百四十年後，被監禁的人從白癡和弱智收容所、智能缺陷隔離區和心智障礙醫院（它們最終的稱呼）離開而重返社會。從十八世紀時他們生活在社區之中，十九世紀時他們進入了收容所，最後在二十世紀重返社區，這段長達三百年的回歸之旅，正是本書所要探討的歷史。

我認為，在收容所時代出現之前，在十八世紀和十九世紀初期的英國，這類被稱為白癡和弱智的人曾過著與社區融合的生活，被視為是社區的一分子。他們不僅是家庭的成員，也是鄰里和就業網絡中的一員，他們得到認識之人的關愛、保護和接納。眾人偶爾會對其投以奇怪的眼光，但通常是覺得他們有趣、好玩，他們的智能不足也引來人們的注意和議論。儘管如此，他們是被接納的，屬於社區的，當然被視為自家人，他們的與眾不同融入到社區的日常生活中。由於缺少國家興建的基礎設施和機構來收容隔離這些被視為異類的人，社區只得保持通融。在十八世紀，不論一個人是否逾越任何社會規範，只要在社區出生就有資格成為其一分子。是社區去遷就人，而不是人一定要去適應社區。你不必通過某種心智測驗，以取得一份人類歸屬證明書。當然，被稱為白癡和弱智的人難免會遇到遭人霸凌、虐待、鄙視和嫌惡，但總是會出現捍衛他們的反擊力量，設法保護、關愛和接納他們。

我相信這對於那些我們稱之為有智能障礙的人在今日社會中的地位，有若干重要啟示。首先，我們要了解從十九世紀中葉到一九八〇年代這段所謂的「大監禁」時期，是一種反常現象而非常態，期間有數以萬計的人因智能不足而被送入收容機構，無法成為主流社會一分子。在此之前，在英國上千年的歷史記載中，那些被視為生來就智能不足的人都生活在他們的社區，而非在機構裡。「白癡」，也就是智能障礙者，並非生來就要進入收容所的。只是在為期約一百四十年的大監禁時期，眾人就是如此看待和歸類他們的。其中有諸多因素促成，有許多根源於啟蒙時代思想，對於分類和診斷的狂熱，建構了一套構成「人類」本質的心智屬性；以及實施中央集權的官僚體制國家崛起，「異類」由政府「收容照護」，將其排除在社會之外。此外，也有一些新的公民權概念出現，要求每個人必須履行某些對等的義務、責任和心智能力，才能授予歸屬的徽章，正式成為社會一分子。這些啟蒙時代核心思想在十八世紀得到滋養和完善，在十九世紀初滲入公眾思想和公共政策的制定，並且在一個大膽而自信的新興醫學行業的推動下，使得白癡和弱智者失去了他們在社會的立足點，而默默的在機構裡被體制所遺忘。

自一九八〇年代「大解放」開始以來，隨著昔日的收容機構相繼關閉，轉而邁入「社區照護」起，我們為自己的開明現代性沾沾自喜。當然，這方面的發展在最近幾十年間確實取得了巨大成果和進步。但若因此認為，我們（英國）是第一個打造出可以讓智能障礙者與其他人在相同的社區環境裡共同生活的國家，那可就大錯特錯了。我們也要在此聲明，我們所提供的是進入社區的「權利」，這往往需要透過一系列官僚化評估、風險分析、資助決策和針對個別需求的個人化計畫，而不是無條件接受。我們授與某種限制性的社會使用權形式，一種不穩定的半接納。換言之，只要他們接受我們加諸在其周圍的限制和約束，也就是用官僚體制和社會政策所構築的無形收容所高牆，他們就屬於社會一分子。我們的社會通常不會為了適應那些不能遵行現行規範的人，而有所改變或軟化。反之，我們以是否有能力遵守規範，作為歸屬社會的標準。直到今天，我們的假設和觀念仍籠罩在十九世紀收容所長期以來的陰影之下。

社會要如何重塑自身以包容全體社會成員、接受他們的本相，而且容許他們成為想要成為的人，十八世紀的歷史可作為借鏡。我們經常自問：生而為人意謂著什麼？我們給出很多答案，比如：意謂我們自知認識事物、理性的、有同理心、有邏輯性、有未來感、能夠建構關係、是雙面人或有幽默感。所有這些答案都能（通常是不當地）用來把白癡、弱智、傻瓜、呆子、低能兒、克汀白癡、智能障礙者排除在外。我們鮮少，或從未這樣說：生而為人只是因為父母生下我們，這是不會排除我們同類的說法。對於理解智能障礙者，本書主張他們無須歷盡萬難，設法通過一系列英才考驗，才能被社會視為人類。一旦明白這一點，就能清楚明白為什麼那些被貼上這個族群標籤的人應該享有所有人權，以及為什麼他們沒必要在精神病學家、心理學家、社工和法官面前，力爭他們的人格性。在某些領域的能力，智能障礙者是有不同程度的欠缺，但一個良善的社會，能夠將其視為是保持通融和適應並接納他們的理由，而不是基於同情或憎惡而成為排斥他們的原因。

此刻，我們有必要釐清智能障礙和精神疾病，亦即「白癡」和「精神失常（或瘋癲）」之間的差異。一般而言，我們在說一個人有智能障礙（以及在此之前所使用的所有相關措詞或稱呼）時，我們的意思是他們天生智能不足，大多數人都能理解的事物，教育意義上的學習能力，以及獨立自主生活所需的技能，對他們而言都是相當困難的。這種狀態終其一生都不會改變或是得到「治癒」，但這並不表示這樣的人終其一生無法經營他們的人生，許多案例證明，他們能夠過著高度自主的獨立生活。這類失能的嚴重程度因人而異，從無法用言語溝通可能還伴隨著身障、癲癇和其他狀況的重度智障，到殘疾程度並不明顯，但根據智商來定義其智力低下的輕度智障，不一而足。這些「輕度」智障者在不久前還被稱為「低能」和「弱智」，通常生活在社會歸屬的邊界地帶。究竟誰歸屬於這個族群，長久以來一直存在著爭議，而且這個定義往往與社會的信念和成見緊密相關。

精神疾病（或是精神錯亂、瘋癲和瘋狂這些在過去為人熟知的稱呼）則是另一回事。在大多數情況下（我在這裡總括一下），精神疾病是一種後天疾患，出現在人生中某個時點，而非與生俱來。就智商的定義而言，精神疾病患者通常天生具有正常智力，甚至表現出高智商。現今精神疾病的範疇極為廣泛，從憂鬱症和焦慮症，到思覺失調症和嚴重精神病不等，而且每一種狀況的嚴重程度又有很大不同。與智能障礙不同，精神病患往往有康復的可能，或按照過去的說法，這種疾病很有可能被「治癒」。重要的是，這意謂他們因為精神疾病所失去的能力有可能恢復，因而也能恢復被褫奪的法定權利，這是智能障礙者終其一生無法享有的權利。

儘管智能障礙和精神疾病之間存在著巨大差異，但經常被混淆，因為這兩者都被視為某種精神折磨。不過本書的主題是智能障礙，而非精神疾病。智能障礙者的生命經歷、所生活的社會環境以及有關他們的種種成見，和精神疾病患者生活中的情況大不相同。此外，不同於精神病患者留下許多精神疾患方面的文字紀錄，被定義為智能障礙者很少留下親筆紀錄，因為他們無法擁有高水準的讀寫能力。使得寥寥無幾的「癡呆」相關歷史文獻，與汗牛充棟的精神疾病文獻形成鮮明對比。這兩者有任何交集嗎？可以確定的是，智能障礙者就和任何人一樣，也會罹患精神疾病，但這並不表示他們必然會如此。像「弱智」這類用語，已隨著時間而更迭，在十七世紀和十八世紀初期被用來描述那些透過某種方式被認定為智力低下的人，例如某些老年人或是身體有疾病的人，但其定義漸漸變得狹隘，意指那些天生智能不足的人，他們雖非完全「癡呆」，但也不具有正常智力。失智症這類狀況和因為遭逢意外或生病所導致的腦部損傷，會產生類似智能障礙的症狀，但不同的是這種狀況並非終生如此，而是表示一個人在智能上出現了變化，而非與生俱來直到終老。然而，儘管有以上種種差異，在收容所裡、臨床診斷上、在法律上、在歷史寫作和大眾認知中，瘋子和白癡經常混為一談。

我們今天所描述的智能障礙者，最常被歷史學家視為是邊緣人或不值得關注。誠如一位歷史學家所指出的，「從歷史來看，學習障礙者的社會邊緣性與他們在學術上的邊緣性互為映照。」[1]對於許多以其超卓的智能天賦為生活動力的學者來說，難以想像或接受智能障礙（或某種智力缺陷），或許是人之常情，無可避免的。此外，瘋癲的歷史，亦即瘋狂或精神疾病的歷史，已經掩蓋過關於癡呆的歷史。如同一位偉大歷史學家的觀察，「瘋癲繼續發揮其神祕感，但愚蠢沒有任何神祕感可言」。[2]比起天生「愚鈍」，正常人甚或是天才心智的退化更令人感興趣。

無怪乎，最早出現的「癡呆」史是由臨床醫生和社會科學家執筆，他們在自撰的歷史著作中，把白癡視為一個（被動的）主要角色，也如此主張。這些著作確實是關於醫界與其英雄人物的歷史，他們將白癡從殘酷的外部世界拯救出來，或是透過收容所體系保護社會免受其害，這些觀念迄今仍然持續存在。[3]在大家歡迎收容所到來之前，這些著作把白癡描繪成遭受監禁和虐待的族群，他們活在水深火熱的悲慘處境中，「被綁上鏈條、被揍、處於半飢餓狀態中……住在地窖和閣樓裡，還有監獄和濟貧院裡」。「一股新興的人道精神、一個崛起中具有重要影響力的收容所醫生階級」成了他們唯一的救星。[4]

從一九九〇年代起，這種醫學史論著開始受到挑戰，一系列重要的修正主義論述把智能障礙者當作獨立個體並置於故事核心，他們應該得到歷史調查的重視，而非成為醫學調查的對象。這些著述也分析了如優生學和機構化的發展，這些意識形態的變遷對於個人生活具有重大影響，並將癡呆的歷史研究擴展至中世紀和近代早期。對於收容所出現之前的時代的描述，這是首次不是以邊緣化、虐待和迫害為主題，而是顯示白癡受到了社區承認和支援，而非以機構化作為一種懲罰性的手段或解決方案。[5]

此後，隨著包容性歷史研究大量展開，這個領域擴大並且發展，其中包括了二十世紀的機構化和走向社區照護的口述歷史、十九世紀末和二十世紀初關於優生學和智能缺陷，以及維多利亞時代的收容所時期的詳盡著述。[6]

最近一波的智能障礙史研究（本書受惠良多）主張，「智能障礙」一詞本身並非一個穩定的歷史概念。我們不能只是設法尋找並指出早期關於智能障礙的流行觀念來支持進步論，或是指出一直以來都有一個容易辨識、普遍都能認出在智力上不幸有缺陷的其他社會團體，而專門用來指稱他們的術語，在數世紀以來恰巧以驚人的規律性出現了變化。心理學和醫學並未得出無可置疑的確鑿科學知識，指明構成癡呆的要素為何，而是每個時代和社會都構建出了一個當代的癡呆版本（以及所賦予的新名稱），反映了其本身的焦慮和關切，藉此形塑出一個終極的局外人群體，我們這些其他人等則從他們身上產生包容感。這就是探討十九世紀之前關於智能障礙（或是缺乏它們的）的觀念為什麼格外重要的原因。我們必須了解，形成於十九世紀並延續至今的醫療化癡呆觀念，只是針對那些被視為缺少某類心智能力者長年日積月累下來所形成的眾多表述之一。智能障礙是一種**概念**，這種概念會隨著時間推移而更迭，並對那些建構這些定義的高牆，且生活在其中之人的人生產生極大衝擊。[7]

本書從十八世紀初開始寫起，但不是假設存在著某種形式的殘酷邊緣化和排擠，而是尋找作為日常社會中一分子的「白癡」。於是，我在十八世紀的日常生活文獻來源中查找：在民事和刑事法庭的報告中、在眾人講的笑話和使用的俚語中，以及在小說、詩歌、漫畫和藝術中、在通俗小說和戲劇中、在旅人記事中。果然，白癡就在那裡，他們是日常生活的一道殊異風景，是社區的一分子，雖然看來古怪、有時候覺得好玩，甚至成為嘲弄的對象，但他們在這個世界上、在社會裡都非常多。我們從這些文獻中發現，那些被稱為白癡的人，他們被家人所愛、受到社區的保護和陪審團的善待，經常都有工作，也有結婚的，總是看得到他們的身影，所有這些都是以一種不起眼、平常的方式在默默進行著。

本書接著繼續講述這種情況發生改變的方式和原因；那些在十八世紀被社區接納為一分子的人是如何在十九世紀末變成收容所的生物，社區曾將其視為一分子，如今卻視他們為格格不入的異類。本書追溯了造成這種心態轉變的種種變化，諸如：思想、幽默感、道德、意識形態、輿論、禮儀和公民權觀念的改變。本書還描述了癡呆和弱智概念與種族和智力概念之間超乎尋常的糾葛，這個過程始於十八世紀的全球探索時期，結束於十九世紀中葉的科學種族主義，以及在達爾文之後（基於擔心種族退化）興起的高度種族化優生學。癡呆從某種無害事物（即使有點古怪），轉變成一種會危及種族生存、更加黑暗的概念。對於智力低下者和非白人人種進行全面性指控。智能障礙概念正是這一切的關鍵。本書接著講述了故事最新的發展情節：在經歷了一個被監禁、放逐、控訴、忽視和虐待的黑暗世紀，期間包含了納粹在一九三九至一九四五年間，對心智或精神不健全者展開大規模屠殺。之後，隨著在二十世紀末收容機構被關閉，回歸某種形式的社區生活，一個新的篇章開啟了。本書探討了這種情況發生的方式與原因，並深入探討「大回歸」的成功與失敗。

這個故事有時候會把觸角伸到歐洲和北美洲，也確實擴及到十八和十九世紀日益擴張的大英帝國國境，但主要還是關於發生在英國本土的癡呆相關故事，以及無論是在本土還是擴張中的帝國境內的英國人，啟蒙時代觀點如何影響他們對癡呆、智力和心智重要性的看法和成見。其他地方，尤其是十九世紀初期法國和美國境內的觀點，常影響了英國人的想法和態度，在整個十九和二十世紀，英美兩國間的發展有許多密切的相似之處。儘管如此，兩國的觀點還是存在著重大差異，特別是英國人將個人自由的特權（當然是在本國境內）置於國家保護和干預之上。發生在納粹德國殺害殘疾人士的大屠殺事件和原因，會在本書的這個章節受到檢視，因為這影響了二戰前後英國（以及當時涵蓋領土更廣大的聯合王國）境內對智能障礙的看法，儘管優生學的觀點在英國蓬勃發展，但自由派人士、宗教活動家和一種對國家威權的普遍懷疑，合謀並確保不會發生類似的大屠殺事件。[8]

不斷變化的術語，是這個歷史領域的工作者必須努力解決的問題。千變萬化的術語本身揭示了智能障礙的發展歷史，也成了歷史學家的一項挑戰。對於這些快速變遷的術語，本書會在不同章節中探討其可能的意涵和根源。「智能障礙」一詞是目前公認的學術術語，用以描述英美從業人員分別對「學習障礙」（英）和「智能遲滯」（美）的稱呼。*為了避免與歷史無關的事物，以及為了能掌握各個歷史時期的真相，本書使用了所描述的各個時期的術語；其中包含了癡呆、弱智、智能缺陷、低能、心智障礙等等。當然，在它們所處的歷史脈絡之外，這些術語在今天的公共論述中已不再被接受，儼然成了帶有辱罵意味或不合時宜的字眼。為什麼術語的變遷會如此迅速，值得我們反思。是否每一個新術語的出現，都反映了一個專業團體的權力主張，如醫生、心理學家、教育家、倡議者，甚至是歷史學家，堅持他們有權去鑑定、治療和控制其所命名的群體？它們是否反映了潛藏在術語使用者心中的恐懼？對於一個在十九世紀末設法醫治所有疾病的醫生而言，有什麼會比醫治某種缺陷更讓他感到不安的呢？同理，心理學家最害怕面對的是認知障礙嗎？英才教育支持者最害怕的是學習障礙嗎？學者最害怕的是智能障礙嗎？還是，語言的變遷只因不得不然，因為臨床術語迅速淪為濫用的字眼，智能障礙者被排擠的生動例證？在這個綿延不絕的專業術語行列中，可能這三種情況都有。

本書的英文書名《*The Idiot: A History from 1700 to the Present Day*》（白癡：從一七〇〇年至今的

歷史）力圖強調潛藏在這些術語永無止境的變化背後的考古學。起初有一個概括性術語「白癡」，用來描述一個被認為在智能上有缺陷的族群，使其有別於其他人。白癡一詞早已成為一種用來無端侮辱人的字眼。但不管怎樣，這樣的族群一直都存在。兩百五十年來，白癡這個族群經常被重新命名，而且衡量其成員的標準也常常在變動。他們的社會接受度與歸屬度也在改變，例如在十八世紀，他們的社會歸屬度很高，然而，到了十九世紀大部分的時候，他們幾乎完全被社會排斥在外。但「白癡」一直都存在，隨著時間的推移被各種專業人士重新包裝和重新提出，本書書名則試圖反映這個潛藏的實情。

接下來，本書要描繪一種心態，以及這三百年來它是如何在英國形成的，又經歷過什麼樣的革新。這顯然不是一個述說進步和改善、線性發展的故事，本書的結尾強調了我們現今所面臨的新的不確定性和焦慮。共有的社會假設，決定了誰該歸屬於社會，誰又該被排除在外。對於那些被歸類為白癡或弱智（還是其他任何稱呼）的人來說，集體心態的轉變，也就是那些發生在其他人心中的事，卻總是對這群人產生深刻的影響。特定的癡呆概念與更廣泛的人性、心智、身分認同、種族和權利等觀念，有密不可分的關聯性。白癡群體從一個被視為古怪、與眾不同、脆弱，但最終仍屬於社區一分子的族群，轉變成為需要被關起來、與外界隔離，不屬於社區的人。最後，在接受某些條件下，他們被「允許」回到社會。這是一段從中心到邊緣，又再回到中心的旅程。隨著新構成的智能障礙族群在努

＊本書中術語的原文對照可參考書末索引。

力爭取重回曾經歸屬的社區，它的影響力仍持續至今。這場爭取權益的行動主要肇因於過去，這也就是為什麼過去的故事對我們至關重要。

第一部

十八世紀時期的白癡與弱智，一七〇〇年～一八一二年

第一章 可憐的傻小子和輕浮的傻女孩：法律上的癡呆概念

自古以來，有關白癡的概念就是法律的一部分。在早期的希臘社會，**idiota**（白癡）一字意指孤僻的人，過著與公眾及社交生活隔絕的離群索居生活。對於羅馬人而言，這種人是**illiteratus**（文盲）。這樣的獨居者概念，也就是與大多數人所享有的社會及公眾連結和網絡隔絕，構成了早期英國法律對於癡呆的理解。正是這種狀況的「自然性」，一種與生俱來的事實，讓法界人士為之傷神不已。根據法律，一個天生如此的人，算得上是一個完整的人嗎？英國法律作家約翰・考威爾在一六〇七年，如此闡釋：希臘人所謂的**白癡**和羅馬人所稱的**文盲**，「在我們的法律體系中……被視為**精神失常**或是天生的傻瓜」。[1]白癡是從出生起便與社會格格不入的人、不識字、不與人交流，把自己深鎖在一個隱蔽的精神世界裡。這隨即引發了一個問題，這種生活方式是否會使這個人變成危險的異類且不可預測，或者他只是個活在某種善良純真狀態中的無害之人。在善良與邪惡這兩個極端當中，白癡確切的狀態和位置究竟落在哪裡，數百年來世人為此爭論不休。

凡因為缺乏判斷力和理解力而被視為白癡的人，當受家人和領主的監護，這是羅馬和拜占庭帝國的一個法律特色。在英國，從十三世紀末（愛德華一世主政時期）起，這類監護權成了國王的責任，並成為「國王的特權」中的一部分，這份中世紀文獻主張國王對於那些被視為喪失心智能力者的權利。[2]這份文件天真地認為，白癡缺乏在國家事務上貢獻一己之力的能力，而且對健全血脈的傳承是一種威脅。這導致國王對白癡有保護和控制的雙重義務，而且賦予了國王對其土地和資產的權利。[3]「特權」賦予了國王監護權來管理「天生傻瓜」的土地，而且有義務供養他們一輩子。「特權」也設法區別天生傻瓜和精神錯亂者或瘋子之間的差異，前者的狀況終身無法改變，後者的心神喪失可能只是暫時性的，有可能康復或有清醒的間隔時期。因此，精神錯亂者享有更多權利。[4]

從中世紀起，白癡的鑑定乃是根據國王的命令，由一群門外漢官員（從來都不具備醫學專業）負責審查、訊問。[5]訊問主要聚焦在算術能力、對別人和自我的認識上。[6]到了十七世紀，一個人有必要具備更複雜的知識，其中包括了度量衡和星期數。[7]癡呆被視為是涉及財富和財產的法律問題，換言之，這對家無恆產（土地）的勞動階級而言根本不是問題。血統和維護家族的財富與繼承權至關重要。對當時少數受過教育的菁英人士而言，廣大的窮人階級全都是白癡，文盲是常態，繼承問題與窮人無關。

一五四〇年，亨利八世主政下的都鐸王朝，設立了一個強大的監護法庭。[8]繼鬆散和偶爾採用的中世紀法律指南之後，對於構成法律上無行為能力的條件，這項措施提出了更清晰的定義和焦點。[9]監護法庭不僅強化且形塑了那些因癡呆而被視為無行為能力者的相關法律處置慣例，還體現為繼續在十八和十九世紀實施的一種形式。[10]儘管在內戰和斯圖亞特王室復位之後，監護法庭於一六六一年被廢除，但它的職能只是轉移給了大法官法庭（今天仍繼續在保護法院行使）。[11]

隨著國家加強行為能力的相關法律，而且從中獲取愈來愈多的利益，國家也面對愈來愈多來自家屬要求廢除「癡呆轉讓財產權」的壓力：國家以國王的名義，永久沒收被法律認定為白癡者的土地和資產的政策，被視為不公不義的苛刻政令。隨著英國斯圖亞特王室早期幾任國王（詹姆士一世和查理一世），想盡辦法從法庭上榨取利益，來自家屬的壓力也隨之升高。為了回應這種壓力，白癡相關條款逐漸與精神失常者（瘋子）的一致，換言之，他們的資產不會再被永久沒收，有合理的利益核算機制，白癡與家屬維持生活所需的費用，必須與他們的地位和財產相當。[12]

構成癡呆的法律定義原本模糊不清，但在一六二八年出現了劇烈的搖撼，這都要歸功於法官柯克爵士。他把「精神失常」或心智不健全者分成四類，第一類是「白癡」：「白癡……天生所致，是一種永久性虛弱。」其他三類則分別是因為疾病或意外導致喪失理解力者；精神錯亂者（或瘋子）是理解力忽而正常、忽而失常者；以及因為本身過失（例如：醉酒）導致喪失理解能力者。不過，柯克後來又新增了一個包羅萬象的第五類無行為能力者，他定義為「所有其他人，舉凡因為**天生弱智**、疾病、年老或其他諸如此類原因，以致無法管理自身事務者」，[13]這些「天生弱智者」是一種嶄新觀念。他們不是白癡，而是因為天生智能受損，而對他們的行為能力產生質疑。他們處於行為能力邊界的哪一邊呢？於是，弱智被歸類為白癡的一種，弱智是指天生心智低能但非完全癡呆者。「弱智」一字的意義，開始從一種普遍的身心虛弱觀念，轉變成一種更特定的概念，指一個人天生智力愚鈍。其影響是擴大了這部分人口族群的規模，也就是那些社會大眾疑慮其天生的心智能力是否能成為社會正式成員的族群。

於是，這成了自十八世紀起白癡相關的法律見解。白癡是個孤獨的生命，不理解錢財、數字或社會關係，也缺少自我意識和記憶力。在一個日益蓬勃的商業社會裡，愈來愈多人從最貧窮的底層階級脫身，因此白癡也愈來愈難混跡隱身在廣大的文盲群眾中。一個新的、輪廓模糊的弱智類別，加入了情況無法改變的白癡族群當中，面對周遭快速變遷世界的需求，這個癡傻族群也受到了挑戰。「只因理解力不足」，[14]他們享有社會地位的權利受到質疑。在法律層面上，隨著家屬與國家的衝突日益加劇，以及國家濫用法律權力侵占白癡的土地和財富，這個族群成為愈來愈受社會矚目的焦點，儼然成了一個值得關注的複雜事務。

在一七〇〇年之交，律師約翰．布萊鐸出版了一本著作：《精神失常者；抑或天生傻瓜、瘋子和癲狂之人》。對於十八世紀之初英國社會對癡呆的相關法律見解和普遍理解，這個書名下了很好的總結。[15]他提到了「請求一個白癡」（begging an idiot）的制度，指的是要求大法官法庭審訊的過程，以確定一個人是否成為法律定義上的白癡。而且，由此衍伸出一個現代俚語：「你當我是白癡嗎？」根據布萊鐸的說法，國王在這個時候依舊保有鑑定白癡法定身分，以及擁有其土地的權利。他也提到白癡很容易從外表上認出，他們不能做出承諾或是簽訂合約，不能結婚，也不能立遺囑或是自願同意書。他們與瘋子和其他心智不健全者有別，因為他們「完全喪失理性……由於一種永久性虛弱……而成了……**天生傻瓜**」。[16]

然後，他設法回答了一個明顯棘手的法律問題，一種明顯自相矛盾的表現，即白癡有時候也能

JOHN·DONALDSON,
A Poor Idiot who usually walked before Funeral Processions at Edinburgh.
Published by Henry Sawyer, Dean St. Soho.

十八世紀觀點：「約翰・唐納森，一個可憐的白癡，經常走在愛丁堡送葬隊伍前頭」，亨利・索耶蝕刻版畫。

說出一番合理言論，使其看起來完全理性，「如此看來，這樣的人當然不是白癡」。但如果他們能夠擁有這種理性微光，不就代表他們其實有充分理智可以簽署法律合約嗎？但是，他們怎麼能夠既是無理性的白癡，同時卻又能說出合乎邏輯的理性言論呢？針對這種矛盾，布萊鐸的回答是，這樣的時刻乃是神的作為，「因為全能的上帝有時候會光照傻瓜的頭腦，以致他們的表現不比智慧人遜色」。白癡的這些隨意理性言論，只是理性的表象而非其本質。[17]

那麼，法律要如何區別兩者呢？布萊鐸提高了作為一個完全理性之人的條件。除了理解簡單的事實，還要有能夠理解抽象事物、概念和事物意義的能力。因此，一份由白癡所立下明顯合理的遺囑，在法律上並不充分，因為它無法展現立遺囑人真正的理解能力。即使他們所說的事情是合理的，也是無心之論。說正確的話、不顛三倒四，即使是上帝賜下這些話語，仍然還是不夠。白癡說的話沒有任何意義，因為他們缺乏理解力或意圖，不過就是「一隻鸚鵡對經過的路人說話」而已。布萊鐸留下了少許臆測空間，他暗示如果能就其理智和理解力提出更充分的證據，那麼一個白癡所立的遺囑也許會獲准成立。無論如何，他的論點很清楚——連那些會說話的白癡也不懂語言，他們只是鸚鵡學舌般的重複，不論他們說的話有時聽起來多麼明智。[18]

布萊鐸也提及了弱智。他表示，有一種人，他們「只具備低劣的能力或理解力，或者能力介於一般水準和傻瓜之間」，而且他們看起來可以訂立遺囑。不過，這是有附帶條件的，「他必須了解遺囑的性質——否則，（他）不適合訂立遺囑」。一個心智有缺陷、「能力拙劣者……缺乏道德和神學上的美德，或是敏捷的理解能力」，但不表示這些心智缺陷本身，構成了可以任人剝奪其法律權利的正當理由。然而，這也不代表他們自動享有這些權利。儘管眾人矛盾地認為他們介於有能力和無能力兩端之間，但是這種天生且終身弱智類別的概念，也就是「在白癡之上但在其他人之下的一群人」，開始在法律上逐漸成形。法律在未來一定要考慮到如何因應其複雜性。[19]

有關癡呆的法律知識是如何形成和傳播的？這不僅只是由頭腦敏銳的法律思想家由上而下所形成的過程。白癡不僅在十八世紀初就有了一個合法身分，也在眾人的思想中占有一席之地、用流行語來定義，還出現在笑話、俚語和日常生活對話中。除了藉助判例法和早期的法律理論，布萊鐸也借鑑了這種通俗的文化智慧，也就是有關構成癡呆要素的「常理」和文化理解。他承認社會共同的理解和正式的法律定義彼此相互影響。「白癡的一個普遍意義是指未受教育或不識字的人，但對英國法官而言，那是一個法律名詞，專指一個從出生便喪失其**理性**和**理解力**的人，在我們的口語中被稱為一個**天生的傻瓜**。」[20]為了說明「理性的微光」可以發生在白癡身上的想法，他詳細描述了一樁發生在巴黎的「有趣意外事件」，有個食客和廚師發生了爭執，一個白癡被要求居間做公道伯。[21]這段貌似真實的記事其實出現在三十年前的一本笑話集裡，而且簡潔的多：

在法國一間餐館裡，有個人在等待上菜期間，肚子就飽了，但還是得付錢。所以，他們決定留待給下一個（經過的）路人定奪，而那人恰巧是個白癡，他說這個人應該把錢放在兩個盤子之間，讓它響一陣子，那麼廚師應當會對錢的叮噹作響感到心滿意足，就如同這個人聞到肉香味就感到滿足一樣。[22]

這個（描述非常詳盡的）笑話闡述了一個人只需要聞（不必吃）廚師所煮的食物就能填飽飢腸轆轆的肚子，他因此拒絕為此「特別待遇」付錢：這個白癡很有智慧的（但也顯得天真）解決了這場糾紛，裁定如果這個顧客只是聞了食物，那麼廚師當然只聽錢聲就足矣。布萊鐸拿此作為案例來表明，非理性的白癡似乎也具有某種理性思考的能力。他承認，「有好幾個值得信任的作家都曾講過這個故事」。[23]在一本講述法律理論的著作中引用笑話作為例證，是知識在大眾化的知識和法律理論之間雙向傳遞的眾多例子之一。普遍認為白癡是幸運且會隨機冒出清晰想法的觀點將持續下去，托比亞斯・斯摩萊特筆下的同名英雄會在半個世紀後，被告知：「好吧，隨機先生，有時一個走運的想法會出現

湯瑪斯．羅蘭森，〈奇妙的修補；不該再次認識你！〉一八〇七年，水彩畫，描繪了一個蒙古大夫的診療室；十八世紀的醫生對「無法治癒的白癡」毫無興趣。

在一個傻瓜的腦袋裡。」[24]

普遍認為光從外表就能輕易分辨出白癡。倫敦的老百姓用一種豐富的日常語彙，回應布萊鐸對「傻瓜」（dunces）和「呆瓜」（dull pates）的描述。在老貝利（即倫敦刑事法庭）的刑事案件裡，目擊證人在作證時自信滿滿地形容白癡：「他是個笨蛋（soft-pated fellow）」、「他是個理解力很遲鈍的人」[25]它們充斥在日常的街頭語彙中，「癡人」（dullard）、「笨雨燕」（dull swift）、「蠢蛋」（dulpickle）、「糊塗蟲」（addle-pate）、「鉛腦」（leaden pate）以及其他「膨風的傢伙」（那些沒有辨別力或理性的人）走在街道上被所有階層的倫敦人認出、鎖定和嘲弄。[26]關於癡呆和行為能力的觀念存在於人的頭腦中，也存在於法律理論中，而且這類概念從街頭向上傳播到律師的言論中，也從法律階層往下傳播。值得注意的是，沒有任何這方面的知識流動是來自醫界——判定一個人癡呆與否，是律師和公眾的事情。這種無法改變、無法醫治，上天所賦予的狀態，醫生們根本不感興趣。

因此，就法律理論和一般看法而言，十八世紀初的白癡被視為非理性、脆弱、好騙、對日常的社交理解力不足，而且為國王所擁有（至少理論上是如此）。誠如身兼普魯士軍官、歷史學家和旅行家的約翰·威廉·馮·阿肯霍爾茨，在該世紀晚期曾簡明扼要的指出，國王是王國境內所有白癡的監護人，他繼承了所有沒有子嗣者的遺產。[27]然而，同樣是白癡可能具有理性微光，而且無論他們在心智上多麼異於常人，他們在英國基本上固著於家中和社區裡。緊鄰白癡的另一種類型則令人困惑，他們漸漸成為所謂的弱智者：天生頭腦呆滯、遲緩、軟弱和怯懦，心智介於健全和不健全之間。

白癡在民事法庭

這些對於癡呆和弱智的理解，在十八世紀日常的法庭對話中是如何表現出來的？白癡和弱智者常在兩大類法庭中被談論、描述、鑑定和判決。在宗教法庭或民事法庭上，會確定他們是否具有行為能力，從而確定其婚姻或遺囑的合法性。他們也出現在如倫敦老貝利*的刑事法庭上面對重罪指控。民

*自十六世紀起位於倫敦老貝利街上的法院，長期隸屬於中世紀新門監獄。在十九世紀更名為中央刑事法院，負責審理英國的重大案件。

事案件關係人和刑事案件關係人之間有著明顯的階級鴻溝。在民事法庭和宗教法庭的出庭者，來自擁有土地或其他資產的家族，因此幾乎全出自中、上層階級。在這些案件裡，重要的繼承和血緣問題面臨難以解決的危機關頭。在刑事案件裡，也就是出現在老貝利被告席上的人，幾乎全是窮人階級。他們來自熙來攘往的倫敦街頭，以今天的眼光來看，被控告的罪名無非就是些輕微的竊盜罪，像是扒手或順手牽羊，當他們站在法庭上面對十八世紀英國知名的「血腥法典」*的審判時，他們也面臨生死存亡的危機關頭。

在十八世紀法庭上的民事案件，闡釋了上流階層對於癡呆的理解的多樣性，也說明了那些被貼上白癡標籤者可能經歷的離奇人生。其中，約翰．利爵士的奇異人生和最後遺囑又格外引人矚目，他是英國薩里郡當地一個富有的財主，他自一七三九年起便成了宗教法庭關注的焦點。他的律師宣稱，他的判斷力、行為能力和理解力從出生就不足，他的能力不比一個七歲兒童強。[28]約翰爵士已婚，有一個兒子，在成了鰥夫後，兒子便接手管理他名下的財產，因為「他知道父親的行為能力和理解能力都不足」。[29]約翰爵士說著奇怪的單音節話語，說：「**是是是靠著克里斯（基督）不不不靠著克里斯**」，吃飯的時候，他不與家人一起圍桌而坐。當他聽到獨子英年早逝的消息時，沒有任何反應；但這也成了一個轉折點。五十八歲、智力低下、「嚴重缺乏健全而完善的判斷力」，也沒有任何一個已知的繼承人，且坐擁萬貫家財，他便成了掠奪者們覬覦的獵物。一群家族友人設法保護他、監管他的生活，但這個穩定的支持團體很快就被當地一群仕紳所取代，他們搬進來接管了他的房子和財產。在未獲得法律許可前，他們便自稱為約翰爵士的專員，開始「聚眾鬧事、喝酒、行為放縱」。[30]

約翰爵士在一七三二年出現腳痛症狀，一個名叫威廉．維達的藥劑師搬進了他的房子，他似乎對爵士有愈來愈大的影響力，進而掌控了他的生活。詭詐的維達察覺到約翰爵士容易受騙上當，在爵士的腳趾被截肢後，他向爵士保證會再長出來。事實上，整隻腳後來都被截肢了，這讓約翰爵士大發雷霆，但他把怒火發洩在別人身上而不是維達。維達繼續控制爵士，沒有得到他的允許，任何人都不准來探望，包括爵士的兩個近親。他們是約翰爵士的律師不顧維達的百般阻撓，鍥而不捨才追查到的，這兩個爵士原本不知道的堂兄弟，現在成了他血緣最近的親人。一七三三年，儘管約翰爵士不久前才驚呼：「克里斯神啊！我要結婚了嗎？我對要結婚的事一無所知啊！」[31]維達仍強行用驛馬車帶著他到倫敦，只為了要達成所願。六十歲的約翰爵士和他的十六歲新嫁娘舉行了婚禮，他被灌得酩酊大醉、倒地不起。新娘伊莉莎白不是別人，正是維達的女兒。[32]約翰爵士的堂兄弟一聽到這樁婚事，立即拿出一份鑑定書證明爵士無行為能力，要求廢除這樁婚姻。然而，因為爵士「還」能夠回答一些問題，而且有了妻子協助打理他的事務，他被認定為心智健全。[33]從此，維達完全掌控了約翰爵士的生活。一七三六年，年僅十八歲的伊莉莎白女士突然撒手人寰。維達為自己與家人弄到手的財產再次面臨威脅。三天後，他把爵士叫到房屋某處，他在那裡召集了一群人（包括一名律師和幾名證人）。僕人聽到了喊叫聲，當天結束之際，有了一份新的遺囑，表明爵士名下財產將全部留給維達。隔年，約

---

*英國在十八世紀至十九世紀初有一系列的法律，將許多罪刑都判以死刑。隨著被判死刑的人數急遽增加，加上有些罪刑用後世標準來看其實都是輕罪，故將這些法律稱之為血腥法典。

翰爵士過世，維達繼承了他的遺產。[34]

約翰爵士的堂兄弟針對遺囑提出上訴。漫長的官司訴訟進入到最後判決時刻，哈德威克勳爵宣稱這是「他見過最重大的頭腦愚鈍實例」。他接受了一個「精神病鑑定委員會」在一七三三年提出的調查結果，指出約翰爵士並非白癡，但他提到了一個精神失常者和約翰爵士這類愚鈍的人之間的界線非常狹窄，所以他支持本上訴案。[35]這對約翰爵士的堂兄弟固然是個好消息，他們雖然在爵士生前並不認識他，但如今得以繼承他的財富。但就法律層面而言，此一判例大幅擴展了無行為能力和弱智的界線，因為拜其所賜，目前被排除在心智不健全範疇之外、僅與之擦邊而過的人，得以被納入必須受法律保護者的範疇裡。這個判決表明了，那些在布萊鐸的法律著作中，被描述為「既非最聰明，也不是最愚笨，而是……介於聰明人和傻瓜之間的人」[36]，也就是那些智力低下的弱智者應該被納入無行為能力的範疇，因為他們容易被人利用，約翰爵士戲劇性的一生闡明了這點。

儘管約翰爵士明顯處於弱勢，但面對爵士的處境眾人仍舊本能傾向於視個人自由高於法令干預。他的仕紳友人曾設法建立一個非正式的保護網，精神病鑑定委員會的陪審團則選擇了不干預。社會大眾仍然認為，收容照護無行為能力者的責任應該落在家庭和朋友這類非正式圈子裡，而不是由國家或機構來承擔。然而，在約翰爵士的案例中，這些非正式網絡運作失敗，或者說，也就是他的新娘，成了剝削勢力榨取他的工具。有鑑於此，哈德威克勳爵的裁決有效維護了國家法律機關的權利，使其有權干預這個範圍日益擴大的弱智族群。國家保護該族群資產和血脈的權利，被宣告凌駕於鄰里和家族保護者所提出的權利要求。正如約翰爵士家族的友人、下議院議長亞瑟・翁斯洛試圖告訴他的，他的

威廉·霍加斯，〈投票〉，出自「選舉的四幅版畫」第三版，1758 年。畫中顯示一個被帶去投票的心智殘障人士。

職責是「把**傳給**他的東西，能確實無誤的**傳下去**」。[37]正是因為約翰爵士無力維護血脈和家族應有的權益，才導致了哈德威克的判決。

白癡與可繼承資產價值之間的複雜關聯，在民事法律程序中占了主導地位。白癡可以代表價值，因為他們可以被視為商品，這與他們繼承的財富相關。他們也代表一種對價值的威脅，因為大家認為白癡不了解或不懂鑑別其資產，除非法律介入，否則他們可能會因揮霍無度、天真無知或輕信，而敗光家產也終結家族血脈。最後，他們也代表缺乏價值意識，因為金錢所能帶來的舒適安逸、奢華和機會，對他們來說毫無意義。他們之所以會有這種感受，關鍵就在於他們缺乏能力去理解或重視金錢。在某一類人看來，他們不看重這些人類想當然耳都會重視的事物，令人感到不安，進而提出了有關人類身分的疑問。

這些主題在亨利．羅伯茨的個案中又格外突出，一本在他死後出版的匿名著作便對此大加撻伐，作者抨擊世人「以癡呆為由，用無比殘暴的方式強行剝奪了他的身家財產」。[38]羅伯茨從父母手中繼承了一筆巨額財富，包括了巴貝多的奴隸莊園。在他的姊姊和繼承人於一七四二年相繼過世後，有人以其「心智虛弱」為由，帶了一份鑑定委任令過來。這個匿名作者描述了這場在埃克塞特法庭上演的荒誕審訊，羅伯茨遭到霸凌和刁難，他被一個暴徒強行帶到一間小酒館，又被粗暴的推搡到陽台上，對著底下叫囂的人群展示，他的假髮被摘掉。在一次同樣精彩的上訴過程中，證人作證指出羅伯茨缺少了「共通的人性本質」，以及他在法庭上所說的任何正確回答，都是來自於支持者所給的一套系統化的點頭和眨眼暗號。證明其癡呆的主要證據，還是他的幼稚行為：拿弓箭亂射、用嘴吹羽毛、拋接帽子、踢小石子，以及需要人協助簽名。羅伯茨大為不滿的抱怨說，他被陪審員給搞糊塗了：

> 他們圍著我，一起問了他們要問的問題，卻不給我時間回答。他們問我**小羊**和**小牛**在一歲、二歲和三歲大時，叫做什麼。他們還給了我一筆錢要我算，我算錯了，然後我聽到他們說，他無法打理自己的事務，我們會答覆他沒有行為能力。

稚氣的行為，再加上天真無知和古怪的行為，足以讓人做出「不健全」的結論。[39]

無名氏，〈一隻馱著教會肥缺的驢子〉，1737，這幅漫畫諷刺坎特伯利大主教威廉・威克（手持鞭子者），因為他將有利可圖的教會任命權給了他的女婿，貪婪惡名遠播的林區博士（驢子），而不顧其他神職人員的晉升。

一七四三年，羅伯茨（年收四百英鎊）轉由指定監護人坎特伯雷教長，約翰．林區博士監護，他是個惡名昭彰的「利用肥缺圖利的貪婪斂財者」。[40]林區迅速的把羅伯茨姊姊的財產和巴貝多的莊園增添到自己名下財富中。[41]確認羅伯茨心智不健全的證明書，就是由這位大主教簽署的。[42]羅伯茨這個弱智者，現在身陷於一個典型的十八世紀腐敗網絡中，他被安置在坎特伯利一間「普通屋子」的頂樓（屋中最簡陋的空間），由一名僕人服侍。一七四六年他生了一場病，病情迅速惡化，死時年方二十八歲。他的財產身價如今增長到每年三千英鎊，由林區博士全數繼承。[43]

羅伯茨的人生，從家人尚在時的富裕安逸，淪落成法定的弱智者，並在貧窮和孤寂中死去，然而他並非特例。在一個貪婪腐敗的經濟文化裡，許多人想辦法尋求升遷和賺快錢，因此一個脆弱、缺乏保護，且坐擁大筆（甚至不是很多）財產的白癡，成了受人覬覦的明顯目標。甫失父母的白癡孤兒，他的財富、地位和福利可能一點一滴被榨乾。儘管表面上有一套制度旨在保護他們和延續其家人先前所給予的支持，白癡仍然被當成是一種可以掠奪的商品。在中世紀，白癡安德魯·伯貝克，在富爸爸過世後與繼母一起生活了一年。後來，他的繼母安排他寄住在有一名「管家」的地方，他會獲得「肉品、飲料、洗衣和住宿，還有……必要的照料」，一星期的花費是五先令。沒多久，他被移置到其他地方，一星期花費三先令六便士，不到一年，又被搬到另一個管家那裡，一星期花費二先令六便士。事到如今，該是「教區出面找衣服給他穿」並申請《濟貧法》救濟金來救助他的時候了。[44] 隨著他的資產被剝奪，享受舒適和奢侈物質生活的權利也被拒，這個白癡的身心健康都在衰敗。大家理所當然的認為，以給予最窮困者最低限度的生活為立法宗旨的《濟貧法》，應該提撥資金讓像安德魯·伯貝克這種被剝奪其合法性的白癡繼承者得以維生，不論他們表面上的個人財富有多少。

剝削白癡的意圖來自家人或外人，形式不一。但總是有與之相抗衡的群體挺身而出，設法保護白癡當事人，捍衛他們身為人的地位與其財務狀況。在約翰爵士和羅伯茨的案例裡，朋友們組成了體制外的非正式群體起身對抗外部掠奪者。在底下芬妮·福斯特這個特殊的複雜個案中，她的家人領導了這場戰鬥，突顯了在抉擇與保護、自由與自願之間引人爭議的界線。[45]

一七八六年，二十二歲的芬妮是幾筆價值不斐家產的女繼承人。她住在伯斯附近，擁有僕人、馬車和一個關係和睦的家庭。根據她母親的說詞，她也是一個白癡，「處於完全……弱智的狀態，她的心智在每一方面都與她三歲時一樣低能」。她癡呆的證據表現在「數不出二十、分不出右手和左手、動物或蔬菜之間的分別，也分不出太陽和月亮、不知道大多數英國通用貨幣之間的價值和差異、不知道星期數以及時間和季節的不同」。

有一次，她在戶外行走時遇到了暴風雨，看到閃電出現，「她幼稚的大叫『再來一次』，意思是身旁的人應該要讓閃電再出現一次」。由於缺乏基本的知識和理解力，她表現出的危險逾越行為，被認為是威脅到階級和性方面的禮教；她曾經「當著男僕的面掀起自己的襯裙，想要尿尿」。她需要隨時有人在旁協助她穿衣、吃東西和遠離危險，如掉入花園的池塘。經過七年的教育後，她只學會了在旁人的協助下寫出自己的名字。[46]

亨利．鮑爾曼，一個陸軍中尉，與芬妮素不相識，被指控為了得到她的財富，與同夥精心策畫了一樁綁架案，把她娶到手。這個陰謀包括引誘她到一位老同學家中飲茶。而等在那裡的五個同謀把她帶到了附近一處村莊，假裝要去吃草莓和奶油糕點。一輛驛馬車和兩匹馬已在那裡布置妥當。芬妮被設計與可靠的友伴分開，這個友伴是她母親要求得陪在她身邊的，她被帶到了伯斯－倫敦路，鮑爾曼跟另外三名共犯，還有一輛馬車和一匹馬已經等在那裡。接著，連同芬妮在內的整夥人連夜驅車前往多佛港，再搭船抵達法國，鮑爾曼不斷想辦法在加來、里爾和土奈找神父主持婚禮。但沒有任何人同意，因為芬妮的外表和行為顯示她是個白癡（因此她沒有能力承諾婚誓）。鮑爾曼最後在里爾找到了一個陷入麻煩的英國聖公會教會牧師，羅伯特．波普金，他起初拒絕主持婚禮，但被灌了幾杯黃湯後，他被說服同意主持婚禮。他醉醺醺地被人抬回家，然後在黎明時分被人從床上叫起來帶去主持婚禮。[47]

於此同時，芬妮資源豐富的母親發現她人在法國，她派了四個調查員前去，其中一位攜帶著英國外交大臣的請求書在巴黎面交給路易十六，要求下令將她送回。這道命令頒布後，芬妮被追蹤到人在里爾一間鮑爾曼租下的私人民宅裡，然後在三名法國騎兵和調查員的陪同下回到加來，最後返回伯斯。當她在法國法庭上被問到她為什麼來法國時，福斯特回答說她是「來吃草莓和奶油糕點」。在皇家教務代表法庭所召開的一場冗長聽證會上，最終判決中止這場婚姻。鮑爾曼不服提出上訴，宣稱芬妮只是外表看起來是白癡，因為她的母親給她服用烈酒。芬妮的母親不得已在一七八七年拿出精神病鑑定委任令請求取得女兒監護權。之前她避免這樣做，是因「出於對女兒的母愛和強烈柔情」，這對她而言實在是太痛苦了，現在，「這個經歷使她確信，人類當中的惡魔是如何虎視眈眈的要榨取那些像她女兒一樣的弱智者。」委員會宣布芬妮心智不健全，因為她無法合理回答法庭上誰是她想要結婚的人，以及她的財產是否超過五基尼（英國舊幣）。[48]經判定無法理解金錢價值和婚姻後，她的婚姻也隨之被廢止，芬妮．鮑爾曼再次變回芬妮．福斯特，她現在正式成為在母親監護下的成人白癡。這件案子在一七九〇年正式落幕。[49]

關於十八世紀末對癡呆的看法，福斯特的案例散發著有趣的光芒。在一份超過一千頁的證詞中，沒有一處是關於她的弱智的醫學證據。反之，從頭到尾都是訴諸於「常理」和廣為流傳的看法，認為福斯特小姐一定是白癡，因為她看起來是個白癡，行為也像個白癡，缺乏證人證詞所說的「共有能力」。根據口供證詞，所有人都注意到她「個子矮小、肥胖、外表畸形、斜視，還有理解力不足」。法國的法官就是以「芬妮・福斯特的外表」和她的「怪異行為與荒誕回答」作為判決依據。大眾輕易就能確認她是白癡。來往於英倫海峽蒸氣輪上的船員「從芬妮的姿勢、行為舉止和外表，確信她不是精神失常就是一個白癡」。法國路人看到她都不禁驚呼，她真是個傻瓜，這樣的判斷「不僅來自她孱弱的身體……還有她的智能缺陷，這很容易從她的行為舉止和儀態看出」。[50]

因此，有了這個眾所周知的癡呆常理：法律界只是確認了大眾已經看出的特質。如果一個女人打算把她的財產以不到五基尼的價錢出售、在男僕面前小便，也不知道閃電的科學原理，也就無法理解複雜的財富、財產和科學抽象概念，而這些是構成了一個有禮的商業社會的基礎。但是，這種可見的癡呆行為不僅只有那些設法支持和保護福斯特的人看得出來，連那些有意訛詐她的人，也就是她母親所謂的「人類當中的惡魔」亦然。那些非正式社會或家庭支持網絡，被貪婪的資產掠奪者圍攻。福斯特的母親不得不訴諸法律，來對抗那些無處不在、狡獪老道惡劣行徑，想方設法要誘拐她的寶貝女兒。這種非正式系統，且普遍被接受為白癡支持者的正當手段正面臨威脅，對於那些有錢可以打官司的家庭而言，訴諸法律就成了最佳選擇。不訴諸非正式支持網絡，反而採取法律程序來處理癡呆問題，顯然成了一股新的趨勢。法院一直不願對約翰・利爵士和亨利・羅伯茨提供保護，結果不是勉強干預個人自由（利），就是表現出一種無良的偏袒，支持那些榨乾白癡財富（羅伯茨）的人。在芬妮・福斯特的案例裡，她的家庭挺身反擊，迫使法律程序屈從於他們本身的意願。

在刑事法庭上

在老貝利法庭的訴訟案中，儘管被告席上之人的財富、階級和地位，與民事案件中富裕被告之間存在著巨大落差，但在他們當中有個明顯可見的相似模式，就是他們都住在自己的社區裡而不是收容機構，受到朋友、鄰居和家庭等非正式人際網絡的支持，這些人不僅設法保護他們不受那些可能訛詐之人的傷害，也保護他們免受刑事司法制度嚴厲的刑罰。判決通常反映出一種假設，即被界定為白癡的人是其社區一分子。即使被判決有罪，把他們送至任何一種機構從來都不在判決的考量中，就算理解他們受限於智力而無法為自己的行為完全負責。只要確認他們的支持網絡達到規定的要求，或白癡被告是無害的，那麼通常都會無罪釋放，即使他們明顯犯下了遭拘捕的罪名，如同瑪麗．布拉德蕭在一七一〇的判決一樣：

瑪麗．布拉德蕭，化名西摩，來自聖吉爾斯教堂，被控以重罪偷了伊莉莎白．摩根二件價值二十先令的毛料長袍、一件三先令的毛呢襯裙和其他東西。還偷了安妮．唐寧一件五先令的布襯裙（、）一件三先令的毛呢襯裙、三件價值十五先令的道雷斯罩衫。犯人的犯罪事證明確，但有充分呈堂證供證明她是白癡，陪審團宣判她無罪。[51]

有鑑於這段時期，凡被控重罪的人在老貝利受審，等於是拿自己的性命去審判，因此這一類無罪

威廉・霍加斯，〈法庭〉，1758～64，雕版畫。法官對白癡表現出出人意料的寬容。

宣判是以犯人沒有行為能力或無害為由，撤除刑罰的一種方式，或是法官對被告的社區和家庭網絡有信心，會確保他們不再惹是生非。當時即使死刑獲得減免（經常如此），「較輕」的判刑依舊嚴厲，包括了流放境外（在十八世紀早期流放到美國，較後期則到澳洲），或是接受鞭刑或烙刑這類皮肉之苦。如瑪麗・布拉德蕭的這些無罪釋放者們被認為是犯了罪，但有鑑於他們的癡呆或天真無知，並因此導致缺乏責任感，而獲得無罪寬赦宣判，這種情況直到十八世紀結束都未見消失。當瑪麗・泰姆於一七一九年被控溺斃其兩歲的妹妹，陪審團聽取了「嫌犯是白癡的證據」，而「考慮無罪釋放她」。[52]羅伯・雷夫特在一七四八年因為偷竊一個黃銅砝碼，陪審團「說他們認為他是白癡」而宣判他無罪。[53]晚至一八〇四年，「查爾斯・韋頓在十月二十三日被控以偷竊重罪，偷了一條十二先令的馬褲，還偷了摩西・李維和瑪麗・瓊斯的財物。看來，法庭認為犯人是個白癡或瘋子，而且不時會發作，因此宣判他無罪。」[54]還有另外兩個人在同一年也因為「法庭認為犯人是白癡，而且不時會發作」，最終獲得無罪宣判。[55]

在十八世紀的多數時間裡，如同其他本國公民，在老貝利法庭受審的白癡也要面對一樣的法律程序。一個被控犯罪的白癡必須面對司法審判；根據當時的英國法律，重罪案件裡不可能有任何例外。地方法官和大陪審團所做的審前裁決[56]，只聚焦在犯人的罪行是重罪還是輕罪，而不會考慮被告是否適合受審。大多數竊盜罪都被視為重罪而被判死刑，[57]因此，白癡會因為犯了最輕微的竊盜罪，如偷了一個黃銅砝碼、一件大衣、幾條緞帶、一條馬褲、一把鋸子或一件連衣裙，[58]而與其他被控蓄意謀殺、過失殺人或暴力攻擊的犯人一起出現在最高刑事法庭上，接受攸關性命的審判，一如廣大民眾的經歷。

然而，一旦進入法庭，出現例外判決的可能性就開始發揮作用。身為白癡，若犯下了被認為是相對輕微的罪行，則大大提高了被判無罪的可能性，就算是犯行明確，也可能藉著減刑逃脫死罪。在涉及白癡被告的案件裡，陪審團普遍都會做出「部分判決」，裁定被告犯下的是「較輕的罪行」，這種得以逃脫死罪的非死刑指控。[59]舉例而言，湯瑪斯・艾倫是個白癡，在一七二三年被控偷了價值十四先令的貨物，但經查明後，認定他偷竊的財物價值一先令都不到，而讓他逃脫了絞刑。[60]

來自白癡被告的鄰居、朋友、家人、雇主和同事的證詞推動了這些裁決，他們保證他品行端正，將來也會有來自強大社群網絡內部的支持，都是促使陪審團和法官決定展現悲憫寬容的一個重要因素。作為有利白癡被告的證人，這些來自社群和職場的支持網絡成員大多依循一貫的模式。他們意圖證明這個人的癡呆所造成的影響有限，以及在被告席上的白癡具有良好的品格特質。為了達成這個目的，並向法庭證明他們的可信度，他們會用正式、得體的修辭，呼籲庭上寬赦白癡被告。十八世紀的倫敦充斥著豐富的俚語，用來表達一個人容易受騙上當和智力低下。俚語詞典中就包含了一百六十多個用來表達脆弱白癡的語彙，大多數是嘲笑用語，像是甲蟲腦袋（beetle head）、木頭腦袋（blockstock）、瓶頭（bottle-head）、蛋糕（cake）、土頭土腦（clodpate）、笨狗（dog booby）、腦袋空空的傻蛋（empty-skulled）、笨蛋（looby）、蠢蛋（nickum-poop）、無腦的笨蛋（shallow-pate）和頭腦不清的傻瓜（wooly-crown）等。[61]但證人在法庭上避開這類用詞，而是採用了更委婉得體，在道德上也更中立的措詞，像是愚蠢（silly）、愚笨（foolish）、無知（ignorant）、簡單（soft）、虛弱（weak）等，進而形成了這方面的俚語語言學子集。因此，證人會以得體的語彙來表達一個智力雖然不足，但卻道德高尚和值得尊敬的人物：「一個非常誠實，但卻是一個非常愚蠢（silly）或無知（ignorant）的傢伙」、「我從未聽過他出過什麼亂子，但我認為他的腦袋有點簡單（soft，或愚笨）」，以及「我一直認為他是個腦袋簡單（soft）的人，但說到他的誠實，我至今從未聽過他在性格上有任何不好的地方」等都是典型的例子。[62]

親近的親人則用更加感性的口吻來強調被告的脆弱和無害。約翰・朗莫爾在一七三二年因被控

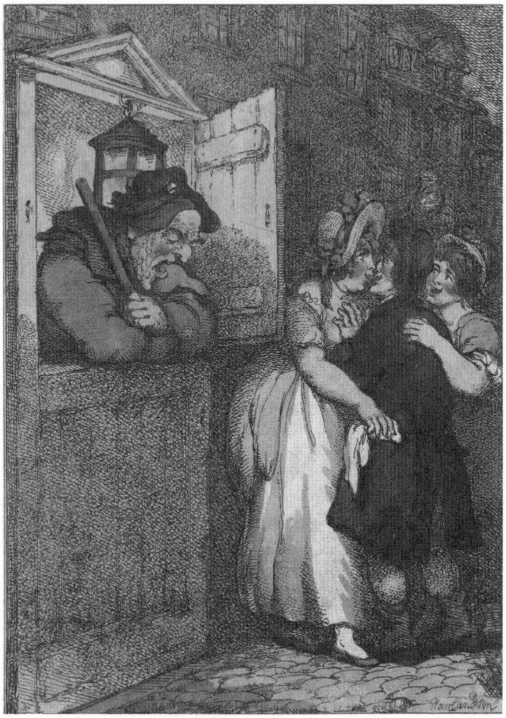

湯瑪斯·羅蘭森，〈岌岌可危的蛋糕〉，1806，手繪彩色蝕刻版畫。到倫敦一遊的鄉下人常因愚蠢而容易成為獵物。

攻擊罪名而受審，他的母親為兒子答辯，「他只是個無害、頭腦遲鈍的傻小子」[63]。有時候，他們會解釋親人癡呆的緣由和嚴重程度。「他在二歲大的時候，頭部被狗攻擊，撕成了碎片。」這是一位被告兄弟的證詞；另外，一位父親在提及他的兒子時說：「他在六、七歲時染上了斑疹傷寒，當病情好轉後，他失去了語言能力。」[64]他們也會尋求他人的惻隱之心，懇請庭上發揮同情心，強調如果被告獲得寬赦，家人之間緊密的愛將能保證被告在未來不會再惹麻煩。「愚笨的」癲癇患者伊莉莎白·卡梅爾的父親，直接懇請法官和陪審團說：「她是我十五個孩子中唯一僅存的孩子，願上帝祝福你們好好善待她。萬一她獲釋後交上了壞朋友，我會負責把她送至遠離倫敦的地方。」[65]白癡被告家人的懇求，流露出急迫感和不顧一切力爭到底的決心，呼籲陪審團接受被告的無害、天真和無行為能力，接受這個家庭的可敬之處與其全心的付出，作為考量被告應當獲得寬赦判決的因素。他們對這個白癡家人真摯的愛是顯而易見的。

有時，朋友和同事也展現了他們對白癡被告的全心付出，展現了白癡和非白癡之間真摯的友誼。一七三二年，一件集體公路搶劫案在法庭受審，其中一位被告代替另一位被告，也就是愚蠢的傻瓜約翰．朗莫爾（我們已在前文看見他的母親為他懇求法庭），戲劇性的介入審判：「我承認我有罪，而且願意為此受死，但朗莫爾是無辜的。」[66]此外，深刻的情感和社會連結也是明顯易見的。當七名全為被告同事的證人排成一隊為被控偷竊罪的彼得．康尼福特辯護時，其中一位證人表示，他「與犯人同住，並共事了四、五年。」另外一人則補充說：「我認識他好幾年，而且在幾個地方共事過。我從未聽說他的人格有任何汙點，一點點都沒有。我只知道他是個誠實的傢伙。我承認他很傻。」[67]

一七八〇年，倫敦肉品市場一個收集牲畜皮毛的年輕臨時工湯瑪斯．巴戈特受審，被控參與了當年轟動倫敦、反天主教的戈登暴動。[68]據統計，有一百間房子被毀、二百八十五名暴亂分子被殺害、四百五十人被捕、一百六十人受審，二十五人被絞死。[69]政府對這場具有「叛亂」性質的暴動大感震驚，要求展開司法審判，嚴懲暴徒以為懲戒。在法庭上的巴戈特被描述為「跟白癡差不多……傻呼呼的……一個可憐的傻小子」。有一連串總計六名證人，提供他在被指控的那兩個小時裡的不在場證明，有人聲稱在此期間看見他「喝得醉醺醺的」並協助破壞一名女性天主教徒的房子。證人包括了他的男女同事、雇主、姊姊和母親。另外有三個人則是提供被告的人格信譽證詞。仔細檢視這些證詞後會發現，即使不是全部，但至少有一些證人是冒著極大的個人風險犯了偽證罪，因為他們的證詞互相矛盾，儘管他們一致為巴戈特開脫。法官注意到了這一點，曾一度警告說：「我警告你們，要留意你們所說的話。」其中一位證人回答說：「我非常小心，而且非常確定他在市場受僱直到晚餐時間。」一位證人被盤問到他出庭為巴戈特作證的動機時，他回答說：「我的主人告訴我，我必須為朋友挺身而出，出庭作證他這段時間確實跟我在一起，而且要我不要作偽證。」這名證人也承認巴戈特行徑癡傻，還有他的缺點，指出「他有時工作，但只要他的口袋裡有了幾個半便士，他就不工作了」，也承認「他只要喝了點酒，就不知道自己幹了什麼事」。唯一的控方證人氣急敗壞的指出，庭上所聽取的證詞互相矛盾。然而，即使他對巴戈特知之甚詳，仍表示：「我在紐蓋特市場看見幾個男孩跟在他身後戲弄他；他跟白癡差不多……他過去常常在市場收集牲畜皮毛。」而且作證指出當他在暴民中看到巴戈特時，他沒有稱呼其為白癡，而是以他的職業稱呼他，說：「欸，你這個收集皮毛的無賴，快離開。」巴戈特最終獲判無罪：陪審團私下同聲一氣地認同這種證人團結一致的表現，或許是因為他們確定這種支持性網絡會阻止他犯下重罪，也或許是因為認為他不必為自己的行為負責。證詞提供了線索顯示他遭到其他人的排擠和壓榨：「我看見幾個男孩……戲弄他。」然而當危機來臨時，巴戈特雖是個白癡，但他的生命對其他人來說卻是重要的，而且那些前往法院打算冒險拯救他的人，證實了他的社區成員身分。

證人在法庭上努力展現出一名被告與其被控的罪名截然不同的形象；他們融入在家庭、工作和鄰里街坊的尋常生活中；被灌輸以誠實和勤奮這類道德操守和高貴的人格特質。因此，他們的陳述揭露了這樣的一個世界，在這裡，白癡不僅僅是白癡，在這裡，那種基於愛、友誼、親情的連結和經濟關係，使得他們牢牢的屬於社區圈子，而這些社會圈又構成了十八世紀的倫敦。其中的核心關鍵就在於證人、法官和陪審員有個共同的信念，就是那些受審者的癡呆，並不會使其在本質上成為危險人物，而且大家都知道他們，所以他們將來不大可能會犯下嚴重罪行。儘管十八世紀的英國司法制度以嚴酷著稱，但仍賦予法官一定的自由裁量空間，而能憐憫、無罪釋放或寬赦情有可原的犯人，其中那些被認為是白癡的被告又占了有利的位置。他們大都被視為麻煩但不具威脅性的人物，因此情有可原。偶爾，我們聽說有白癡被告為自己請命，提出了言詞懇切的請求。安．懷德曼，一個「非常柔弱、輕浮的傻女孩，近似白癡」，因在商店內順手牽羊偷了緞帶而被起訴，她否認自己的犯行並懇求說：「我希望法官大人和陪審團能夠考慮不要傷害我。」[70]她最後獲判無罪。

不過，如果白癡犯下更嚴重的罪行，像是涉及殺人或暴力攻擊，尤其他們又被視為是慣犯的話，將很難獲得法官的憐憫寬赦。在這類案件中，那些少數被視為危險人物或是有可能犯下重罪的人，法官會以審判非白癡犯人的同樣標準審判他們，他們的癡呆不會被視為助長其危險性的因素。和巴戈特一樣，理查．普萊斯於一七一六年被控在一次宗教性街頭暴動中涉嫌破壞一間民宅，他被認定有罪並處以絞刑。普萊斯是個學徒，而他的師傅形容他為「一個非常愚蠢的無知傢伙」；與巴戈特不同的是，他甫到倫敦，人生地不熟，此處沒有任何社群或家庭的根源，因此不能保證如果無罪釋放，難保他不會再做出危險行為。[71]瑪麗．拉德福，「一個非常愚蠢的半開化之人」，因殺嬰罪在一七二三年被處以絞刑。[72]犯下多項罪行也會招致死刑，不論罪犯的行為能力和責任輕重程度如何，累犯或慣犯被看

雅各·克魯克尚克，〈聾子法官；或者，彼此誤解〉，1796，諷刺版畫，老貝利法庭一景。

作是危險人物。這個駑鈍的傻子約翰·朗莫爾，雖然我們已經看過他的母親和他的犯罪同夥懇求法官寬赦他的罪行，使得他的前兩次犯行（暴力偷竊和攻擊）獲判無罪，但最終仍因第三次犯罪（公路搶劫）而在一七三二年被處以絞刑。兩年後，詹姆士·貝爾福德，一個「理解力不足，非常愚蠢的傻瓜」，因再犯（公路搶劫）也面臨了類似的命運。[73]

與在民事法庭一樣，刑事司法制度的核心在於對被告人格的疑問，以及法官和陪審團在這部分的觀察力和判斷力。如果一個人被認定為白癡，這個過程一定是發生在法庭上並由專責人員來判定。陪審團和法官依據一個人的外表和行為迅速判斷其人格，是當時的常態。被告一旦被確認為癡呆，不保證一定會無罪開釋，但法官一般會予以從輕發落。司法審判本身「基本上，是被害人與嫌犯之間進行對質，並由法官居中調解，而且每一方有責任提出有利自己的證人和證據」。[74]直到十八世紀最後的二十五年，律師才開始出現在老貝利的案件中，而且只是偶一為之。法庭在引進辯護律師之前，除了法官之外，不被認為是專業人士可發揮專才的領域，[75]法官要審問被害人、起訴人和證人，還要調控程序。[76]在當時大家認為，可以從被告對於證據的「即時反應」中看出他們是有罪或無罪。[77]在缺乏法醫證據，而被害人（也是起訴人）往往是唯一證人的情況下，被告的人格就成了判定真相的重要關鍵。因此，審查的焦點就落在了證人對被告人格證詞的品質上，以及被告對其指控的回應。[78]正如美國法學者蘭博約所述，「近代早期的審判邏輯，就是逼迫被告說話，他要麼證明自己的清白，要麼把自己送上絞刑架。」[79]

在自提證據上，一個被認定為白癡的人會產生一個問題，但也帶來一個好處。一個人如果無法清楚溝通、不能快速思考或了解程序，就會有自證其罪的風險。十六歲的「傻瓜強尼．萊克」便出現了自我矛盾行為，他承認偷竊但又否認犯行。「我以後不會再犯；我不該這樣做的，但先偷的是另一個男孩。」他承認道，但幾分鐘後，他又否認犯行，「我沒有做，是另一個男孩先開始的，然後他逃跑了，我從此以後不會再碰任何東西了。」不過，這類被告也可能從法律學者威廉．霍金所描述的陪審團職責中獲益，他提到陪審團的職責是洞悉「天真無知以及……不矯飾的直率行為」，因為「言行舉止和臉部表情……往往有助揭發真相」[80]，陪審團從被告的外表、態度和行為舉止看出犯行，並針對罪犯所表現出來的潛在危險和傷害，做出他們自己的業餘評斷。[81]一個在不知不覺中，或因他們可被察覺的愚蠢而犯罪的「無知」傻瓜，很可能被認定為危險性低而獲判無罪。

因此，到了十八世紀結束之際，近代早期的癡呆法律概念依舊原封不動的在民事和刑事法庭上運作，而且具體可見。癡呆是某種可見狀態，被標記在當事人的臉上和身體上；白癡看起來也許古怪，但一般無害，而且在家人、朋友群體和鄰里網絡的非正式保護下，他們的家庭和社群（或社區）是可以讓他們發揮功能的天然場域。而法律作為國家的代表，所要做的就是盡可能不要干預他們的生活。刑事法庭基本上會對這類被告給予無罪開釋或展現寬赦，但民事法庭則傾向於尋求非正式的解決方案，而非國家干預。但到了十八世紀末，因腐敗的剝削惡行和搖搖欲墜的非正式網絡，這個定義的穩定性和界線受到了威脅，迫使眾人意識到，在民事案件中法律有必要做出更大的干預和保護。在十九世紀初，刑事案件的審判也將會出現類似的趨勢，但仍維持某種寬容。基本上，法官和陪審團對寬赦的態度會更加嚴格，而開始對白癡被告給予更嚴厲、更具懲罰性的判決和刑罰。他們對於一個人能繼續在所屬社區裡生活的權利也愈來愈質疑。

這些明顯可見的審判趨勢，反映在兩本十九世紀初出版的著作中，分別是法律作家安東尼·海默爾於一八〇七年發表的《癡呆和瘋癲的相關法律專著》，[82]和大律師喬治·戴爾·柯林森在一八一二年出版的《關於白癡、瘋子和其他精神失常者的法律專著》。[83]隨著十八世紀的展開，社會大眾愈來愈關注於構成人類充分的理解力且獲准參與「生活中的事務」所必需擁有的知識和理解力水準，而這些已經遠遠超出了數數到二十和辨認出父母親的能力。當有愈來愈多判例法原則和判例彙編可作為參考，法律理論家開始對癡呆和範圍更廣泛的弱智產生了更濃厚的興趣。隨著終身弱智者這個有爭議的新類別不斷被重新定義，癡呆的疆界也變得更不穩定。柯林森很清楚自哈德威克勳爵對約翰．利爵士一案做出判決以來，事情已然發生了改變，那項判決恰恰把約翰爵士放在心智不健全邊界的另一邊。而現在，「精神失常不僅包含了白癡和瘋子，而是涵蓋了所有其他**天生弱智**……沒有能力管理自己事務的人」。[84]法庭把「給予瘋子的相同救濟……擴展到那些純粹因為理解力不足，以致無法管理本身事務的人身上」。大法官埃爾登曾宣布說，他不打算糾正任何曾把天生智力低下但非白癡者，歸類為精神失常的判決，因而為終身弱智者賦予了法律地位。[85]

但在定義的界限擴展的同時，國家對白癡的干預變得不再那麼收益導向，而更多是來自家人對於剝削或繼承權的擔憂。柯林森指出，「國王」對白癡財產的興趣長期以來一直被視為一種苛政，但又補充說，事實上「可以拿來說明施加這種暴政的例子很少」。[86]國王提出沒收要求的情況變得愈來愈罕見。在政治上，有一種更廣泛的共識是不願意加以干涉，以免傷害了個人決策、個人的良知及行動自由。柯林森呼籲「要留意，不要為了限制臣民的自由而擴大了國王的特權，也不要為了擴大王權對人民和財產的權力，而逾越了法律權限」。他認為，「再也沒有比干涉家庭生活的經濟更為嚴重的壓迫行為了」。[87]然而，虎視眈眈的貪婪剝削者正在圍攻家庭和友誼這些非正式網絡，如同發生在芬妮．福斯特身上的案例，家庭開始將法律的干預和國家的保護視為一種更正式也更有效的新選擇。

不論這些改變有多麼重要，海默爾與柯林森對白癡的觀念仍獲得廣泛的認同：因為一個人的癡呆不僅在外觀上明顯可見，也表現在其動作或想法（或者缺乏想法）上，因此外行人一眼就能看出，這與瘋癲不同，瘋癲可以被隱藏。白癡很容易遭人剝削或訛詐，而且常因他們對於日常社會的規範和假設懵懂無知而被隔絕於外。癡呆的概念係由普遍的認知和法律理論所構建而成。柯林森甚至重新引用了白癡在巴黎餐館這則很古老的笑話，來闡述白癡的言論聽起來可能很合理，但是「做出明智行為，絕不能證明其心智健全無誤」。[88]機構化一詞從未被提及；也從未有人尋求專業的醫學意見。無論是在民事或刑事法庭，都沒有任何線索顯示白癡具有其危險性。誠如海默爾所指出的，「白癡沒有波濤洶湧的激情；他們天真無害，經常激起人的憐憫之情，但從未引發恐懼。」但是，他們反而可能會危害到自己，或是來自其他人的傷害。在法學家眼中，法律的目的是「確保他們不受來自自己雙手的傷害，並保護他們免受其他為了自我利益之人的傷害」。家人為他們提供一切援助，朋友則急切的要挺身捍衛他們。而法律設定的目標之一，就是確保「能夠維護他們家庭的利益」。[89]白癡依舊被本身的社群所珍視；他們受到挑戰、處於弱勢、被看作是異類，缺乏行為能力，但在其他人眼中，他們擁有身為人的充分價值，值得被保護。

第二章　比利麵條與鳥機智：文化上的癡呆概念

十八世紀時，被貼上白癡或弱智標籤的人，很少會被監禁在機構當中。照顧和援助白癡（如果有需要的話）的責任主要落在社區上。雖然偶爾有人發現自己幾乎是在出其不意的情況下，置身在某間新興的少數專門收容精神錯亂者的機構裡，例如：蓋伊醫院、聖路加醫院或伯利恆（皇家）醫院。在當時，這些機構尚未被看作是白癡理所當然的安置所。有些人確實想方設法要把白癡排除在外，因為他們會阻礙這項為了更有需求的「瘋癲」個案而設的制度。[1]癡呆在那個時候並未被視為一種醫療問題。醫生（全都是男性）是一種按成效付費的行業，不論一個人有什麼毛病，只要治癒就能獲得報酬。而白癡和弱智者沒有病，所以不能被醫治，這使得他們成為醫界極度漠視的問題。收容所庇護運動認為：癡呆是一種需要醫療監禁和管理的事務，這一直要到十九世紀才真正發展成為一股不可忽視的勢頭。

換言之，對於十八世紀那些被認為是白癡、弱智或只是頭腦遲鈍者，我們如果要去探索他們過著什麼樣的日子，並設法了解社會對他們的成見，就得向收容所以外的地方尋求。他們在社區裡生活著，被當作社會的一分子，所以我們可以在找得到其他人的地方找到他們。我們將會在笑話裡、十八世紀豐富的街頭俚語裡、小說、廉價虛構小說和詩作裡、藝術作品和漫畫裡，以及在大型福音布道會的證道裡，發現他們的身影。我們在刑事和民事的法律訴訟中聽到關於他們的事情（如同在前一章所看到的），偶爾還能捕捉到他們本人非常模糊的聲音。正是透過重新建構這些驚鴻一瞥的片段，我們得以開始建構出在白癡和弱智者所生活的社會中，大家是如何看待、談論、嘲笑和理解他們的。我們也能進一步闡明他們在十八世紀的生活方式，家庭、社區和社會的經歷。

正如一位在一七八九年造訪英格蘭的普魯士人阿肯霍爾茨所評論的，「這裡（英格蘭）就像其他地方一樣，他們嘲笑滑稽可笑的人，但卻高度放任他們；而且只要沒有傷害任何人，他們並不會因為一個紳士古怪的言行，就減少對他的尊重。」[2]幽默是十八世紀英國文化極為珍貴的資產，這反映在小說、藝術作品和漫畫，尤其在廣受歡迎的笑話和俚語當中。那些被稱為白癡和弱智的人，不論是愚蠢還是天真，都在自己同胞們覺得他們好玩有趣的注視之下過著自己的生活；這可能是出於惡意，也或許是同情。在當時的英國文化想像中，白癡顯得格外突出。他們是笑話裡常見的典型，被賦予形形色色的身分。他們也是街頭俚語中一個普遍的重要存在。

笑話、俚語和故事

十八世紀英國的日常幽默，大多仍保存於當時出版的成千上萬本笑話書和廉價小書中，以及倫敦街頭俚語詞典裡。其中有數百本笑話書雖然難以確定其讀者群的範圍，但顯然在當時大受歡迎，因為主流出版社每一季都會再版這些廣受讀者喜愛的舊笑話書，另外，還會再出版近二十本的新書。[3]我們因此可以假設，如果沒有這樣的閱讀需求，出版社是不會做這種無利可圖的事。這類著作涵蓋不同的類型，包含了針對那些支出有餘裕的讀者所製作售價約一先令的精裝書。這類精裝書有《咖啡館笑話，當個快活的同伴》（一七六〇）、《通心粉弄臣和機智萬神殿》（一七七三）和《逗樂水手的弄臣，或歡樂的小夥子同伴》（一七九〇）等書不一而足。此外，還有一些廉價的一分錢小書或單張四開本的小冊子（例如：《一分錢的機智預算》），由小販挨家挨戶或在街上叫賣銷售，售價僅一法新*。連幾乎不識字的人都買得起這類書籍。幽默感跨越了階級之分，因為相同的笑話出現在售價較昂貴的書中，也出現在較廉價的小冊子裡，其中一些大為風行的笑話書則被刪節成為廉價的小書，或是分成幾週賣給較窮的消費者。[4]於是，聽笑話、讀笑話和因笑話而大笑，成了吸引十八世紀英國不同群體和階級的活動。有些笑話書會由社區裡識字的成員大聲朗讀出來；有些則專門設計成可以隨身攜帶的口袋書，提供現成的機智，為朋友和熟人留下深刻印象。[5]

就如同笑話一樣，俚語也在社群裡建立群體認同，因為俚語源於所謂的罪犯黑話（canting language），進而衍伸出這個現代用語「cant」，意指虛偽和假道學的談話。俚語的發明是為了用來欺哄、詐騙和隱藏，以及創造一個獨特的另類次文化。[6]俚語能夠對不知情者隱藏其義，這意謂著它很適合拿來對付外來者，藉此突顯他們的怪異、脆弱，以及他們對於群體當中的共同文化符碼和習俗

*譯注：英國一九六一年前的舊銅幣，等於四分之一便士。

納撒尼爾·丹斯繪，法蘭西斯·葛羅斯肖像，《英格蘭和威爾斯古物增補》（1777）卷首插畫。

的生疏。[7]對十八世紀俚語的認識，要歸功於幾位前人，例如：「B. E.」（他的真實身分從未被發現），他在一六九九年出版了一本詞典《古今黑話名詞大全》，以及最著名的法蘭西斯·葛羅斯，他在一七八四年所出版的《經典俗語詞典》，仍然是當時最詳盡的街頭語言寶典。據說，葛羅斯與他的僕人貝奇一起走訪了聖吉爾斯的貧民窟和酒館，惡名昭彰的聖吉爾斯是充斥著貧困和犯罪的地區，位於今日倫敦圖騰漢廳路站附近。對於倫敦窮人，也就是小販、工人、妓女和罪犯，他們尖酸刻薄的暗語令葛羅斯既厭惡卻又著迷不已，並從「這些夜間突擊，以及持續不斷衝擊著他耳朵的**俚語**措辭」中，[8]編纂了他的詞典，把倫敦窮苦人的密碼暗語展現在世人眼前。

街頭俚語顯示出，眾人對於他們所認為的頭腦遲鈍者具有敏銳的觀察力。就像時尚，俚語被用來「定義內團體和外團體＊」。[9]俚語具有向不知情者隱匿真相的能力，意謂它往往主要是說話者想要隱瞞的事情，像是性關係或是犯罪活動等等。它的一個主要目的是辨識脆弱者：[10]容易到手的獵物、腦袋空空的受害者或是容易操控的同夥。俚語因此成了一個豐富的來源，有助於了解人對癡傻、呆頭呆腦和可剝削之人的外貌和行為的普遍看法。他們是「被剝除物」和「泡沫」、是「容易受騙的笨蛋」，易受人「指使」或被誘惑。有各種形容詞用來描述白癡、傻瓜和呆子，像是：比利麵條（billy-noodles）和鳥機智（bird-wits）、腦袋空空的傻蛋（empty fellows）和鵝帽（goose-caps）、笨蛋尼基們（nizies）和蠢蛋諾基們（nockys）等等。

「鄉巴佬白癡」是俚語和笑話的一個特定對象，這些愚蠢無知的鄉下傻瓜湧入倫敦，在倫敦的街道上隨處可見，他們任人宰割的時機就要成熟了。在十八世紀初，鄉巴佬白癡的概念代表著一整個傻瓜族類，並沒有明顯的階級或財富之分。對聰明機靈的都市人來說，「有錢的鄉巴佬」和鄉紳，就和挖溝工人與莊稼漢一樣愚蠢。在笑話書裡，鄉下人在倫敦碼頭看到大船，有人告訴他們那些船只有一歲時，他們想知道當它們成年時，會長成多大；[11]看著興建中的新聖保羅大教堂，鄉下人驚嘆它的建造成本肯定比他們花在新穀倉的費用還多；[12]機靈的都市學徒男孩稱呼他們為「木腦袋」

＊譯注：內團體指具共同利益關係，成員具歸屬感、密切結合的社會群體，類似概念如小圈子或自己人。外團體指所屬內團體之外的其他社會群體。

（loggerheads）。[13]「無知小丑」以為自己識字，但錯讀了帶著詼諧意味的標誌，結果在倫敦街頭摔得四腳朝天，哭喊著：「倫敦可以親我的屁股！」[14]相同的笑話在整個十八世紀不斷被抄襲和重複使用。[15]

用來形容鄉巴佬白癡的詞彙和綽號有一大堆：「笨鳥」（booby）、「嚼培根」（chaw-bacon）、「土頭土腦」（clodpate）、「土包子」（hick jop）、「鄉巴佬」（bumpkin）、「修補的鞋子」（clouted shoon）、「平頭釘」（hobinail）、「里程碑」（milestone）、「無知鄉巴佬」（country put）、「小丑」（clown），全都具體表達出鄉巴佬白癡的傻頭傻腦、反應遲鈍。[16]鄉巴佬白癡與和他一起生活的牲畜和鳥類幾乎沒有分別。他是一頭小公牛、一頭驢子、一隻呆頭鵝和一顆羊頭。鄉下人常常用的名字成了傻瓜的代名詞：班、狄克、羅傑、山姆、傑克・亞當斯、強尼・羅、辛金、賽門或但基・狄克。頭蓋骨厚實難以穿透，是鄉巴佬白癡的特徵，不像其他人會感覺得到痛。他是一個糊塗鬼（puzzle〔puzzel〕pate）或硬木腦袋（hulver-head），hulver是諾福克郡的方言，意指一種堅硬的實心木頭，而諾福克是個鄉下傻瓜的重鎮，特別是用「諾福克丸子」（Norfolk Dumpling）一語來代表一種令人特別驚訝的鄉下白癡。[17]在廉價的大眾通俗劇中，劇裡被叫作霍伯和狄克的人物，與鄰居帕左・佩特（糊塗鬼）和羅傑展開了棍棒大戰，先把另一個人的頭蓋骨打碎的人將會得到獎賞。不論他們的頭蓋骨被打得有多慘，他們都會活著回來，繼續戰鬥。如同帕左・佩特指出的：「我已經受夠了，因為他在上個禮拜才打破了我的頭。」[18]顯然，幾乎沒有大腦受到損害。

借鑑了俚語和笑話，作家和漫畫家們再加添自己對白癡的想像，然後這些作品又回過頭來反饋給

詹姆士・吉爾雷繪，〈一種天然農作物－別名－諾福克丸子〉，1791，手繪彩色蝕刻版畫。「諾福克丸子」是鄉巴佬白癡的一個俚語詞彙。

不分階級高低的社會大眾，並與盤旋在他們心中的想法交織。在凡妮・博尼的小說《卡蜜拉》（一七九六）中，休爵士因為「低能」和「腦袋不靈光」等智力問題，[19]被他貪婪壞心的侄兒戲稱為「蠢貨」、「老笨蛋」、「傻瓜」和「呆子」，[20]這些用語都直接來自俚語詞典，用來表達癡呆、容易受騙上當的傻瓜。漫畫家則把他們從笑話書中得到的靈感，為白癡的性格特徵創造出視覺形象；受騙上當的鄉下傻瓜發現自己搭上了地板被挖空的倫敦轎子，成了不僅花錢還得走路的冤大頭，以及鄉巴佬傻瓜誤解了他們聰明的倫敦訪客的提問，被耍得暈頭轉向。[21]漫畫中的白癡人物雙眼凝視、眼睛半閉，呈現了低垂的「甲蟲眉」（beetle-brows，喻凸出的濃密眉毛），以及頭歪一邊的「彈頭」

（bullet-heads，喻傻瓜），這些用語全來自葛羅斯所聽到且為之著迷不已的倫敦底層粗俗談話的點滴拾掇。白癡的「低額頭」（lowbrow）甚至成了低俗文化的同義詞。白癡，以及與其相關的概念，悄悄的全面滲入了各個文化層級。派屈克・麥克唐納曾撰文論述關於十九世紀的文化作品針對癡呆的概念，如何「表達在文化上恐引發爭議的潛台詞與弦外之音」。[22]所以也就是在十八世紀，隨興的幽默暴露出根深柢固的文化成見。

鄉巴佬白癡，不只意謂一種機智的比喻，在十八世紀城市居民的意識裡也占有一定的份量。被逗樂的老貝利法庭陪審團會以「他是一個可憐的愚蠢鄉巴佬，很容易被引誘」為由，無罪釋放一名重罪犯。[23]自中世紀以來，智力不足的概念一直與階級和貧窮的觀念密切相關。[24]對菁英階級而言，勞動階級因為出身貧寒，是徹徹底底、無可挽救的傻瓜。然而，在十八世紀，大家愈來愈認清到癡呆的意涵要比階級更為複雜。[25]可能因為缺乏經驗和教育，使得鄉下人看起來癡傻，但大多數都有能力去學習，所展現出來的聰明才智，令世故的都市人大感驚奇。在一個中世紀笑話中，博・納什這個著名的花花公子和時尚領袖，有次遇見了一個來自鄉下的傻裡傻氣門房，納什辱罵他，還嘲諷他去找「一個比你更笨的傻瓜」。於是，門房走了出去，馬上帶著鎮長回來。對這個可憐、沒受教育的門房表現出的機智，納什大感驚訝欣賞，就問他：「作為一個窮人，機智與你何干？」他和他這位新認識值得尊敬的鄉巴佬朋友，一致同意太聰明只會給富人和窮人帶來不幸，但富傻瓜和窮傻瓜都會發達興旺。納什打賞他一吉尼，還勸告他「回家去，鑽研愚笨」。[26]納什和門房之間的共鳴，是建立在共享智識而不是階級，這使得癡呆被視為是一種可改變、矯正的現象，而不是一種固定不變的社會階級。「真正的」白癡，和那些因愚笨與令人惱怒的行為，而被貼上癡呆標籤的人之間，開始發展出明確的區別。正如一本暢銷的短篇「漫談」小說《湯姆傻瓜傳》（比納什的軼事早三年出版）的作者所指出的：

說到白癡，我不是指那些不幸的人，他們有缺陷的器官使得其成為其他健全世人的五朔節*娛樂。我指的是……那個男性社交圈，他們被妻子、兄弟、朋友、夥伴、主人和情婦暱稱為白癡。[27]

在無可救藥的天生白癡，和那些未受教育但可以改善的傻瓜，二者之間開始出現區隔。前者是社區長期拿來消遣娛樂的對象，而後者來自鄉下或其他地區，引人發笑但能夠改變。

這又連結到一個更加根深柢固的觀念，也就是某個特定的白癡類型是一種無法學習的人類。大家相信，白癡的問題出在他們厚實、僵固、穿不透、產不出東西的空洞腦袋。如同一七三一年某個典型的下流塗鴉所宣稱的，「傻瓜的腦袋，就像紅酒酒客坐的凳子；很難想像它會產生痛苦。」[28]除了頭骨厚實的白癡，還有他們的對應者，也就是頭骨薄弱的「蒸氣」（vapourish）型。[29]他們是軟木塞腦、龜裂腦、鈴鐺腦，或是腦袋長在睪丸裡。他們的頭骨柔軟，其實意謂他們腦袋空空，產不出任何

＊五朔節是起源自古代歐洲的傳統節日，通常會在五月一日這天慶祝，代表夏季的到來。傳統上的慶典會有豎立五月柱，眾人圍繞跳舞。

東西。因此，他們是紙糊腦、麻木腦、樹液腦、空空腦、膚淺腦。有個謎語是這麼說的，一個愚蠢的傻瓜就像一張羽絨床，「因為他很柔軟」＊。[30]但他們的腦袋一般來說是硬梆梆的，意思是沒有任何東西，連一根棍棒在內，能夠穿透這個木頭腦、肥厚腦、硬木腦或厚實腦。在這種頭腦僵固不靈光、沒有能力解讀處境或從中學習的情況下，藏著白癡的幽默。據信，白癡堅持去做錯的事，是因為他們無法靈活提取或應用知識（按照法律的解釋），以致笑料百出，這類笑話在笑話書中隨處可見。有個白癡在臨終前躺在床上，他的朋友們向他保證會把他抬到墓地，他則回答，他寧願自己過去。[31]有個性情冷血的傻瓜曾被一個木匠嘲笑，傻瓜有天逮到機會報復，他趁木匠睡著的時候，用斧頭砍下木匠的頭，還把頭藏了起來。後來傻瓜被問到為什麼大笑時，他回答說：「喔，這會是你聽過最勇猛有趣的事情……我笑著想，當木匠醒來的時候，無頭的他看起來多像一個傻瓜啊，還犧牲了他下午的工作，為了要找出他的頭到底被我藏在哪裡。」[32]白癡是終極的喜劇局外人，是學習的常敗軍，不參與生與死這個共同的人類主題，他們無知的程度令人感到驚訝。就如同凡妮．博尼小說中休爵士的哀嘆，無論他多麼努力嘗試這個「叮叮噹噹」（學習），「我發現，到頭來自己還是和以往一樣，是個不折不扣的傻瓜」。[33]

賽門這個傻瓜人物（一個男人，不是孩子）和其他頭腦遲鈍的反英雄人物，在整個十八世紀歷久不衰，成了各式各樣愚蠢形式的主題。英國的成人和兒童一生中都曾為民間故事的內容所困擾，這些故事訴說形形色色與智力相關的故事，大都是傻人傻事、白癡和弱智者的苦難。如同羅伯特．達恩頓所指出的，相較於法國農民故事中殘暴、恐怖和凌虐的情節，英國民間故事充斥著「傑克與查克們，這類勇敢但懶惰、性情和善但愚蠢的人物」。[34]葛羅斯在他編纂的俚語詞典裡，為「賽門」這個街頭俚語賦予了多重定義：「賽門：一枚六便士。憨賽門：一個天生的愚蠢傢伙。吸蛋賽門：為了一顆臭鴨蛋賣了老婆。」[35]六便士是一種很容易「彎折和扭曲」的硬幣。[36]吸蛋賽門民謠則尖刻影射那些容易上當的傻瓜，因為他們不了解事物價值，或者說其實是家庭關係。最晚從十六世紀起，憨賽門童謠便以民謠形式流傳，而且從一七六四年起印成廉價小書出版，[37]概括性的描述了那些缺少應付每日生存所需的基本理解能力和無法學習的人。他跟一個賣派的小販要了一個派，但要他拿錢交換的時候──「先給我看看你的便士」──他只能回答，「先生，我一毛錢都沒有。」

除了知名的民謠版本，還有其他版本的憨賽門，它們是集體記憶的一部分。對十八世紀的讀者而言，賽門有個獨特且歷久不衰的滑稽特點，是他缺乏男子氣概，這便注定了賽門只能在慈母的指引下不合時宜的過活，或是得面對潑辣、恃強凌弱、永遠暴怒妻子的霸凌。在一本關於「可憐賽門」的民謠小冊裡，敘述了一個不幸的傻瓜與暴力、酗酒的妻子瑪格麗特一起生活，歌詞顯示他活在無休無止的暴力之下。[38]瑪格麗特連連扯他的耳朵、擰他的鼻子、「暴打他，直到他的眼淚滑落到緊身褲上」，還用粗大的木棍毒打他。每一種暴力行為都在回應賽門那無可救藥的無能，連些簡單差事都做不來。[39]做不來男人活，賽門的愚笨危及到家庭和經濟單位的生計與生存，而他對家庭的依賴是如此不穩定又充滿矛盾情感。但發生了兩件事，確保了他的生存，也鞏固了他的地位。在賽門笨拙地自殺

＊譯注：soft／柔軟，在英文裡還有傻瓜之意。

未遂，而遭到瑪格麗特棍棒伺候以後，好心的鄰居收留了他，還把瑪格麗特叫去他們家：「他們把他的妻子叫來，她毫不猶豫的來了／他們在黃湯下肚後達成和解。」在醉醺醺的達成協議後（已經喝掉了許多「加那利白葡萄酒」或撒克）：

鄰居們在歡鬧聲中把他送上床，
他那晚肯定取悅了妻子，
因他現在過著幸福快樂的日子。[40]

瑪喬麗無情的虐待，以及賽門因為家暴產生了自殺念頭的情節，使得幽不幽默在此已經不重要。社區的多管閒事是必要的。鄰居強行介入其中，但也促使賽門重振男性雄風行使丈夫義務以滿足妻子，而贏回了他的「應有」地位，或許這是他第一次這樣做。因此，任何危及社會或性別秩序的事物得以避免，幸福、秩序、繁榮和穩定得以恢復。

憨賽門和潑辣的瑪格麗特一再被塑造成無腦的男人和不知節制的女人，深陷在施暴和不理解的桎梏中。這種暴力是一種極端行為。憨賽門，看起來「似乎無感也無知」，面對暴力只是呆若木雞的站著，「彷彿已嚇得半死」。[41]瑪格麗特用棍子打他，「打得頭咚咚作響，暈頭轉向」；然後把他綁起來拖進籃子裡，吊掛在爐火上，他就這樣被燻了一整夜。之後，瑪格麗特「把一個陶罐朝他的頭丟過去，鮮血如注的直流到耳朵附近」，接著又拿狗鞭鞭打他。[42]最後，當這個男子氣概被閹割了的男人再也忍受不了時，賽門放聲哭泣，最後社區介入，懇求瑪格麗特住手，成功止息了這場家暴，恢復了秩序：

> 她……繼續毆打他，直到鄰居進來，勸瑪格麗特息怒………「一個無賴，」她說，「我可以不打他，但他必須服侍我。」但他們仍然繼續為賽門求情，直到她原諒他。[43]

在這些描述裡，這個無知的白癡是個傻瓜（而且是個倒楣、討人厭的沒用傻瓜），然而他是社區的責任。他必須留在社區裡，而且被賦予某種地位；那種殘忍行徑必須停止，他必須受到保護，不受自己和其他人的傷害。如果不行，他周遭的混亂以及性倫常的顛覆，實在是太具威脅性了。無論好壞，他是這個井然有序社區中的一分子，而他帶給社區的不穩定必須糾正。他的不幸將會獲得容忍，但必須控制，而瑪格麗特令人不安的陽剛暴力和狂怒也是一樣。

其他駑鈍但基本上性格和善的人物，充斥在民謠和人們所聽、所說的故事中。他們的愚蠢不一定是成功的阻礙，反而因為受人讚賞的性格而被抵銷。傻瓜傑克（拜豌豆之賜而名聞遐邇*）「用自家乳牛換了一些豆子，然後爬上了他的致富之路」。[44]在其他故事中，快活男孩約瑟夫的良好幽默感，彌補了他對「事實的悟性」和智力不足的缺憾。[45]傻得無知可能成為嘲弄的對象，但一位無名氏作家

*譯注：指英國童話故事「傑克與豌豆」。

提醒我們，「無知的傻瓜一族，和英國其他任何社會族群一樣古老」。[46]無可避免的，被叫做憨賽門的人「會做任何吩咐他做的事情，會相信任何告訴他的事情」；但是，讀者被叮囑「憨是一種美德，而非一種愚行」。[47]智能不足但心地善良的人身上，幾乎都有一種令人感動且帶有愛國情懷的英國特質。白癡、傻瓜、無知的人可能既令人困惑又令人惱怒，但他們在社會秩序中占有一席之地，不論貧富都接納他們。他們不是一個受害或是遭到放逐的族群，而是一個因其愚蠢而被人嘲笑，因其脆弱而受到保護，因其天真和誠實美德而受人稱讚的族群。

如同我們看到的憨賽門，被戴綠帽子的軟弱無能男人，是十八世紀一再出現的男性白癡形象。在俚語中，一個「綽號大便的人」（nickum-poop）不僅是個愚蠢、軟弱的傻瓜，還是一個「從未看過他妻子的***」的人。[48]講笑話的人鄙視那位輕信、天真、容易上當的白癡丈夫，在膝下無子八年後，妻子懷孕讓他嚇了一跳，他驚呼「我發誓這跟我沒關係」，還邀請他的一個堂兄弟，也就是孩子的生父，當孩子的教父。[49]在一本出版於一七四五年的笑話書裡，有一首諷刺詩描述了另一個令人發噱、頭腦遲鈍的憨賽門，他懇求他的朋友湯瑪斯親吻他的美麗妻子蘇珊，完全沒有察覺到他們的婚外情。[50]

然而，與這些製造婚姻不幸的軟弱無能白癡截然不同，另一類智力低下者是天賦異稟、性慾旺盛的白癡，雖然愚鈍但在肉體上獲得補償。在約翰・克利蘭的色情小說《芬妮・希爾》（一七四八～一七四九）裡，同名的故事女主角勾引一個名叫威爾的僕人，他剛從鄉下過來，他不僅是個「外表俊秀的年輕小伙子」還是個「謙虛有禮、天真無邪……害羞靦腆的傻瓜……性格無可挑剔」。[51]當芬妮

（她當然對男人的身體不陌生）解開威爾的馬褲時，她驚訝的發現「那不是一個男孩的玩具，也不是一個男人的武器，而是一個碩大的五朔節花柱，按照所觀察到的尺寸，那肯定是個年輕巨人的」。[52]克利蘭強調天賦異稟的性能力與白癡之間的關係，他提到了這個流行俗諺「傻瓜的小玩意，乃是淑女的玩物」[53]，按葛羅斯俚語詞典的解釋，「小玩意」一詞指的就是睪丸。這種相信「白癡有巨大尺寸陽具」的觀點，是基於一種補償功能的觀念，亦即某種身體或心智上的不足，會透過在其他領域上的特殊天賦獲得補償。正如克利蘭對憨傻威爾的描述，「自然造化……以其最純熟的肉體稟賦，來彌補對超群的智能稟賦的捨棄……總之，既然造化在這些部分已經為他做了這麼多，也許會認為，自己對他的腦袋沒做什麼也沒關係。」[54]在「lob cock」一詞上，天賦異稟的白癡概念也概括在內。它有雙重意涵，分別是「一個重度腦殘、死氣沉沉的傢伙」和「一個不受約束的巨大陰莖」[55]。這也是在一七六〇年出版的《湯姆傻瓜傳》的主題，這個傻瓜家庭的多育要歸功於「造物主透過在其他方面超豐裕的供應，彌補了腦袋的缺陷」。[56]就像《芬妮．希爾》裡的威爾，傻子湯姆頭腦簡單，但外表英俊充滿魅力。如同某夫人的女僕有天逮到他「寬衣解帶」企圖對她非禮後，如此評論：「他是如此無知，又如此害羞……他看起來如此單純，如此天真，倘若他能令我銷魂的話，我一定會原諒他。」[57]

芬妮後來遇見了一個年輕人，大家稱他為好脾氣狄克。「好脾氣」在此的意思是為人隨和、溫順，但更重要的是得天獨厚。他是當地衣衫襤褸的賣花小販，也是個「不折不扣的低能兒或白癡」，結結巴巴的說出了「心中半打動物般的想法催逼著他吐出的話」。他雖然衣衫襤褸，但「身材勻稱、身強體壯、四肢乾淨」。[58]芬妮和一個朋友勾引他，發現「他擁有豐富的個人寶藏……尺寸如此巨大，我們預期會看到某個超乎尋常的東西，但它仍然大大超出我們的期望，甚至連我這個向來不交易小玩意的人都大吃一驚」。[59]狄克的心智缺陷要比威爾更為嚴重，因此他在生理上的補償也相對更大。當一七二六年，野孩子彼得、這個怪異的年輕人，被發現在德國一處森林裡過著野生生活，而被帶到漢諾威的法庭上時，這種普遍的想法，也就是帥氣、得天獨厚且帶點狂野不羈氣質的白癡明顯可見。據說，朝臣們原本對這個白癡所散發的年輕「狂野陽剛氣息」抱持高度期待，但在得知他對女人無感後大失所望。[60]此外，這個野人也展現了白癡所能擁有不可抗拒的性吸引力。[61]值得注意的是，這種對癡呆的理解當中，嗅不出一絲令人感到危險、厭惡或反感的感覺，而且也不認為與某類白癡發生性關係是一種禁忌。

更為矛盾的是，從最廣義上來說，如生理、情感上、口頭上和道德上，大家把白癡設想成不能自制（或失禁）的人。而這些多重失禁源於缺乏克制力和自我約束。俚語反映了這種情況。愚蠢和管不住自己的嘴巴被混為一談。因此，一個「多嘴的人」（blab）是個嘮叨不停的傻瓜，把他知道的事情全都說了出來。愚蠢、胡扯閒聊的人是傻瓜（spoonys）、是糊塗蟲（rattle-pates）或鯨魚脂肪（blubbers）。白癡的臉部表情和理當流露的內在情緒之間毫無關係：他們會沒來由的露齒而笑。在葛羅斯的俚語詞典裡，「grinagog」意指一個「沒來由露齒而笑」的傻瓜，但「flearing fools」是指露齒而笑的傻瓜。白癡的行動遲緩不靈活，幾乎無法移動自己遲鈍僵硬的身體，他們笨拙，是腫塊（lump）和粗紡機（slubbers），這些詞都是指笨重愚蠢的傢伙。「drumbelo」意指動作遲緩的傻大個。

當控制肉體成為社會地位的一項指標，這種難以控制身體和頭腦的行為，與眾人愈發期望能增強對身體機能和情感的克制力產生了衝突。[62]在公眾期望與個人行為不一致的情況下，幽默便順勢蓬勃發展。行為規範書籍設法灌輸新的公眾行為規範和衛生準則，以加強對羞恥感、謹言慎行和相互義務的意識。一七二九年，聖若翰喇沙這位法國禮儀規範制定者，建議「有其他人在場時，從身體裡排氣，無論是從上或從下，都是非常不禮貌的，即使沒有發出任何噪音……而用其他人可以聽到的方式這樣做，則是可恥和下流的」。[63]三十年後，白癡笑話書裡幾個漫不經心的人物正好做了那種事，接著便開始大肆吹噓說：「有個笨蛋，真的當著幾個女士的面，任由背後出現一個裂縫（屁），然後說他背後有良好的關係給他做靠山。」這個玩笑強調了不受控制的身體和不受約束的頭腦之間的關聯性，如同某個旁觀者告訴這個傻瓜說：「你的尾巴（屁股）可以說得更好；因為它比你的舌頭更有說故事的智慧。」[64]

喇沙還叮囑：「談論我們某種天然的肉體需求……是不恰當的，甚至連提到都不宜。」[65]不可談論這類天生的生理機能的要求，與規定相互混合，這類規定自中世紀起便已發展，如規定要用右手行潔淨之事，用左手行汙穢之事，藉此改善衛生狀況。[66]因此，這則有關一個傻瓜用錯手問候神，並解釋他為什麼這樣做的笑話，著實令人大為震驚：

> 有個天生傻瓜被命令要把手給神，他照做了，但他伸出了左手，而遭到了主人的責罵，並告訴他應該伸出右手才是。**咄！**主人啊，傻瓜說道，我認為你比我更傻，因為把我每天擦屁股的手給如此偉大的神，實在不恰當。[67]

這些幽默的觀察表明一件事，那就是能夠被社會所接受的期望與標準，和白癡能力所及之間，開始出現落差。他們對此渾然不覺，以及因此不斷失禮的社交言行，都成了大家的笑柄，同時也意味著，一個定義愈發清晰的天生白癡族群，與社會主流正漸行漸遠，愈發疏離。然而，除此之外，白癡在這個過程中頑固的拒絕「現代化」也帶來了某種樂趣。喇沙和其他人的咒罵，對禮貌和禮儀的勸戒，也就只是：咒罵和勸戒而已。並未因為一些作者的倡議，使得十八世紀的社會發展成為良好禮儀和優良個人衛生的樂土。眾人往往以幽默的眼光觀察到，規範與實踐之間存在著一道鴻溝。在一個高談禮貌的粗魯世界裡，世人表達了對禮貌的高標準原則與諄諄告誡，這正是因為他們做不到，[68]才拚了命努力要讓自己表現得彬彬有禮，並努力管控激動的情緒。[69]一七四〇年出版的《論禮貌行為》一書要求：「一個人必須成為自己的主宰，也要成為自己言語、姿態和激情的主人，以致沒有任何無禮言行能逃脫他的掌控。」[70]「一個人必須順應這世界，」日記作家安娜·拉蓬特寫道，「……我會秉持做正確的事的原則，做每一件事……我必須學會在這世界裡掩飾真實的自己。」[71]不只是針對這些白癡主人翁們不受控制的肉體和無禮行為，諷刺性笑話也針對那些感到被他們冒犯而不舒服的人，這些人是如此努力不要和他們一樣。

對於白癡的身體與其失禁，當中最極端也最持久的形象，就是張著嘴、流著口水的嘴巴。在世人的想像中，白癡的嘴巴永遠是張開的，下垂的下唇猶如鉸鏈被突出的下頜往下拉。張開的嘴巴，不僅意謂一個人缺乏控制臉部五官和表情的能力，也意謂他對於周遭所發生的事情反應感到木然和迷惘。在街頭遊蕩的白癡「嘴巴在半擊發狀態」（mouth half cockt），如同俚語詞典上所寫的，意指「目瞪口呆的望著所看到的每一樣東西」。[72]他們鬆弛的下巴為他們贏得了「喋喋不休」的稱號。[73]在笑話書裡，在倫敦街頭亂走、表情茫然的白癡們會互稱「口呆」（mouth at half cock），[74]而被問到教義問答的鄉下傻小子們則「張著嘴呆站著」，彷彿他們「聽到了荷蘭語」。[75]

這些張開、無法控制的嘴巴，使得口水淌了出來，體液從他們身體這個不設防出口點向外滲漏。在木匠笑話中那個砍下人頭的傻瓜，對自己所做的事情失控的大笑起來，「直到口水又流了出來」。[76]羅伯特．尼克森可能是一七一五年這本大受歡迎的年鑑《尼克森的柴郡預言》的主人公（其真偽仍待考證），他是查理二世主政時期的「某一類白癡」，大家普遍相信他擁有像諾查丹瑪斯一樣的神祕力量，可以預見重大政治事件。[77]尼克森能夠在發表預言時「神情莊嚴肅穆……說話清晰理智，但在沒得到天啟時，他流著口水，說不出眾所周知的常識或道理」。[78]身為一個典型的白癡，尼克森表現出貪婪、不受控制的胃口，他被御廚們鎖在櫥櫃裡，因為他在皇家廚房裡「舔肉和挑肉吃的行徑，愈來愈令人頭疼」。[79]不論是吃東西還是排泄，他毫無克制力。白癡的形象被描繪成無意義的嘮叨不停，還結合了不自覺的流口水。

包裝在俊美的外表下，淌著口水的白癡甚至能讓人受騙上當。在博尼的小說《卡蜜拉》裡，尤琴妮雅的父親安排她「邂逅」一位年輕的「美女……皮膚白皙、身材高挑、嫵媚動人，五官精緻」。[80]因意識到自己外貌醜陋和身體畸形，尤琴妮雅深受打擊，但後來看到這個美麗的陌生人突然陷入荒誕的胡言亂語中，她大為驚訝。當被問到是否安好時，她回答：「給我一先令！」口水從她的嘴巴任意流淌而出，使得一個可能當作是雕像範本的下頜，變得徹底令人作嘔。[81]尤琴妮雅馬上就明白了她父親所精心安排的道德寓意：「徒有美麗卻無腦，要比任何身體的畸形都來得可怕。」[82] 癡傻行為固然可以迷惑人一時，但它永遠會露出馬腳，從任何身體的偽裝中暴露出來，白癡的身體無法將體液控制在內，白癡的頭腦無法控制咕噥抱怨。這種形象出現在這本一七五七年出版的《快活的傢伙》笑話書裡，一首名為〈秀美的白癡〉且明顯不快樂的詩中。當詩人的目光一看見這位「如此美麗，眼睛如此明亮」的年輕女子，就被吸引住了，然而：

……很快的，這個秀美白癡一如既往開口說話了，
從她的珊瑚唇中爆出多麼愚昧的蠢話；
涓流的胡言如同香膏治癒了我的創傷，
是什麼迷惑了她的**眼眸**，解放了她的**舌**。[83]

在上述這些描繪裡，白癡愚鈍的頭腦和身體被掩藏起來，試圖控制白癡空洞輕浮的心智，卻徒勞無功。在陽光下，癡呆行為滲出、滴落、慢慢流淌，暴露在下巴上或是無意義的胡言亂語中，變得令人厭惡。喇沙疾呼，唾液和吐唾沫的行為，無論如何都要加以掩飾：

務要謹慎小心，永遠不可以把唾沫吐在你自己或別人的衣服上……如果你注意到地上有口水，要很機警的立刻把腳踩在上面。如果你注意到某人外套上沾有唾沫，不要讓人知道，因

亞歷山大・畢戈，一個「流口水的白癡」的臉部，細節來自 1801 年《十五堂簡單的漫畫課》，手繪彩色蝕刻點畫版畫。

> 為這是不禮貌的行為；你應該吩咐僕人把它清掉……因為良好的教養包含了不要讓任何人注意到任何有可能會冒犯，或讓他們感到困惑的事情。[84]

顯然，不是所有人都遵循喇沙的訓誡，尤其是低下階層的人，不過只要有意願，大多數人都能遵行禮儀規範。然而，大家現在意識到有一類白癡，他們的口水不受控的從嘴中流淌出來，對於這個要求表現彬彬有禮行為的呼籲，他們完全沒有能力回應。

藝術與漫畫

在十八世紀末的一本漫畫指南中，找

到了流口水白癡的視覺形象。而且，在亞歷山大・畢戈於一八〇一年所展示的十五種「易辨識」性格類型當中，和「愚鈍呆子」、「無知憨人」一樣，「流口水的白癡」也是其中之一。一個蓬頭垢面、半咧著嘴笑的年輕人，有對濃密的拱狀「甲蟲眉毛」、下彎的鼻子、下垂且多肉的下唇、鬆弛的下顎，和彎曲不平的下巴，半閉的眼睛向下凝視，一小縷但絕不會誤認的口水從嘴邊流下。畢戈在此展示了面相學的「科學」，而且持續到十八世紀末，逐漸發展成為一種成文信念，認為臉部的特徵可以表明一個人的性格和類型。[85]幾乎在不知不覺間，藝術家和觀眾共享了對人類外貌的看法和成見。[86]對十八世紀的觀眾而言，這些面相信號直接而明顯，而他們透過這些信號來理解臉部構造。[87]約翰・卡斯帕・拉瓦特將這些面相學信號加以系統化，彙編成厚重且大受歡迎的《面相學論著》（一七七四～一七七八），及至一八一〇年已出版了五十五個版本，[88]當時普遍相信，可以從面相上讀出人的道德觀和性格，這類普遍觀點便成了視覺形象的基礎之一。[89]漫畫家詹姆士・吉爾雷在一七九八年提出總結：「如果你懂男人的心，不妨也看看他們的臉。」[90]面相學並不是以證據為基礎的科學，雖然它故作科學；面相學其實是把世人對於不同形狀的鼻子、眼睛、下顎和額頭意義的普遍看法，經過彙總後化為知識，當成大家透過臉部特徵進行價值判斷的依據。[91]因此，對癡呆的普遍成見和觀念，漫畫提供了重要的洞見。

對畢戈而言，癡呆可以用許多形式來表現。緊鄰「流口水的白癡」的，是「愚鈍呆子」，這種人同樣有下垂的嘴唇、鬆弛的下顎和半閉的眼睛，但也有一顆奇形怪狀、圓圓胖胖的頭顱，並且在側視圖中所呈現突起的後腦勺。這表達了呆子擁有動物般的感受、激情和傾向，這些感知功能被認為存在

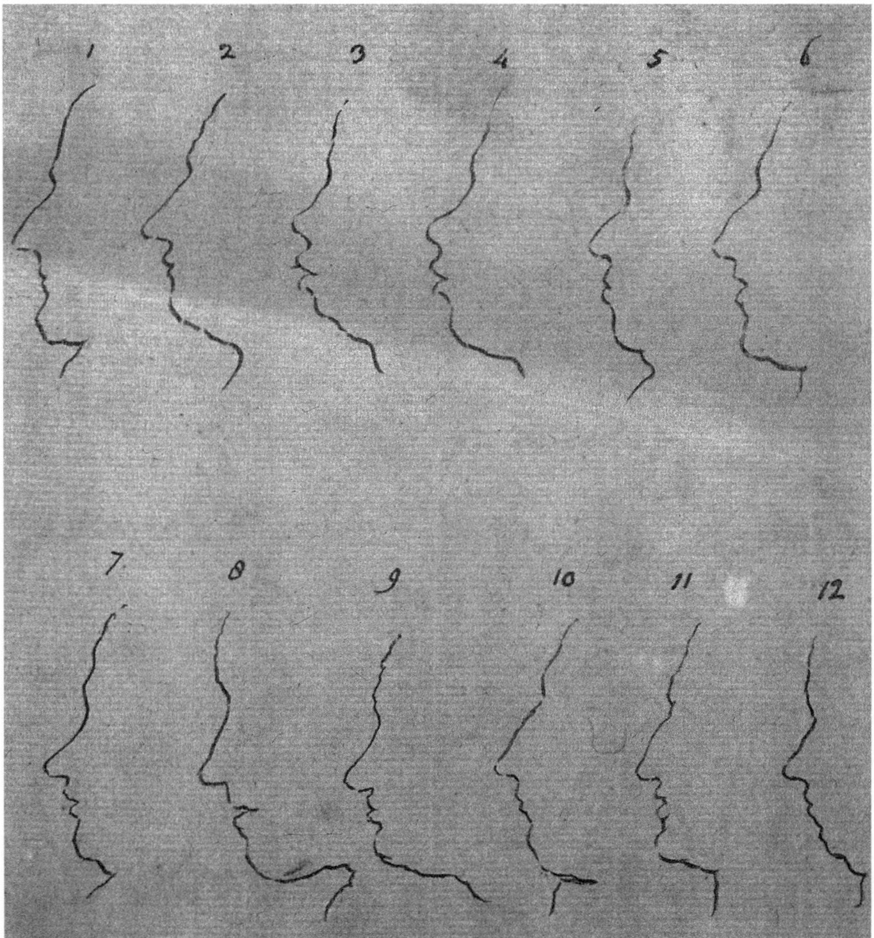

心智障礙者的十二種臉部輪廓，約翰．卡斯帕．拉瓦特《面相學論著》（1789 年版）插畫。在內文中，拉瓦特評論說：「一個有經驗的觀察者很容易就能從這一系列臉孔中，區別出有些是與生俱來，其他則可能是因為疾病或意外所致。」

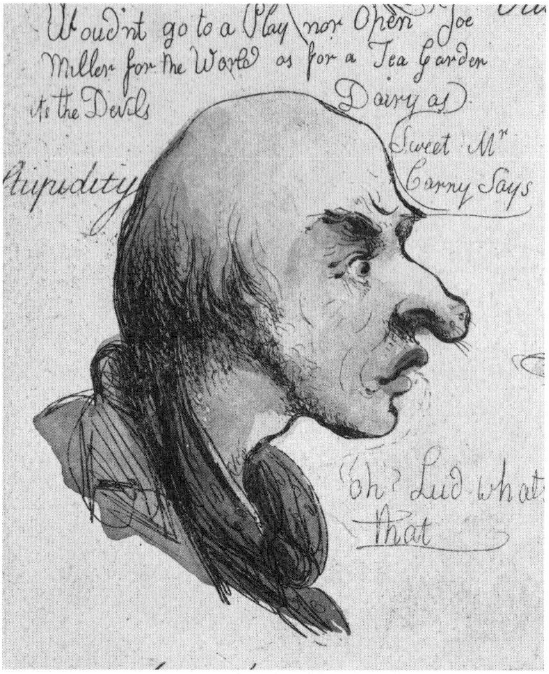

亞歷山大·畢戈，「愚鈍呆子」的臉，細節來自 1801 年《十五堂簡單的漫畫課》，手繪彩色蝕刻點畫版畫。

於頭顱底部，與存在於大腦前部的感知功能相反，而這部分可以從擁有一個健康、既寬且平的前額展現出來。[92]因此，在街頭俚語中，生動的以低額頭和「呆頭呆腦」，將呆子無腦、動物般的呆滯遲鈍給視覺化了。「無知憨人」的特徵，則是張開的嘴巴和只看到兩個鼻孔的塌鼻子。小鼻子被視為低智力的表徵，再加上一個動物般的外貌。如果鼻子有點往上翹，如同畢戈所描繪的「無知憨人」個案，也就是所謂的「朝天」鼻，則進一步表明了這種人具備一種狡猾的作惡能力。[93]

與重度癡呆的流口水白癡明顯不同的是，無知憨人雖然智力不足，但仍具備某種能力得以參與他們周遭的世界，只不過是以無道德感、不正當的、有害的危險方式進行（這是弱智者的特徵），十九世紀

亞歷山大・畢戈，「無知憨人」的臉，細節來自1801年《十五堂簡單的漫畫課》，手繪彩色蝕刻點畫版畫。

初任職於巴黎大醫院的醫學理論家們開始描繪弱智者的特徵。[94]

介於流口水的白癡和有害的無知憨人之間，還有一類笨拙的「愚鈍呆子」，他們大多遲鈍、無害和無感，但有個像動物一樣的腦袋，能夠在其他人的唆使下做些單調的繁重瑣事。在有關白癡、呆子和憨人的漫畫中，三者之間具有共同特徵。他們每一個都有前突的下顎（與更理想、更牢固的直角「正」顎正好相反）、傾斜的前額以及多肉的下垂嘴唇，這表達了與生俱來的低能，而把他們歸類在一般的智能遲鈍範疇當中。[95]然而，有更多細微的信號表明了他們之間重要的差異，而根據能力和危險性將他們加以分級。白癡的能力最差，而無知的弱智者則是最危險的。

那麼，白癡的類型有什麼樣的特定長

相呢？在吉爾雷所畫的一幅漫畫〈非常溼滑的天氣〉（一八〇八）裡，有個紳士在冰雪覆蓋的路面上滑倒了，因為他太專注於用手上那支新奇的溫度計來檢測天氣。在他身後有一小群人，他們背對著吉爾雷，透過版畫店的櫥窗，注視著他所創作的版畫。在這群人旁邊不遠處，有個人半閉著眼睛，不是在看版畫，也不是在看這個滑倒的紳士，或是其他任何東西，他的體型不明，看起來不像是孩童，也不像是成人，他的小塌鼻在臉上微微隆起。他斜著背，雙膝微彎，露出一副卑微姿態。他有非常外突且下垂的誇張厚唇、傾斜的額頭、一對甲蟲眉、鬆弛突出的下巴，還有從邋遢的帽子裡冒出的雜亂頭髮。這就是白癡的肖像，在十八世紀末和十九世紀初的漫畫中反覆出現的類型：總是稍微遠離人群的活動，不參與在其中，個頭異常矮小（既不是孩童也不是大人），外表邋遢、無人照料，還具備了所有低智力的面貌特徵。但值得注意的是：這個笑話不是針對這個出於柔情所畫出的白癡人物，而是這個滑倒紳士超凡的聰明機智。

在漫畫當中，一直以來都存在著白癡的這種性格描述，經常見諸於僕人的角色上，雙腿彎曲、嘴巴張開、受到驚嚇的、茫然不解或是與周遭世界脫節。這個小白癡的形象可以是個茫然的男童僕人、穿著補丁的衣服、拿著裝有牛痘疫苗的容器給愛德華．金納醫生；也可以是個笨拙的侍從，他在農夫暴發戶吉爾斯家中服侍時，打翻了一籃子麵包，手上端的一整盤飲料也跟著劇烈搖晃；還可以是個張著嘴巴、嚇得半死的男僕，不知道是否該送飲料給不受女主人歡迎的追求者。畢戈所刻劃的白癡、呆子和憨人的特定形象，在漫畫家的日常生活觀察反思當中發揮了作用。當醫界開始對「低能」產生興趣時，正是根據這些他們所取得的普遍觀念，提出有關白癡身體和面貌的醫學觀點，並以醫學知

詹姆士·吉爾雷，〈非常溼滑的天氣〉，1808 年，以手繪彩色蝕刻版畫描繪一個年長男性在一間店鋪外面的人行道上滑倒。

詹姆士·吉爾雷，〈非常溼滑的天氣〉，1808，背景裡的白癡人物細節。

詹姆士．吉爾雷，〈牛痘；或新疫苗的神奇效果！〉，白癡僕人（左下方）的細節，1802，手繪彩色蝕刻版畫。

識的形式加以傳播。法國法醫學理論家艾帝安－讓．喬治，在一八二〇年觀察到一個弱智重罪犯，他的額頭較低、體質孱弱、發育遲緩、走路一瘸一拐，他的長相顯示了他的愚鈍。眾所周知，大多數的白癡頭型不佳、個頭矮小而且患有佝僂症，以及臉上清楚寫著智能不足。[96]正是那些傑出、廣受歡迎的十八世紀漫畫家描繪出了弱智的低能群相，而大眾也立刻理解了他們所描繪的人物特性。喬治與其醫學理論家同僚們，後來便採納了這方面的知識，並將之重新包裝，並將其作為醫學權威來發表。

在詹姆士·吉爾雷的畫作〈農夫吉爾斯與他的妻子，向鄰居炫耀他們正從學校返家的女兒〉中，白癡僕人（最右邊）即將打翻飲料，1809，彩色蝕刻版畫。

這些反覆出現的形象，反映了大眾對白癡的看法。白癡既是存在的，也是被邊緣化的，是不幸的人物也是幽默的來源之一，但能夠就業且通常和藹可親。他們參與社區和家庭的日常生活，但沒有什麼太大影響力，他們經常出現，但卻是被拋在一旁、被人遺忘的寒磣人物。如果他們有受到絲毫注意，那是因為他們就快要將飲料打翻、誤解了命令，或是犯下了服務一位不受歡迎客人的失當行為。他們在身體上、社交上和道德上都顯得笨拙尷尬，這當然也意謂他們引人發噱，而且有點無法預測。他們以僕人的身分出現在漫畫中，因為那就是他們在現實生活中的職業。在十八世紀的刑事審判中，便揭露了有兩位被告是住在雇主家中的家庭僕人，像是安·懷德曼，她「近似白癡」，她的女主

以薩．克魯克香克的困惑白癡男僕，〈愛爾蘭財富獵人〉，1800，鋼筆水彩畫。

人曾發誓，倘若她的偷竊罪名得以昭雪，她會重新僱用她；還有在有錢人家當女僕者，例如瑪麗．拉德福，一個「半開化、非常愚蠢的人」。[97]

正是基於這個原因，也就是知道觀眾能夠看出這個人物類型，霍加斯才能在他的〈流行婚姻〉系列畫作中，描繪出一個白癡僕人。在畫作中，這個白癡僕人正要被一個憤怒的藥劑師摑臉，他嚇呆了，因為他蠢到買了女主人自殺用的毒藥而不自覺。一個十八世紀觀者可以毫不費力的辨識出這個白癡僕人的性格，並加以詮釋。當德國評論家格奧爾格．克里斯多夫．利希騰貝格在鑑賞霍加斯的畫作時，馬上就看出了這位藝術家是如何表現畫中僕人的智能不足和卑下地位：儘管他穿著任何僕人都會穿

威廉·霍加斯，〈伯爵夫人之死：流行婚姻，圖版 6〉，1745，刻劃死在椅子上的伯爵夫人。

的精美家居制服，但衣服在他身上顯然是太大了，他的外套「鈕扣扣得歪七扭八」，而且運用典型的白癡形象風格，他彎曲的雙腿表達了「他們行屈膝禮時總是無能為力」。[98] 在藥劑師將要賞這個白癡僕人一巴掌的畫面，是這幅畫留給觀眾的最後訊息。在十八世紀，摑臉、腳踢和毆打這類隨意的暴力行為，雖是日常生活中一種常見、可接受的特色，但揍臉是禁忌。不論施暴者的階級為何，「揍人的臉是完全不能接受的」行為，[99] 意思是將受虐者的地位貶至與動物同等。透過他筆下這個卑微的白癡僕

白癡僕人被藥劑師訓斥，細節來自威廉・霍加斯〈伯爵夫人之死：流行婚姻，圖版 6〉，1745。

人人物，所有下列的訊息都在霍加斯與其觀眾間傳達：他被容忍但岌岌可危的地位、他的未定性、他個人的無能、困惑，以及對於周圍的重大個人悲劇，他的無法理解令人發噱。

顯然，白癡和頭腦簡單的傻瓜經常被人嘲笑或是引人發笑。然而，如同一些歷史學家所主張的那樣，在十八世紀的英國，這不一定是一種人格遭到物化或邊緣化的記號[100]。在當時，一個人受到嘲笑，或是被當成嘲弄的對象，其意涵更為複雜。這意謂著一個人受到關注，被接納為社會結構的一分子。笑聲和揶揄當然可能是殘忍且令人不適的，而且無人能倖免被其所傷：如同賽門．狄克所指出的，笑話書的主要笑點就是「瞎子被引導去撞牆、侏儒被丟出窗外、瘸腿的婦女被絆倒摔進溝裡」[101]。然而，發笑的人並不認為這類的笑在本質上是物化被嘲笑者。在凡妮．博尼的小說《卡蜜拉》裡，阿勒伯里夫人為自己和所有其他被指控為無情殘忍的機智聰明人提出辯護：

> 永遠不要以舌頭來評斷一個機智聰明人的心。我們通常也有好心腸與好脾氣，不下於那些只說合宜話、謹言慎行的人，或是那些乏味的思想家，他們幾乎不讓自己有奇思怪想，所以不會說錯話。但是，我們很樂意讓我們的喋喋不休無情的奪走我們的謹慎。[102]

在喋喋不休底下，潛藏著好心腸與好脾氣。白癡被那些有好心腸和好脾氣的人所接納、放任，有時還得到他們的誇獎或是成為他們渴望的對象，正如白癡受到嘲笑和「戲弄」一樣。在揶揄和發笑的年代，受到忽視（被認為是超越揶揄和發笑）是最殘忍、也最被邊緣化的命運。對於那些之後將被排斥、被視為只適合待在收容機構的族群而言，無論被嘲笑有時是多麼令人不悅，但至少那是一種表示存在、受到注意，以及在社會裡占有一席之地的標記。

刑事審判

從老貝利審判案件所提供的證據和資訊，可以證明白癡和弱智者在社區中無處不在的身影，闡明了他們如何成為家庭、職場和鄰里不可或缺的一分子。嚴重的智力不足並不一定會成為婚姻的絆腳石。約翰・湯瑪斯被他的岳父形容成是「一個傻小子，比白癡好一點」。[103]莎拉・霍洛威，她的丈夫在她被捕後陪伴在側，她「很蠢……而且只要有人給她一法新，她就可以站著大笑半小時；他們習慣叫她傻瓜南」。[104]他們也工作勞動。女人主要從事瑣碎卑微的工作，像是女僕、女傭或洗衣女工。瑪麗・拉德福這個「半開化、非常愚蠢的生物」，就為有錢人家燒炭。[105]有些白癡則在邊緣經濟裡討生活。舉例而言，安・泰瑞「這個傻呼呼的女生，無法照料自己，」她的工作是「封住皮革鞋面」。[106]這意味著她是「翻改者」（translators）的成員，這個組織是一個在倫敦的貧窮婦女團體，她們把乞討來的舊鞋換上新的鞋底。[107]羅伯特・米勒「飽受驚厥發作之苦，是半個白癡」，他靠替紳士們跑腿維生。[108]

其他人則有較穩定的職業。彼得・康尼福德是個白癡，因為「在二、三歲大時，他的頭曾被狗撕成碎片」。他曾在一家營建公司當了十二年的建築工人，在同事眼中，他是個勤奮的老實人。[109]雖然大多數的男性白癡受僱於不需要技能的苦力或是僕人之類的工作，但仍有少數從事需要技能的職業，像是砌磚、木匠和裱糊。有些甚至經營小生意，但通常需要有人從旁協助他們。約翰．布洛克在埃塞克斯郡經營一間酒吧，但因為他是個「愚蠢無知的傢伙……生意的管理全落在他的妻子身上」。[110]因此，白癡是在形形色色環境當中生活和工作的人。身為白癡，並不能定義一個人。他們可以被看作是性格圓融、有貢獻的工作者。在法庭上關乎他們的問題經常是「生計」而不是他們的「癡傻」。

但這類人在社區占有一席之地的情形不該過度浪漫化。審判證據一再顯示，他們的生活中充斥著殘忍行徑和揶揄，有證人如此陳述：「我看到他們塗黑他的臉、用籃子抬著他到處晃，然後把他扔進狗窩裡（水溝）」；「他是一個可憐的傻瓜，受到其他人的嘲笑和戲弄」；「經常受人擺布和虐待」。[111]那些被視為脆弱或不受歡迎的人，很容易被社會各界所排擠或攻擊。但在所有被引述的暴力和霸凌事件中，總有其他社區成員做出回應，願意為捍衛當事人挺身而出。儘管在社區中的地位受到質疑，甚至是受到蔑視或暴力攻擊，隨著時間推移，他們仍舊保持穩定。

布道

一種類似的、廣泛容忍癡呆和頭腦簡單的觀點，由福音派衛理公會所領導、被稱為「福音復興」或「大覺醒運動」期間，在大城市和小城鎮的福音派街頭布道中，也可以察覺到。十八世紀初期，如以撒．華滋這種持不同意見的牧者，提出了一種充滿激情、傳講福音、富於情感的替代方案，以取代沉悶、無法激勵人心的英國聖公會。衛理公會信徒，如約翰和查爾斯．衛斯理，雖然在英國聖公會中的地位微不足道，但也同樣提出了與傳統講道截然不同的選擇，也就是更加平易近人、對大眾的吸引力也遠勝以往。[112]從一七三〇年起，戶外布道開始在英國各地向廣大群眾傳講福音。[113]

許多對人群宣講的布道都觸及了智力、愚鈍、愚拙、低能和癡傻等問題。其出發點是所有人都是不完美的，因此任何程度的缺陷、畸形或無能本身並不是原罪。學識和優越的智能本身也不是美德；最重要的是，不論天賦能力、資質如何，一個人如何以其行動的意圖或意志去使用這些能力。[114]一個受過良好教育、博學的罪人，遠比無知的傻瓜更糟糕，因為他沒有任何藉口可以推諉自己對神的無知或冷淡。濫用天賦的智能只通往地獄。[115]反之，愚拙人若能將自己的才智（無論多麼有限）運用在神的事工上，就能尋得神的恩典與救贖。正如華滋牧師講道所言：「神對所有人一視同仁……主人與奴僕、君王與臣民、有學問的與無知的，都將照著他們所行的得報。」[116]如果神願意的話，無知的傻瓜確實能夠成為一個真信徒，成為神的選民，而蒙受勝於理性智力的恩寵：「祂（神）樂意揀選愚拙人，好叫所有人類理性的驕傲感到羞愧，使其成為一個謙卑的信徒。沒有一個人該對救贖感到絕望。」[117]愚拙人構成了神旨意的一部分。理智、記憶或智能上的不足絕不是原罪，因為這類缺損是神所賦予的。重要的是一個人在其能力範圍內對信仰的意志。

約翰．衛斯理和華滋一樣，對於天資聰穎又博學但不聽從神的話的人充滿質疑和蔑視：「無知從未像在那些被稱為博學之士者身上那樣強烈突顯。」[118]衛斯理認為，人在認識神之前，一直處於一種沉睡的天然狀態，因此我們全都活在一種因循苟且的愚昧和懶散狀態中：所以沒有人有資格對別人的愚蠢感到不滿。[119]天生缺陷是神所賜的，而且無法治療，所以不能被定罪。一個人只能在被賦予的能力範圍內、在被指定的位分上發揮作用。[120]衛斯理列舉了一些天生缺陷，它們並不是人的過錯，因此沒有一個人該受譴責：

理解力不足或遲緩、領悟力遲鈍或混亂、想法顛三倒四……想像力遲鈍……缺乏敏捷或良好的記憶力……口拙舌笨、措詞不當、發音粗俗。[121]

無知、駑鈍和智力受限並不是罪惡，也不該受到懲罰。每個人的職責就是善用天賦（無論多麼貧乏），因而蒙恩。天賦貧乏的人可能需要其他人的協助或支持，但他們和其他人都有同等的機會匍匐通往他們的救贖之路。這樣的信息日復一日、年復一年傳達給意見不同的會眾，以及湧進大型戶外布道會的群眾。

透過笑話、俚語、小說、漫畫、藝術、審判和布道的稜鏡，我們可以清楚看到白癡（與他們的表親，也就是弱智和天真無知）是十八世紀社會中一種隨處可見、無法否認的存在。他們可能往往被邊緣化，但總是存在。儘管智能不足，甚至到了嚴重程度，但卻不一定會被視為歸屬關係的障礙。憨傻可以被視為有其他優點——可靠、堅定、誠實和忠心。在肉體上，他們甚至可以是慾望的對象，因為傳說他們有得天獨厚的補償性身體能力。在靈性上，如同牧師或傳教士不斷強調的，愚拙可以是優點，勝過那些受過高等教育和天賦聰明的菁英們墮落、不誠實、褻瀆神的心靈。

他們無處不在，但同時也很容易錯過；這樣一個既熟悉卻又低調的存在，使得他們可以同時既存在於世而又隱而不顯。這就是為什麼，當後來（如同後來的發展一樣，顯而易見）他們悄悄消失在大眾的視野中，而以其他的方式被人想起，這個過程安靜無聲、幾乎無法察覺、大多時候遭受忽視。但至少他們現在仍然是生活中一個熟悉的特點，他們也許看起來古怪但被社會接受，並且嚴絲合縫、牢牢的融入十八世紀的日常生活模式當中。

第三章　海外白癡：種族上的癡呆概念

隨著歐洲人（尤其是英國人）在十八世紀加強他們對世界探索的力道，他們乘船航行、徒步穿越前所未見的土地，並遇見了和這些嶄新景觀一樣陌生的民族。身為啟蒙時代的孝子、理性和科學等文明美德的傳人，他們設法詮釋並歸類那些在非洲、南太平洋和亞洲所遇見的新人類。這些人是誰？從外觀上看得出是人類，但在文化上，對這些歐洲訪客而言，他們卻是極度陌生的。他們當中的許多民族都沒有讀寫系統。他們的語言令人費解，他們的司法制度野蠻或是付之闕如，他們的道德觀怪異或者變態（如果有的話）。他們的生活缺乏了歐洲人享受慣了的奢侈品和舒適設施，更糟的是，他們似乎對這些東西完全無動於衷。事實上，他們在許多方面，似乎並未從啟蒙時代哲學家們所苦心思索的遠古時代「原始人」的生活中，取得進步或發展。這些歐洲探險家想知道，這些奇怪的民族有沒有可能代表了全體心智能力低下的人類種族呢？不然，還能怎樣詮釋和歸類他們呢？也許，這些衣不蔽體、住在茅屋、漠然、無精打采、幾乎無法溝通、他們所認為的「野人」，就類似於他們在家鄉所遇到的那些同樣漠然、無精打采、幾乎無法與其溝通的「白癡們」。那麼，像印度人和中國人這些比較「先進」的種族又如何呢？他們顯然取得了一些進步，但在我們勇猛無畏的歐洲人看來，他們仍然沒有達到歐洲文明的標準。也許，這些看似聰明、狡詐、有害、有時殘忍的「蠻人」，就像那些開始躋身進入了歐洲醫學和法律教科書裡的聰明、狡詐、有害、有時殘忍的弱智者。

始於十八世紀，在啟蒙時代眾人橫越全球的航行和遠征途中，產生了把種族和智力這兩種概念以錯誤方式交織在一起的驚人故事。這種因為不同概念間錯謬的糾葛，以及錯誤的認知、錯誤的詮釋和道德盲目所導致的悲慘後果，已經持續了三世紀之久，並產生了災難性的影響。對於所有種族，以及所有社會裡那些被認為智能不足而沒有資格取得完全人類地位的廣大族群而言，都是相當不幸的。

一七七〇年代，是闡述這個複雜故事的一個絕佳切入點，當時在世界的這一邊，詹姆斯・庫克船長率領的「奮進號」航行至後來被稱為澳大利亞的陸地東岸，與此同時，一位英國牧師暨自然學家在英格蘭出版了一本輕薄小書，闡述他所居住、位在英格蘭漢普郡的小村莊的自然歷史。

一七七〇年四月二十八日，風勢終於緩和下來，奮進號船員滿懷感恩地把船引導至位處當時稱為新荷蘭的陸地東岸一處平靜的深水港灣（現稱為杰維斯海灣[1]）。[2]奮進號上混雜了一支參與這趟重要的歐洲發現之旅的科學家隊伍，身為其中一員的自然學家約瑟夫・班克斯，注意到了某個奇怪現象。就在海灣裡面，這片「新」土地的原住民正划著四艘小獨木舟在捕魚：「這些人看起來幾乎全都埋首在工作中：這艘船就在他們方圓半公里範圍內經過，但他們幾乎沒有在工作中抬起眼來瞧一瞧，」班克斯在日誌中寫道。[3]後來，歐洲人和這片土地東部原住民的第一次接觸，在班克斯看來甚至是不可思議：

威廉·霍加斯，〈麥塔維灣一景〉，在（大溪地）奧塔希地（島），1776，這幅油畫顯示庫克船長的船艦在大溪地停泊。

下午一點，我們在一處小村莊附近下錨泊岸，那裡住有六到八戶人家。沒多久，一位老婦人後面跟著三個小孩從樹林裡走出來；她肩上挑著一些木柴，孩子們也一樣……她不時朝我們的船望去，但看不出有任何驚訝或擔心之情。不久……四艘獨木舟捕魚回來；船上的人靠岸後，把獨木舟拖上岸來，然後開始烹煮所有人的晚餐，他們看起來對我們的出現無動於衷，雖然我們離他們不到一公里……我盡我所能做出最好的判斷，我清楚的看出這個女人沒有仿效人類母親夏娃，身上連一片無花果樹葉都沒有。[4]

對班克斯和他的船上夥伴而言，這是一個謎。這些赤身露體、野蠻的原始人，在他們身上實在看不出任何文明標記，怎麼會對奮進號的壯麗輝煌、同樣散發著華麗光彩、身穿制服的白人船員，還有打造巧妙的船艦裝備，如此無動於衷呢？他們擁有什麼樣的心靈，使得他們繼續沉浸在自己的世界裡？為什麼班克斯等人沒有給這些漠然的人留下深刻的印象呢？

在漢普郡塞耳彭一處看似沒那麼有異國風情的小村莊環境裡，自然學家吉爾伯特・懷特也對他所觀察到的奇怪行為感到困惑。懷特回想起，就在庫克完成他的第一次航行後不久，一個二十年前住在塞耳彭的奇怪男孩：「在我們的村莊裡……有個白癡男孩……他在小時候就展現出對蜜蜂的強烈癖好；蜜蜂是他的食物、他的消遣娛樂，也是他的唯一目標……這個男孩把他僅有的少數能力全發揮在這項嗜好上。」[5]懷特稱這個白癡男孩為「蜜蜂男孩」，在他沒有施展非凡技能直搗蜂窩，以萃取蜂蜜、暢飲他所稱的「蜂蜜酒」時，他顯得無所事事，對什麼都不感興趣：「冬天時，他待在父親的屋裡，在壁爐旁打瞌睡度日，整個人處於一種呆滯狀態，很少從壁爐邊起身……而且，除了他最愛的嗜好外，他除了在這方面展現出非凡的靈巧，實在找不出他還有哪方面的理解能力。」[6]令懷特感到困惑的是，身為人類物種的一員，怎麼能在一個活動領域裡如此專注、機敏和靈巧，但又對他周遭世界的所有其他層面如此無知、不感興趣與毫無知覺（確實如此）。懷特認為，答案是白癡的能力不足：「這個男孩把他僅有的少數能力，完全發揮在一項嗜好上。」[7]根本沒剩下足夠的能力以激發對事物的好奇心、對知識的學習或任何一種心智發展。

這兩個來自地球兩端、明顯不相干但卻是同時代的觀察，是如何連結起來的呢？這兩則記述，一個是關於「野蠻」，另一個是關於「癡呆」，其實在若干重要的方面是相互關連的。懷特和班克斯彼此熟識。他倆在一七六七年相識於倫敦，就在奮進號啟程前不久，後來還彼此通信。懷特熱切的關注班克斯航程的進展。[8]他們分屬於十八世紀末，是自然科學家和自然哲學家這兩個紳士菁英人際網的成員，雙方成員熱切分享和交流彼此的觀察、發現與分類法。[9]這些聯繫密切的知識社群，其研究成果推動了被描述為「標誌了十八世紀下半葉的全球自然知識的累積」。[10]在這個前專家時代，自然科學家們感興趣的項目兼容並蓄：包含了動物學、植物學、地質學、天文學，當然還包括了「人的科學」。正如懷特研究人類，包括吉普賽人和白癡，還有他的故鄉漢普郡的自然現象一樣，庫克與其科學家團隊也被委派研究他們所遇見的土著，兼及當地的鳥類、動物和岩石。（他們當然也被寄望能測繪新發現的土地，並主張它們是英國屬地。）英國海軍部給予奮進號的祕密指示包含了以下內容：

> 你們也要觀察當地人的天賦、脾氣、性情和數量，如果那裡有人的話，你們要竭盡一切合宜手段與當地人培養友誼並與他們結盟，提供像是他們可能看重的小東西作為禮物，而且各方面都要以禮相待，尊重他們：要留意你們無論如何不能流露出對他們的驚異之情，但要隨時提防發生任何意外。[11]

顯然，與土著相遇的這些期望卻相互矛盾。他們會被觀察、會被標示在地圖上，也會被描述，就像他們定居之地的動植物群一樣。可以進行貿易，但早已預期這將是場不公平的交易，因為土著只看

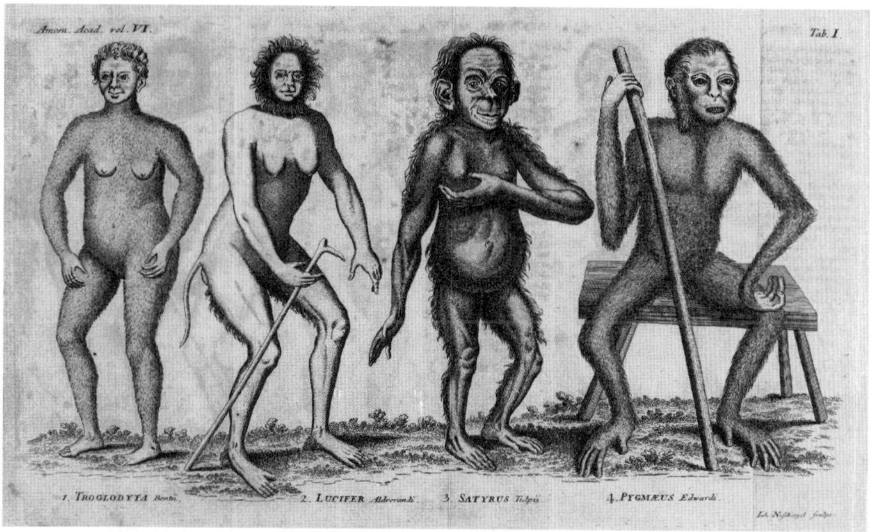

四個人物的插圖，漸漸變得不像人而更像猿猴，卡爾·林奈，《學術之樂》（1763）。

重廉價的「小東西」。他們也許是友善的，但也有可能潛藏著危險的暗流。科學團隊的任務是接觸、觀察、描述其特性，最後再把他們在新土地上遇到的野蠻住民分門別類，其中一些關於他們的假設已經發揮作用，那就是他們具有潛在的危險性，以及他們易受奉承和喜愛小東西。

這種存在於班克斯這類勇敢無畏的全球探險家，和懷特這類較靜態的紳士自然學家之間活潑的知識交流，乃是受到了卡爾·林奈所發明的分類系統的推動。林奈於一七五八年出版了《自然系統》，這是首次對所有自然現象進行系統性分類的重要嘗試，其中包含了人種和「人」的類型。這個系統的影響力在於「其效用無遠弗屆，促成了自然知識的移動，而能展開全球性比較」。[12]因此，懷特和班克斯就成為了一個「知識社群

（涵蓋了）偏鄉的資訊提供者、大都會特派記者和一整個歐洲文壇」當中的兩個紐帶。13

在這些獨立個體網絡的分類過程中，最令人感興趣的是其中出現的反常現象：那些展現出之前未知的新特徵的族類，或是他們殊異的特徵挑戰了現有的類別，他們消融了現有界線，且顛覆了某些想當然耳的臆斷。有兩種類型的人類特別令自然科學家們感到困惑和憂心，進而吸引了他們的關注。每一種類型似乎都挑戰了對人類構成要素的井然有序分類。首先是那些居住在新發現土地上的野人。他們的風俗習慣、生活模式和說話方式與「文明」歐洲人的經驗大相逕庭，當雙方相遇，他們不斷使後者大感驚異並引發臆測。第二種則是白癡和弱智族群。他們有人類的外貌，但似乎缺少了啟蒙時代思想中，用以定義一個人的許多必備條件：推理能力、抽象能力、締結社會關係的能力、情感感知力、發展智能的能力和對周遭世界的好奇心。

這兩類人的異常屬性，無可避免的會招致比較，當自然科學家對二者投以關注和比較愈多，他們相信能夠找到二者之間的交集和明顯相似性也愈多。漠然和缺乏好奇心，以及沉迷於小玩意與自己的瑣事或古怪的差事上，是大家長期以來對白癡的刻板印象。社會改革家法蘭西斯．普萊斯描述了一個始於一七九〇年代的故事，有個家庭精心策畫了一場騙局，設局詐騙一個孤苦無依的白癡女人與他們的長子成婚，以保住她每年價值達一千英鎊的遺產。完婚後，這個兒子便帶著情婦一起在家裡同床共枕，而他的妻子則睡在另外一個房間：

> 這個可憐的白癡妻子從未生疑，或者說她從來不自找麻煩去打探這事。她的丈夫對她不聞不

問，而她只要被打扮得漂漂亮亮，當成孩子一樣來對待，她就心滿意足了。[14]

十八世紀末，法國法醫學理論家弗朗索瓦－伊曼紐．福岱爾在分析了瑞士阿爾卑斯山區「克汀病患」（這群人後來被歸類為患有先天性甲狀腺低能症）的特徵後，就冷淡、懶散、缺乏好奇心的白癡概念，賦予了醫學權威的解釋。在克汀症盛行的地方，他聲稱：

在這裡，你再也認不出人的樣貌，那令人驚異的獨特思想和語言特質……計算天體的廣袤、書寫天體的運動……那不再是一張生氣勃勃的臉孔、犀利的眼神，散發出意志的光彩，而是一張木然的臉孔，就像那些舊硬幣一樣，上面的印記在長久使用下被磨損抹除了。[15]

隔年，從巴黎兩大收容所比塞特和硝石庫醫院的觀察當中，菲立普．皮內爾得出了結論，「他們的臉面無表情、感官遲鈍……而且可能陷入一種持續的癡呆狀態。一種難以克服的呆滯成了他們的特性。」[16]

在整個十八世紀，旅行家對他們所遇見的非歐洲民族，也發表了極為類似的觀察見聞。對於歐洲人所展示的船隻、科技和文雅外表，這些民族竟然無動於衷，讓他們大為驚異，並把原因歸咎於癡呆所致的懶散和缺乏好奇心。困惑的「海盜」船長威廉．丹皮爾在一六九七年寫道，「他們似乎也不羨慕我們所擁有的任何東西。」確實，「他們根本沒有注意到這艘船或船上的任何東西」。[17]在橫越北美洲內陸的長途跋涉後，探險家路易斯・亨尼平神父得出這樣的觀察結論：「一般而言，我在北美洲看到的……所有野人，都對所有事物極為冷淡；他們……對他們所擁有的最貴重東西毫不重視。」[18] 百年過去，對他們在所到之處看到的呆滯的冷漠，歐洲旅行家仍大感驚奇。在印度「穆罕默德平民信眾」中，賈邁瑪・金德斯利在一七七七年抱怨道，「他們的心智……不比野獸更有見識……不論是受到嚴寒的折磨或炎熱所致的萎靡，懶散現象依舊盛行，彷彿他們身體每個機能都被吸乾了；甚至連立即性自衛本能幾乎都無法把他們從懶散中喚醒。」[19]

沃特金・坦奇是一位在十八世紀末參與建立雪梨這個新定居地的英國海軍軍官，他曾總結指出，新殖民者和原住民之間未能建立深厚情感的原因，是因為當地原住民族群「就和所有其他野人一樣，他們要麼因為太遲鈍、太冷淡或太恐懼，以至於優渥的條件也無法使他們與那些在習慣和禮儀上與其大相逕庭的人建立情感」。[20] 對這些歐洲觀察者而言，這種非歐洲人的心智所流露出呆滯、無動於衷的木然表現，顯然是一種全球現象，旅行家們注意到隨著十八世紀接近尾聲，這種憎惡的情緒表現也與日俱增。在美洲原住民、「穆罕默德信眾」和東澳大利亞人身上所看到的現象，在孟加拉的印度教教徒身上也是一樣的：「一個印度教教徒將所有人和利益視為與己無干，而這樣無動於衷的冷漠態度，激起了歐洲人的憤慨。」[21] 在非洲南部民族科伊科伊人（當時被稱為霍屯督人）當中，班克斯自己也注意到了這一點，他指出他們「對所有其他人視為生活必需品的東西……一點概念都沒有」。[22] 人類學家弗朗索瓦・佩隆曾在一八〇三年參與由尼古拉斯・鮑丹率隊的塔斯馬尼亞探險遠征隊，他看到了一個塔斯馬尼亞年輕人，並試圖擁抱他：「弗瑞亞內先生擁抱了他，我也照做了，但從他對這個表明我們意圖的證據（擁抱）的冷漠相迎，我們很快就明白這樣做沒有任何意義。」[23]

於是，旅行家對於自己在歐洲以外地區探險時所遇見的那些人的行為與容貌記述，和他們在家鄉所得知的有關癡呆的定義性敘述之間，開始浮現出關聯性。他們相信他們所看見的漠然和懶散行為表現，不是癡呆唯一的標記。野人還展現了天真無知、容易沒來由地大笑，讓人強烈的聯想到在十八世紀笑話書中反覆出現的白癡特徵。卡羅萊納的美洲原住民「很容易相信人」[24]，而圭亞那人未開化的心智則造成他們對「幼稚的歡鬧、跳舞或不合宜的好笑事物」特別有感。[25]對野人的外觀描述，讓人回想起十八世紀漫畫中的白癡角色：他們「張著嘴呆站著」、[26]眼皮半閉呆望著，[27]從歐洲人的眼光來看，他們粗野的扁平臉、小黑眼睛、低下的額頭和扁塌鼻子[28]與他們鼓起的肚子和瘦弱無力、過長的手臂和雙腿[29]相得益彰。

一般人認為，白癡的感官遲鈍，很少感覺到疼，對於其他人所渴望的舒適安逸和奢侈享受無感；但其實對於舒適安逸，他們表現出幾近反常的厭惡感。暢銷書作家詹姆士．拉金頓回憶到，在他成長的薩默塞特郡小鎮上有個年輕的白癡女人，「對於要睡在床上一事有多麼反感，每到上床睡覺時間，她就會跑到附近一處田地裡，然後就睡在牛舍裡。」[30]「野蠻人」也被認為表現出同樣令人不安的行為，一樣百寒不侵、對不適無感。丹皮爾注意到，新荷蘭人是如何「露天而宿，沒有任何遮蔽，直接以大地為床」。[31]當詹姆士．伊沙姆代表哈德遜灣公司在加拿大內陸地區遊歷時，他驚訝的發現，當地土著在惡劣的氣候下，「住在帳篷裡，不分冬夏皆以冰冷的地面為床」。[32]

在關於土著習慣的著述中，野人民族亦詭異的反映出白癡的特性，且雷同得令人毛骨悚然。在十

南部非洲的霍屯督人（科伊科伊人）在外觀和舉止上被描繪為野蠻和癡呆，如同雅克．格拉塞．德－聖索沃爾這幅 1797 年手繪版畫所示。

八和十九世紀的英國法庭審訊上，白癡如動物般狼吞虎嚥、令人作嘔的飲食習慣，常在證人證詞主題中反覆出現。在一次確立約翰·克洛普頓（他具有白癡的表徵）遺囑合法性的審訊中，一位證人回想起他差勁的用餐習慣，只能將其比擬成「一隻狗用爪子緊抓著骨頭和肉啃」。另外一個證人則說：「他吃東西的樣子非常野蠻，令人倒胃口，彷彿是個餓死鬼，狼吞虎嚥的把肉放進嘴裡，但吞不到一半，也不在乎要把肉吐在哪裡。」[33]歐洲旅行家在描寫非歐洲人的飲食習慣時，也講述了令人作嘔的「動物」胃口之類的話。詹姆士·布魯斯是位富有的蘇格蘭地主，在一次發現尼羅河源頭的早期探險之旅中，在阿比西尼亞*王室所舉辦的一場宴會上，觀察到食客們像狗一樣啃食骨頭。每個人都由兩個女人親手餵食：

> 他弓著背，頭低而往前，嘴巴打開，很像白癡，（他）轉向這個（女人），她的筒管已經準備就緒，她把食物全塞進他的嘴巴，他的嘴裡塞滿食物，隨時有噎到的危險……所發出的咀嚼聲愈大，就愈被認為是有禮貌的。[34]

美洲原住民是「天生的大胃王」[35]，而霍屯督人則手齒並用撕肉，吃得又急又快，讓他們看起來總是一副餓壞了的樣子。[36]伊沙姆則描述加拿大內陸原住民「用牙齒撕咬肥肉，吃得滿嘴油膩……互

---

*譯注：衣索匹亞舊稱。

相朝對方衣服吐口水」。[37]愛德華・朗恩在一七七四年對於牙買加「黑鬼」的種族抨擊中，表明了他格外厭惡在他看來如禽獸般的飲食習慣，聲稱他們「用他們的爪子撕肉，像野獸般把肉一把一把塞進喉嚨裡，狼吞虎嚥……他們全都把手伸進盤子裡，有時候還會把嚼過的東西放回盤子裡」[38]。這些逾越野獸和人類界線，以及打破共享禁忌和混合吃過的食物和體液的可怕描述，若合符節的反映著另一個對約翰・克洛普頓的飲食習慣的描述：

> 晚餐時，他像豬一樣咬他的肉……他把鼻子戳進盤子裡，證人看見他把叉子塞進鼻子裡，然後用刀子舀起肉汁、血和其他所有食物。[39]

觀察者抱怨英格蘭的白癡結合了身體的失禁和不知羞恥。僕人和侍者指稱，低能的約翰・克洛普頓「在壁爐裡撒尿」，而且總是「靠著他房裡的牆壁及周圍做這些事情」。[40]因財產受到覬覦而在一七八七年遭到綁架的芬妮・福斯特，曾「當著男僕的面掀起自己的襯裙想要尿尿，她一點都不覺得這樣做有多麼不恰當」。[41]就像福斯特的僕人一樣，當歐洲的男性旅人目睹如此毫不掩飾、赤裸裸的純真行為時，也是目瞪口呆。亨尼平觀察到，在美洲「女性不以當著全世界的面小便為恥」。而一八〇三年鮑丹率隊遠征塔斯馬尼亞時，有次探險隊的護衛艦艦長遇到了一群當地婦女，那時「她們當中有一些人想要小便。她們正面對著我們，坐在相隔約三公尺遠的地方，於是她們站起來、兩腿微張，而且仍盯著我們瞧，就這樣當著我們的面行使了她們的自然需求」。[42]她們的男人也因不經意的做出同

對「野人」的描繪呈現出了癡呆的表情，如同威廉．霍加斯對這名火地島（阿根廷）男子的描繪，取材庫克船長第二次航行之旅（1777）。

樣的事，而讓他們的歐洲訪客感到不解，「我看見一個土著，當我們正在跟他講話的時候，他想要撒尿，而他只是微微轉身九十度，然後解放他的需求，而我想這轉身只是因為風把尿吹到了他的腿上」。[43]

歐洲旅人從家鄉帶來了一種癡呆的概念，也就是對於周遭世界懶散漠不關心和缺乏好奇心，就等同於癡呆。頭腦簡單、天真無知、低眉毛、粗短鼻子的白癡會莫名其妙的大笑、對冷和疼痛無感、對溫暖和舒適無動於衷、像野獸般狂吃完全不顧禮儀，以及對於滿足其肉體需求毫無羞恥感或克制力。這些人與英國或法國社會上對一個舉止有禮文明人應有的行事為人共識，大多相去甚遠。隨著他們抵達美洲、亞洲、非洲和南太平洋，遇見了新的人類族群，這些人似乎一點都不符合所謂的

「文明人」準則。在備感困惑下，他們設法尋求解釋與合理化的理由，他們的臆測開始浮現這種想法，也許是遇到了白癡種族，整個社會在心智和社會發展前景上，與他們母國的白癡和弱智者一樣受限、一樣黯淡。

旅行記事裡的癡呆概念

於是，十八世紀的旅行家記事起初先是將以往熟悉的白癡（和弱智者）與新近遇見的野人（和蠻人）加以比較，然後逐漸相互連結，進而論述人類的地位。從歐洲人本位來思考非歐洲人，這種智力與種族觀念逐漸融合的現象，包含了三個極為重要的意涵。首先，旅行寫作在這個時期是一種具有高度影響力的文類體裁，閱讀者眾，它所傳達的想法得以迅速散播至公眾領域。再者，在十八世紀期間，旅行、探勘、觀測和找出新的有形資源，演變成一套建立帝國的系統，推動了人力、有形貨物和土地的併吞與侵占。而被捲入這些新勢力範圍的土地上原住民的人類地位，則變得舉足輕重。他們的人類地位是指什麼樣的法律地位呢？而在新興的歐洲帝國中，宗主國進行統治和資源開發的法律基礎又是什麼？旅行家的記事、想法與其對「新」土地上原住民族的性格描寫，在在透露了法律思想的信息，並在制定法律架構時發揮了重要作用，而該法律架構將成為建立一個全球殖民體系的基礎。第三點，建構了「人的科學」和社會理論的啟蒙時代思想家和理論學家，他們本身鮮少到歐洲之外的地方旅行。有關非歐洲社會資訊的取得，得仰賴旅行家、探險家，以及在探險航行中不可或缺，由自然學家、民族學家、動物學家等所組成的科學團隊所做的報導和觀察。於是，這些記事藉此深深地融入那些關於人類起源和種類、種族之間的差異，以及人類社會的發展與人類心智的發展兩者之間的連結等各方面的思考當中。拜其關於社會形成與人類心智發展理論之賜，人的科學當然與法律理論緊密相關，有時也與法律理論整合在一起。在孟德斯鳩一七四八年的著作《論法的精神》一書中，這點尤為明顯，他將不同社會類型中的法律變異，與物質和環境原因連結起來。

在整個十八世紀，旅行記事的流行，以及被大眾用一種貪婪的認真態度所閱讀吸收，這些現象都有詳盡的記載可查。對詹姆士·拉金頓這位白手起家的書商而言，在十八世紀最後二十五年當中，旅行書絕對是他的書籍銷售大幅增加的主力之一。拉金頓聲稱，如果有人想要認識自己，唯一之道就是「對世界其他人種有相當程度的認識」。要做到這一點，「研讀歷史、航海、旅行方面的著述，無疑將有助於充實這方面的知識」。[44]論述庫克船長三次航行之旅的各樣書籍席捲書市，成了風靡全國的出版現象，是「閱讀大眾……焦急的引頸期盼」的搶手暢銷書，「是這個時代迄今為止最受歡迎的旅行書」。[45]約翰·哈里斯在一七四四年出版的航海及旅行文章合集自序中，斷言：「航海及旅行書籍所帶來的特殊樂趣和提升，充分說明了為何這類書籍的受歡迎程度不下於任何一種純文學類別。」[46]如同哈里斯著作這類的合集，不僅有廣大的普羅讀者群，也深受旅行家、探險家和自然科學家等專業讀者的喜愛，在展開自己的航行前，他們會先大量閱讀這方面的著作。可以確定的是，預先形成的判斷和隱藏假設成了一股強大的暗流，甚至在他們尚未啟程之前，就已經影響了他們日後對所見所聞的反應和詮釋。英國旅行作家暨小說家（也是安東尼·特洛普的母親）法蘭西絲·特洛普，在下一世紀回顧這些作品時，就指出了作家們總是表現出「一進到一個新的國度……無論是在多麼偶然的情況下，便按捺不住要把所有事物分類成民族性和特殊性的傾向」。[47]

約瑟夫・班克斯收藏了大量哈里斯的旅行寫作文集，[48]當詹姆士・博尼（小說家凡妮・博尼的兄長，也是庫克船長第二次航程的成員）在撰寫自己的發現探險史時，他很感謝班克斯允許他參考自己的航海藏書。[49]除了貪婪地閱讀朋友班克斯航行之旅的新聞和出版品，吉爾伯特・懷特也熱切閱讀其他描寫前往中國、南北美洲和西非的遊記。[50]而旅人又反過來帶著懷特的《塞耳彭自然史》（一七八九）前往「遙遠之地，並引發了他們的鄉愁」。[51]懷特對漢普郡村莊自然史的著述，有助這些旅人們建構出那些在異地遇見的動植物群和當地人的見解。正如懷特把懶散的、遲鈍的「蜜蜂男孩」歸因於能力不足一樣，那些把《塞耳彭自然史》一書塞進行李裡的旅人，在望著他們從野蠻原住民身上所看到，視之為懶散、無動於衷的行為時，會想知道這當中是否存在著類似的原因。透過遊記，國內的癡呆概念和海外的異族接觸之間，變得更加糾結不清。

旅行寫作因此觸及到了一個廣泛且在增長中的閱讀大眾，同時，這類著作也成了旅人不可或缺的一種知識工具，因而對歐洲以外的世界和民族產生了新的共同假設和一種知識體系。除了影響一般讀者，旅行寫作也影響了包括法律理論專家和法律制定者在內的專業讀者。遇見了生活模式與「文明」歐洲所視為正常者截然不同的民族，引發了法律上的難題。早在一六二五年，荷蘭法學家胡果・格勞秀斯在調查後來稱之為歐洲三十年戰爭所造成的持續性破壞之後，嘗試建構一部指導國際關係的「萬國法」。他的名著《戰爭與和平法》對十八世紀法律理論家產生深遠影響。他在書中直視民族多樣性所造成的難題。他聲明置身在戰爭所造成的國家廢墟中，「歐洲只有一個共同連結，就是昔日團結歐洲的一個殘跡——**人類的心靈**」。[52]正是基於這個共同的思想，他呼籲制定一個文明的、統一的萬國法。他主張，權利是附屬於個人的道德素質，只要得到完善，便能成為「理性動物」的心智能力。[53]因此，他繼續說道，這樣的理性生命會對不公不義有共同的憎惡，例如一個人或一群人剝奪屬於其他人的東西，在此基礎上，得以建立一個國際法律體系。[54]

然而，這一切都仰賴理性的運作，理性是有能力做出判斷的先決條件。法律的核心是基於承諾的能力，承諾形成了合約的基礎，貿易和商業於焉誕生。但是，格勞秀斯也承認，即使在歐洲，並非所有人天生便具有人類的理性：「運用理性是構成承諾義務的首要前提，因此白癡、瘋子和嬰兒無法做出承諾」。[55]他指的是行為能力方面的法律，與相關的監護權制度，以保障那些被認為缺乏必要的理性和行為能力來管控自己之人的生活。格勞秀斯總結道，在萬國法裡，不同民族之間當然存在著道德和宗教上的差異，而且並非所有人類都受惠於「卓越心智」；而這些差異在歐洲與非歐洲國家之間的關係上尤其明顯。整體而言，這不會妨礙那些道德標準或是智能較低者形成財產所有權，因他們仍具備理性這個基本前提，因此有權使用他們自己的土地。[56]但是，他沉思道，萬一整個種族被發現都缺少理性，因而缺乏行為能力，會發生什麼事呢？他認為，缺少理性會使人不受財產和合約相關法律的保障：

只有當整個種族缺乏理性到無法行使任何所有權的程度，他們才不能擁有任何財產，慈善法也不會要求他們應當擁有生活必需品之外的東西。因為萬國法的原則只適用於有能力進行政治或商業交流者身上，而不適用於一個全然缺乏理性的民族。[57]

格勞秀斯承認，就他所知，還沒有人遇過這樣一個種族：「這不過是懷疑而已，懷疑是否有任何這類種族被發現。」[58]但他的論點很清楚：如果有人發現了一個白癡種族，他們理當遵守一個癡呆全球法，由一個理性的種族擔任他們的監護人，只准許他們擁有生存必需品，正如監護權制度的行使，由理性的成人管控非理性白癡和弱智者的生活。由於種族和智力之間可能緊密相關，因此聰明的種族有權監護非理性種族的想法已被列入考慮，儘管尚未有人實際要求這類監護權。

一六七三年，德國法學家薩繆爾・馮・普芬多夫又更進一步發展這個概念，表示癡呆和非理性的觀念（因此沒有行為能力），可以應用在所有人種和個人之上。他的理論建立在格勞秀斯的萬國法觀念的基礎上，他主張那些缺乏理性的人、缺乏「那在他裡面的**自然**之光，由此……他或能正確的理解……那些我們生活度日所不可或缺的一般戒律和原則」[59]，因此不能形成一個國家。正如白癡沒有能力表示同意，因此無權參與文明社會，因為他們缺乏理性，「白癡的合約和承諾……是無效也不合法的」[60]，同理，那些在「荒無人煙地區」漫無目的遊蕩，沒有財產又愚鈍的白癡種族，無權主張擁有那些土地。首先出現在一塊領土上的生物不一定擁有它。根據普芬多夫的觀點，所有權應該歸於第一批抵達當地的理性人類，他們有能力和遠見在此安居落戶、劃定疆界和耕種農作物。[61]

約翰・洛克在他的著作《政府論》（一六九〇）中闡釋這些觀念，並融合至十八世紀的法學。洛克申明，有必要利用癡呆的相關法律來作為萬國法的一種手段。探討美洲「新」大陸時，他認為只有具備理性的人才有權要求財產的所有權，因為財產觀念的出現起源於原始的自然法，而該法明言「人們根據理性住在一起」。[62]「上帝把世界交給勤奮和理性的人運用」他如此宣稱。[63]他認為，到目前為止，美洲原住民已表現出他們無法以理性的人可能會採取的方式來開發土地：

一些美洲民族……土地富饒，但在所有生活舒適度上極度貧乏；自然界供給他們的豐富資源就和其他民族一樣慷慨……但缺乏勞力改善貧乏情況，我們所享有的便利生活，他們連百分之一都達不到。[64]

雖然上帝賦予人理解力，以行使其自由意志與行動自由，是一條放諸四海皆準的法則，但倘若一個人或一群人因理解力不足，以致缺乏行使自由意志的能力，那麼上述能力和理解力將會被監護人取而代之：「當他住在一個莊園裡，卻沒有自己的理解力來驅使本身的**意志**時，他也就沒有任何自己的**意志**可以依循；凡代替他理解事物的人，也必須代替他行使**意志**。」[65]洛克的論點暗示，除非美洲原住民能夠展現用於鬆土和耕種作物的智能用具，藉此表明他們有遠見卓識，而且理解財產和合約是什麼，否則他們的地位與無法管理自己財產的白癡無異。他們需要一個監護人來代表他們去「理解」和「行使意志」。一種漫遊、游牧、遷徙的狩獵和採集生活，意味著對財產缺乏概念，以致美洲原住民漫遊其上的土地實際上是被有能力的人類所閒置，因此嚴格說來，那是無人居住之地。由於缺乏能力，美洲原住民可以視為沒有能力管理自身的事務。

先是普芬多夫，然後是立論更堅定也更自信的洛克，也就是從格勞秀斯仍有點疑慮的臆測，也就是或許有整個國家或種族缺乏理性（「這不過是懷疑而已，懷疑是否有任何這類種族被發現。」），進一步演變為一種更加堅信的觀點，主張這樣的國家確實存在。為什麼會有這樣的轉變呢？在十七世紀末，旅行家們就已記述野人民族缺乏任何形式的政府、有組織的崇拜儀式或對財產與合約的理解。這種明顯無能力形成鞏固人類社會最基本社會關係的狀況，都歸因於缺乏心智能力。在歐洲以外的世界各地遊歷時，丹皮爾意識到了這一點：中美洲的米斯基托人「沒有任何形式的政府組織」；澳大利亞的新荷蘭人「過著由男人、女人和孩童等共二、三十人所組成的群居生活，我並未看到他們崇拜什麼東西」；東南亞的尼科巴群島人「過著無政府的生活，男人就是家中的主宰」。[66]在美洲原住民的身上，亨尼平發現他們只有「些許模糊的上帝觀念」，而且「沒有固定的居住地」。[67]對此，亨尼平只有一個解釋：野人「沒有能力進行普通的論辯和推理，而這樣的能力引導了其他人類」。[68]

格勞秀斯的抽象臆測正逐漸演變成廣受認同的知識。某些國家和種族的愚蠢無能，也從出於好奇心的預設逐漸轉變為假定的事實。對萬國法或癡呆法律感興趣的人而言，格勞秀斯臆測的要旨並未消失。倫敦法學家約翰・布萊鐸在十八世紀初寫下了他對癡呆相關法律的總結，他借鑑了格勞秀斯的觀點，正如格勞秀斯借鑑癡呆法律一樣。他簡單扼要的總結其論點：「凡無法自理者應受其他人的管理，這是相當公平的。」[69]這個論點現正變成一條適用於所有國家和個人的法律原則。布萊鐸把格勞秀斯的論點納入其合乎邏輯的結論中。「理解力遲鈍」的人應該可以自理，但對那些毫無理性的人而言，「他們的所有權利和所有權可能會被剝奪，但應基於惻隱之心給予他們諸如維持生計所需這類必要補貼」。[70]無論是白癡還是野人，如果證實缺乏理性，就需要由一個理性力量以供應基本物資的形式來管理和照料他們。

旅人們在他們的記事中持續強化野人缺乏理性和心智無能的看法。花了三十年遊歷世界的英國船長亞歷山大・漢彌爾頓，就記述了他在非洲國家遇見的當地人「懶惰、懶洋洋……和天真無知」。[71]非洲南部的霍屯督人（科伊科伊人）是一個受到歐洲人大量觀察，而且飽受他們輕蔑的族群。普魯士天文學家彼得・科本就評論道：「他們的所有部落盛行一種極度厭惡思考或行動的現象。另一種全然世俗的快樂似乎來自無所事事和愚蠢言行……除非不得已，否則（他們）從不講道理。」[72]

哈德遜灣公司雇員伊沙姆回想起英國法律中一個法定癡呆測試，他在記事中指出：「我觀察到這些原住民普遍無法數數超過十。」而約翰・哈里斯（約瑟夫・班克斯熱中閱讀他的著作）則論及「莫霍克」易洛魁人「他們的想法稀少，因此他們的話也不多」。[73]「野人無法理解承諾的性質，因此也無法理解一份含有財產觀念的合約」的這種概念，則因他們被描繪成小偷和說謊者而強化了。他們顯然沒有財產或所有權的觀念：加勒比海的原住民「懶散又有偷竊癖」、切羅基人是「優秀的小偷」、美洲最北端的原住民是「一個狡猾的民族，欺騙、偷竊又說謊」。[74]這直接應和了福岱爾對巴黎療養院裡所收容的弱智者的特質描述，「騙子和流氓」，一群缺少心智能力理解道德行為的人，他們逾越所有的人類法律，全因沒有法律概念。[75]

瑞士法學家艾默瑞奇・德・瓦特爾在一七五八年寫了《萬國法》一書，[76]當時白癡國家（或民族）的想法不再是一種臆測，早已演變為一種假設的法律概念。一個行事守法、容易跟人相處的人必然是個理性的人，喜愛這種適合理性存在的生活。[77]集體的理性會形成一個道德社會，人類因此得以相互了解而和平共處。[78]瓦特爾認為，當一個群體定居下來，從「自然人（或蒙昧人）」變成「社會人」，能夠運用其理性能力時，就表示一個群體已認識自己。[79]耕種土地是「自然界加諸於人類身上的一項義務」。[80]那些在土地上漫無目的遊蕩的人，顯示其智能有限，表明了他們還沒有達到完全理性的地位。因此，他們的土地必須沒收，轉移給理性之人。[81]當理性之人在世界各地遊走時，他們也成為了白癡人的監護人，白癡對財產沒有概念。來自歐洲的理性之人、新殖民地的王，將會擁有並控制所有野人的土地、貨物和動產。

隨著法律理論已正式提出，認為非理性的種族應由文明、理性的歐洲種族來統治，那麼服膺「人的科學」的實踐者就有責任解釋這是如何發生的。「人的科學」指的是社會人（social man）的研究，起源於啟蒙時代的智性探索，設法為所有自然、物質和人類現象尋求理性的、全球性的詮釋，並從十八世紀初開始加快研究步伐。人的科學也被稱為「道德哲學」，旨在將對於人性的反思轉變為一門系統化的科學學科。[82]跨文化的比較，是闡述和詮釋現代社會構成與問題的基本來源。[83]

對於遊記和自然科學家的海外記事，啟蒙時代的道德哲學家有著不知饜足的閱讀胃口。他們相信，這是對於全球各形各色民族第一次有「可信的」、有時也是通過「科學」驗證的第一手目擊記事。「令人不耐的德國植物學家、哲學家暨教會牧師」[84]約翰・雷茵霍爾德・福斯特，曾在一七七二年參與庫克第二次太平洋航行之旅，他強調這些記事比啟蒙時代之前關於人類的文獻更有優勢：

賽巴斯帝安·雷克萊爾，一個加勒比海的男人和女人站在木瓜樹旁，這幅插圖刊載於讓－巴蒂斯特·杜特爾著作《安地列斯群島通史》（1667）。他們被描述為「野人」，缺乏理性或任何財產意識，就像白癡一樣。

> 這些作者全都未曾有這樣的機會去思索這種生活狀態下的人類，與其程度不等的文明，從最可憐的野人，他們雖然不在絕對獸性的層級，但仍處於第一級，到較文雅、較文明的友誼群島*和社會群島†居民。85

法國社會理論學家孔多塞在《人類心智進步史概論》（一七九五）一書中，承認自己受惠於遊記：

> 我們的資訊乃是根據旅人帶回來給我們的故事，它們述說了在文明程度較低的民族的生活景況，我們只得推測處於這種階段的人類，即過著與世隔絕或是僅限於生存所必需而與外界來往的生活的民族，能夠在使用已發展語言的道路上踏出第一步。86

孟德斯鳩發表於一七四八年的著作《論法的精神》，是確立啟蒙時代對於社會起源與「人」的發展等科學探索的關鍵文本。孟德斯鳩以一種因果論來詮釋人種和民族的多樣性，尤其是那些在他認為使得野人和文明民族之間出現鴻溝的因素。他將民族間的差異歸諸於環境因素，主要是氣候和地勢，但他也引入了一個重要的三重社會層級概念。除了文明民族，還有野人和蠻人。野人遺世獨立，在發展等級中穩居墊底，而蠻人則介於野人和文明民族之間：

> 野人和蠻人部落之間的差異如下：前者是分散的小部落，因為特殊原因無法聯合，而蠻人普

遍都是能夠聯合為一的小型部落；前者一般是獵人部落，後者是照料牲口的牧民和牧羊人部落。[87]

野人通常是溫暖氣候下的懶散居民，而這對他們的心智程度產生了關鍵的影響：

炎熱高溫的天氣讓人元氣和力氣盡失，而身體的虛弱也影響到心理，讓人失去了好奇心、遠大志向和慷慨情操；所有的意向都是消極的；懶散度日就是最大的幸福。[88]

話說回來，癡呆性的懶散和缺乏好奇心構成了最低層級的非白種人的特徵。但對孟德斯鳩而言，還有另外一個種族群體。蠻人居住在氣候較涼爽的地帶，尤其是亞洲地區的蠻人顯得更有活力，這使得他們在心智和體能方面都優於野人：「在亞洲，強大的族群與弱小者對峙；好戰、勇猛、積極的民族緊鄰著懶散、懦弱和膽怯的民族。」[89]這些體液上的差異創造了一種心智上的階層。熱帶地區的居民「像老人一樣膽小怯懦；寒帶居民則像年輕人，勇猛無畏」。還有個不言而喻的弦外之音，也就是第三級心智，即與他們同處溫帶的文明歐洲人的完善心智。因此，在代表三種心智型態的三種社會型

＊譯注：夏威夷的莫洛凱島。

†譯注：是位於南太平洋的島群，隸屬法屬玻里尼西亞。

態之間建立了連結：野人有兒童般的虛弱心智，蠻人則是半發展的青少年心智，以及文明人發展完全的成人心智。

對於啟蒙時代探究尋求社會和個人發展的普遍原因，孟德斯鳩的著作影響深遠。[90]政治經濟學家暨政治家杜閣繼承了他的衣缽，他接受孟德斯鳩對三種類型的「人」的心智分級，因此也接受三種類型的社會，但關鍵是他批判性的反對孟德斯鳩以氣候來分級這些差異，而是將其轉化為一種跨時間的發展過程。他於《人類心智連續發展階段哲學評論》（一七五〇）一書當中，在野人、蠻人和文明狀態的社會發展與人類心智的發展之間，建立了一個明確的連結。他寫道，「人類的更替為時代帶來一個千變萬化的奇觀」。[91]在最低層級，一些野人部族毫無進步；「原始的黑暗尚未消散」。他指出，像埃及人這類蠻族雖取得了一些進步，但後來「因他們自己的平庸而陷入停滯」。但還是有些蠻族完成了從蒙昧進步到高雅和文明的旅程。[92]這個過程後來被稱為發展的階段性理論，在社會和心智發展之間建立了一個關鍵的介面。杜閣認為，世界與其已知的居民，

同時向我們展現了所有從野蠻到高雅的漸次演變，在某種程度上，一目了然的向我們揭露了人類心智所採取的行動步驟紀錄和遺跡，反映了它所經歷的所有階段，以及所有時代的歷史。[93]

人類社會的階段性發展，映照出人類心智的兒童、青少年和成人階段，而這些又依次反映了白癡、弱智和完善心智能力的區別，這種區別建立了人類能力的等級。野人是兒童和白癡，蠻人是年輕

人和弱智者，文明人是擁有完善心智能力的成人。如同福岱爾在一七九二年所定義的，首先是白癡族群，「純粹的陌生人……猶如人類中的怪獸」，[94]缺乏簡單的想法，相當於七歲兒童。接著是青少年類型的弱智族群，受過基本教育，可以產生稍微好一點的想法，但就像血氣方剛的年輕人，缺乏判斷力，毫無道德感，並表現出犯罪或殘忍行為的傾向。[95]在孟德斯鳩和杜閣的理論中，將白癡和弱智者加以種族化為野人和蠻人。

孟德斯鳩和杜閣所嗜讀的旅人記事，早已設法區別野人和蠻人，兩個族群依不同的心智程度運作，但就當時歐洲人的角度來看，兩者的心智程度都遠低於智能完善的歐洲人。但這種在非歐野人和歐洲文明人當中一刀切開的簡單二分法卻產生了一個問題，旅人們在印度、中國和中南美洲所遭遇的文化或是昔日文化的證據，清楚的顯示具有歐洲人所視為的文明跡象，諸如：城市、精密的建築、宗教崇拜，還有法律和貿易制度。正如丹皮爾在一六九七年也不得不承認，中國人顯然是「非常靈巧」的民族。[96]而當亨尼平承認「在北美洲的蠻人一般都有某種創世的概念」然而「野人通常沒有任何神祇信仰」時，就已開始在兩者之間做出某種區別。[97]

某些人類族群被視為格外且無可救藥的野人和白癡，甚至無法進步到蠻人階段。通常包含了非洲南部的霍屯督人和布希曼人*、南美洲南端的翡及安人、范迪門之地／塔斯馬尼亞島的塔斯馬尼亞

---

*布希曼人是生活於非洲南部區域的原住民族，以狩獵採集為生，過去被貶稱為：布希曼（英語：Bushmen），指其為「叢林人」。今日則稱為桑人（San）、薩恩人（Saan）、巴薩爾瓦人（Basarwa）。本文所述時代對其帶有歧視觀點，故依循原文使用「布希曼」。

人，有時還包括了澳大利亞的原住民。他們的風俗、文化、習慣、穿著和溝通方式與歐洲的生活方式截然不同，以致觀察者只能把他們想像成是徒有人類樣式的野獸，未開化的心智或許是永久性的。杜閣將這些族群視為無可救藥。他認為，理論上，如果所有人都有相同的天性，那麼理當都有相同的進步速率。他解釋，然而大自然給予每個人的天賦不盡相同，「她賦予某些人聰穎資質，卻拒絕給予其他人」。[98]某些種族永遠不會想發展他們的「天賦」，反之，他們會任由蒙昧無知埋沒自己的天賦，正是這種心智能力的不平等，造成了民族進步的不平等狀況愈來愈嚴重。[99]

旅行家一直將癡呆描述為某些特定種族的正字標記，而且無法補救。在丹皮爾眼中，新荷蘭人是全世界「最不幸的民族。他們沒有房子，也沒有皮衣……而且，撇開他們的人類外表不論，他們幾乎與禽獸無異」。[100]科本指出，霍屯督人如何「在全**歐洲**，普遍被理解為一個殘忍至極的民族，因此在某種意義上，他們缺乏反思能力……他們是一個野蠻民族，在他們身上幾乎看不到任何理性或人性跡象」。[101]至於翡及安人，當福斯特在庫克的航行之旅中遇見他們時，他宣稱：「人類天性在任何其他地方都不會像這些不幸、卑賤、可憐又愚蠢的人一樣，顯得如此卑劣、如此令人憎惡。」[102]他們雖然無害，但他們的臉部表情表明了他們「愚蠢之至」。與南太平洋群島的蠻人相比，他們處於劣勢，然而後者儘管「性情活潑躁動」無法專注，但仍進步到他們的心智「有能力且樂於接受教導，他們有至高神的概念、有未來的概念，也具有世界起源的想法」。[103]這與地處天寒地凍南部地區的可憐翡及安人和塔斯馬尼亞人大不相同，因為他們的「普遍特徵就是野蠻的愚昧」。[104]看到他們在刺骨的嚴寒天氣裡還赤身露體，蘇格蘭臆測學派學者約翰．亞當斯在一七八九年總結說，巴塔哥尼亞人（翡及安人）「一定非常愚蠢」。[105]（亞當斯的論點是孟德斯鳩氣候論的一個分支，該理論主張，占據溫帶地區的強大種族，將智力最差的人類驅趕到最「天寒地凍」，或最「炎熱」的地區。）根據亞當斯的觀點，這些最低級的野人種族，就像福岱爾筆下最低級的白癡類型，不過是由一團動物般的身體知覺所組成，幾乎沒有一絲智能活動：「這是一個非常合理的推斷，就是野人在智能上一定劣於文明人……如同他們在肢體活動上……以及在所有較低等機能的發揮上強於文明人一樣」。[106]

庫克船長那位「令人不耐的」植物學家旅伴福斯特，明確的提出了一種緊密交織的三級分類論點，其中第一級是野人、兒童和白癡；第二級是蠻人、年輕人和弱智者；以及最高層級的文明人、成人和「完善心智」。福斯特（至少在他心目中）結合了周遊世界自然學家的敏銳觀察力，和道德哲學家深刻的智慧與洞察力。社會－文化演進的階段性過程，始於野人達到一個勉強高於動物的層級：「土著從**獸性**成長為野人，又從這個狀態進入**蠻人**，這先於他們能夠**文明化**之前。」[107]

對福斯特而言，野人／白癡／兒童這一類的特徵是無害和天真無知，對於私有財產制一無所知。[108]蠻人／弱智／青少年階段的特點是血氣方剛和粗暴的行為，但理性和理解力的曙光初露。[109]這個階段的風險在於，若理智和道德規範停滯不前，蠻人因缺乏教育和改善，會使他們的「烈怒和暴力」一發不可收拾。[110]唯有當進步占了上風，以及激情受到理性和理解力的控制，蠻人才真正進入到文明國家熟悉的「成人期」。[111]因此，幼稚的白癡和無道德觀念的弱智者，以及被開明的歐洲訪客貼上「野人」和「蠻人」標籤的非白人種族，緊密結合在一起。

福岱爾於一七九九年正式把癡呆和弱智的觀念與文明和種族的觀念結合在一起，並將其視為是一

威廉·威爾遜，〈奧塔希地島上的傳教士之家和周圍環境〉，詹姆士·威爾遜著作《一個傳教士的南太平洋之旅》（1799）中的插圖。自然學家約翰·雷茵霍爾德·福斯特將南太平洋島民描述為弱智的蠻人，他們的心智處於半發展狀態，激情不受控制。

種醫學事實。他聲稱，放眼全球，你會在其野人、蠻人和文明的形式中，看到人類心智的發展呈現連續性階段的證據：

> 數百年來，有些族群處於社會性的半衰期，正如某些族群需要持續的活動，而對昏昏欲睡之於前者似乎是一種自然行為一樣；某些族群是為了持續不懈的思索而生，但對某些族群而言，那簡直是無止境的折磨。[112]

仰賴「人的科學」和十八世紀啟蒙時代旅人大軍的觀察，福岱爾創建了一種以心智能力為基礎的全球性種族層級架構。在歐洲人的注視下，白癡和弱智的觀念已經與非歐種族相互連結，而且表明這是法律、歷史、文化和醫學上的種族事實。這種白癡看起來有點懶洋洋或呆滯的概念，是法律上長期判斷白癡行為能力和財產權利的一個次要特徵，也是漫畫和小說中一種令人喜愛的典型滑稽角色，此一概念已變得全球化。在這個過程中，這個特徵很不幸的與種族觀念緊密交織，而且在專橫的白人歐洲父母，和被他們視為新得到的多種族白癡野人與弱智蠻人後嗣之間的關係上，成了關鍵的決定性因素。

因此，隨著十八世紀結束，展現在開明之士眼前的世界是一個由白癡、弱智者和有完善心智者構成的全球性社群。擁有完善心智者對於白癡與弱智者加以辨識、命名並設法統治和控制。癡呆行為不再是個笑話。膚色和人種分類早已成為判斷世人心智能力的關鍵決定性因素。

第二部

新的思維方式，一八一二～一八七〇

第四章　醫學挑戰：法庭新解

社會大眾對於癡呆，以及對待那些被稱為白癡、弱智或頭腦簡單的人的理解方式，在十九世紀將出現重大改變。在十八世紀的大多數時候，白癡都被看作是社區一分子，也是社區的責任，但如今他們迅速搖身一變，成為需要被安置在機構當中，接受醫療監管下與治療的人。十九世紀初期，白癡源源不絕的流入數量日增的英國郡立貧民精神病院網絡體系中，而這些精神病院是依據一八一五年和一八四五年通過的《郡收容所法》所設立的。在一八三四年英國《濟貧法修正案》通過後，其他人則湧入如雨後春筍般激增的勞動濟貧所。到了十九世紀中葉，約有一萬個白癡將被安置在這些機構當中。[1]全球第一個以收容白癡為宗旨的機構，將於一八五五年在薩里郡厄爾斯伍德敞開大門。在範圍更廣泛的機構化過程中，這些只是其中的一小部分，這個過程攸關精神病人、罪犯、赤貧者、身障者和其他被視為脆弱或危險又或二者兼具的弱勢族群，這個機構化的過程橫跨英國全境，並持續了整個十九世紀。無論這些白癡有多古怪，不久之前他們都還被當成是所屬社區的一分子。然而，是什麼原因讓白癡成為機構收容的對象？有許多互異因素匯聚在一起，全都與政治、社會、文化和智識環境的重大轉變有關。一些重要的新思維方式相繼浮現，尤其是在法律界。

十八世紀的刑事與民事法庭的訴訟案件，顯示出醫學專業人士明顯對癡呆興趣缺缺，因為癡呆被認為是連外行人都能看得出來，不需要所謂專業人士的介入就能做出裁決。當時法庭所關切的焦點不在於給被告貼上白癡的標籤，因為當時的人認為任何一個有理智的人都能輕易分辨一個人癡呆與否，法庭主要聚焦於如何保護不具行為能力的弱勢者，並在個人自由與國家之間求取平衡。但法國在十八世紀末發生了一件非比尋常的事情，事實上，白癡在法國早已吸引醫界更多的關注。位於巴黎的兩家大型醫院硝石庫和比塞特進行了重要的機構收容計畫，把白癡，還有精神病患者、妓女和其他孤立的都市群體，委託醫療機構收容。法醫學先前已經在法國誕生，如同法律作家弗朗索瓦－伊曼紐・福岱爾醫生所樂於指出的那樣，法國在此法律領域領先英國。[2]菲立普・皮內爾，被稱為法國精神病學之父，[3]他在一八〇〇年呼籲把法醫學應用在癡呆和瘋癲患者的心智狀況上，他痛心的指出：「就我們目前的知識水準而言，我認為其中與理智缺陷相關的法學似乎是最落後的。」[4]他聲稱，邁開這一步將有助釋疑有疑慮的案件，尤其是有關心智健全的爭議，醫生可以在這方面「啟發法學」。[5]一批新的法國醫學理論家在法國大革命後，被賦予了新的科學權威（之後會被寫進拿破崙法典裡），促使他們從一八〇四年起開始放膽行動。

其實，福岱爾在一七九〇年代法國大革命動盪期間，已經出版了一本法醫學專著，後來在一八一三年出版大幅擴充的版本。他聲稱，之前那些精神錯亂案例醫學報告的品質，讓他在讀了之後感到尷尬不已，於是他承諾要編纂法醫學方面的論著。[6]醫學將帶給法律一種新的科學精確性，一道醫療化之光從啟蒙時代的理性精神中閃現。[7]他認為傳統處理瘋癲和癡呆的法律方法，是一種投機性且不科

巴黎硝石庫醫院，十八世紀。

學的臆測。[8]他把非專業的外行知識貶為閒言閒語和民間傳說，並大肆嘲弄那些未受過醫學訓練的一般人能夠確定因果關係、可以治癒或無法治癒的看法。他認為，沒有利害關係的「無知者」（他的意思是指陪審團）的主張，和「可信賴、正直、開明的醫生在了解病因後所做的有動機決定」之間，根本無法相提並論。[9]

為了證實醫學權威可以為癡呆的判定帶來什麼影響，福岱爾提出了一個新的分類系統，他聲稱這將會為定義模糊不清的心智不健全法律概念，引進科學的精確性。他描述了三大精神疾病領域。在「躁症」和「失智症」之外，再加上

「弱智」。弱智就像其他兩類精神障礙疾患，剝奪了一個人的判斷和比較能力，使得他們缺乏能力管理自己的事務，自然被排除在社會秩序之外。[10]天生弱智者是「完全的陌生人……猶如人類中的怪物」[11]，可以再細分為三類。第一類族群，是連那些最簡單的聯想力都沒有的人，他們講話猶如鸚鵡學舌，毫無意義，即使偶爾言之成理，但又馬上跳到無關的瑣事上。福岱爾把這種特徵稱為「奇妙的神性（wondrous divinity）」。[12]這是個無害的族群。第二類族群能夠有一些簡單的想法和做些簡單工作，智力相當於七歲兒童。第三類族群，如果有接受一些基礎教育，他們能夠形成一些更好一點的想法。不過他們偶爾會說出一些令人印象深刻的話語，但與他們的行為毫無關聯。因為缺乏判斷力，他們沒有道德感；他們看似能夠談論抽象的道德觀念，如不公不義，但福岱爾說，那就像是在聽一個機器人在說話。[13]在他們當中，可以發現一群行為不當的「前青春期騙子和無賴」。[14]

福岱爾分類法的重要性在於新的科學現代性的主張，這切斷了數百年來由判例法中模糊的法律見解所造成的難解之結，撇開了關於愚蠢的非專業「常理」，另外提出了一種經過精密調整的愚鈍等級，以衡量個人的責任和能力級別。這直接挑戰了現有法律程序鬆散的主觀性和想當然耳的臆斷，即法律和民眾投機合作來界定一個人無行為能力。受到啟蒙時代追求理性精神的激勵，福岱爾的分類法有定義明確、以證據為基礎的事實，為司法帶來了精確性和縝密性。然而，不論福岱爾有多麼努力嘗試要與過去劃清界線，並為司法判決引進一種新的臨床的、科學的理性，古老的民間智慧和信念仍在他的研究工作中浮現。他引用了一句古老的格言：我們都是瘋子，不該只看別人是瘋子。

Le monde est plein de fous
et qui n'en veut pas voir,
doit se tenir tout seul
et briser son miroir.[15]

這首法文打油詩其實出現在一七三一年一本英文塗鴉合集，即胡魯・特倫伯編著的《茅廁雜談》裡，收錄自巴黎屠宰場街一面鏡子上的塗鴉，譯文如下：「世上滿是傻子／要不看見他們……隱遁人世並打破你的眼鏡」。[16]福岱爾在寫到弱智者顯然能夠吐出展現「奇妙的神性」的話語時，他在其科學醫學分類中所納入的例子，竟然只是這個流傳了幾百年的笑話，一個出現在巴黎一家飯館的白癡靠著靈光一閃，解決了一場爭端。[17]他對具備某些技能（abilities）但天生缺乏才能（capacity）的新類別「終身弱智者」的描述，在十八世紀有關弱智的論述上幾乎沒有任何新的補充，他的分類也沒有提出任何因果關係觀點，甚至是治療方法。在當時，法國醫生竊取早期**庸醫**或「江湖郎中」的醫術，挪用外行人的智慧，再將其包裝成科學的醫學「事實」重新發表，是司空見慣的現象。[18]福岱爾的主張很簡單，比起包括律師在內的外行人，醫生具備優秀的觀察技能、專業上的正直和敏感度，更能夠辨識白癡。[19]不過，他確實引進了一個與天生道德墮落相連結的新觀念，即危險白癡的概念。與無害的白癡不同，這個類別的危險性在於他們的欺騙能力，能夠鸚鵡學舌般滿口仁義道德，卻不解其意。[20]從他的主張中，我們看到了後來會發展成為「道德弱智者」觀念的種子，這種人是騙子，其言行看來像是個心智發展成熟的人，但實際上卻缺乏道德、理性或一丁點惻隱之心。

作為一種法律類別，福岱爾的道德弱智者觀念現在被艾帝安－讓．喬治加以發展，他是硝石庫醫院的精神醫師（這個專業後來變成精神科醫師）。喬治在其一八二〇年和一八二六年出版的兩本論述法醫學與其和心智關係的著作中，[21]提出了四種弱智類型。第一類，他描述這類型的人毫無「思想意識」，且若未受到照護便會死亡。第二類，他們有一些情感或感覺，但無法滿足自己的需求，行事魯莽、缺乏目的。第三類，他宣稱他們的智力相當於七歲兒童：可以認出一些人和物品，感受到誰能夠幫助他們，並透過肢體語言表達自己的需求。像鸚鵡一樣，這個組別有吸收能力，能表演唱歌。最後第四類的弱智者有情感和記憶力，可以判斷和表現一些簡單的行為，但缺少辨別力，只能用基本語彙表達自己，以滿足一般日常需求。[22]除了把弱智類型視為罪犯，喬治也表達了對於白癡類型的憎惡和反感。他把白癡描述成隨地便溺並有手淫傾向。他們也很短命，而且滿身是病。[23]弱智者注定是罪犯而且沒有道德觀念，以及白癡則病弱無助且無法控制自己的身體，這兩種特徵反映出兩者都需要某種形式的長期醫療照護。喬治明確表達了醫學真理的優越性，譴責律師和普羅大眾在判斷上經常出錯，並對醫學無知。[24]他認為，懲處弱智者的犯行並不會產生任何成效，因為他們對道德無知，而且一旦獲釋，他們還是會再犯，因為這是天生衝動的本能。唯有把他們終身安置在收容機構裡，才能維護公眾安全。

喬治分析了近期的一樁縱火案，將一般大眾、法界和醫界三方有關裁定心智能力的主流思想的交集做了巧妙的分析，當然也闡述了醫學論述的優越性。皮埃爾．約瑟夫．德勒芬於一八二五年在巴黎受審，這個十六歲的園丁被指控犯下八起縱火案。有一次，他把浸泡在易燃液體的燃燒火引綁在一隻鳥的尾巴上，然後把它拋擲到鄰居的花園裡。[25]鄰居們簽署了一份聲明，指出他的思想紊亂、注意力不集中，以及在他父親的花園裡裸奔的習慣。他們一致同意他不是弱智兒，但非常缺德或者說邪惡。[26]法庭同意鄰居們的鑑定，因此判處德勒芬死刑。喬治駁斥鄰居們的指證缺乏分析評估，只描述了表面行為，僅此而已。他們無法解釋、言明或理解病理，導致他們對邪惡和不道德有著非理性和迷信的觀念。[27]

德勒芬的律師同意鄰居們的惡魔之說非常荒誕不經。在他看來，這是由偏執狂所引起的心智無能問題，他聲稱，德勒芬的縱火癖從他不健康的臉色和憂鬱的眼神中早已現出端倪。[28]他指控鄰居們的觀點粗糙而愚蠢，譴責他們用「不入流」的手段試圖把整個心理疏離的觀念貶抑為捏造的謊言，是被告用來逃避判刑的伎倆。[29]他發揮鏗鏘有力的辯才，提出挑戰：「打開醫學年鑑、查閱法庭的案例紀錄、進入瘋人院看看」，這樣他們就會了解造物主「施加在心智上的不幸，就和施加在身體上的一樣多」。[30]他以瘋癲所致的非理性為由，成功要求法庭對德勒芬的死罪予以減刑。

但對喬治而言，這個律師的論點並不比鄰居們的好上多少。他不是在解釋證據，只是在舉報行為並給它們貼標籤。事實上，喬治在寫書之時，手上確實有必要的證據足以證明德勒芬是個可憐又卑劣的弱智者。那個證據是什麼？那就是在整個審判期間，德勒芬一直擺在自己面前的控告書副本。上面寫滿了他的潦草筆跡：沒完沒了的簽名、無意義的字母、塗鴉和墨漬。喬治如此問道，如果他真的知道自己犯下了滔天大罪，而且知道自己正面臨一項死刑的指控，他真的會放任自己沉溺於這類幼稚的癖好當中嗎？[31]對喬治而言，這個如山鐵證不僅代表罪犯的無意識，也代表了一個不到八歲的心智年齡，這意謂著愚行（bêtise）或愚蠢（niaiserie）。[32]但這樣的洞見無濟於事，喬繼續挖苦補充，因為法庭在審判期間，從未要求醫學專家評估德勒芬的心智狀態。[33]此時（一八二六年），就連法國司法都尚未完全準備好接受醫學對弱智鑑定的所有權要求，尤其是這樣的鑑定還是基於被告的塗鴉。

這個事件的重要性並不在於德勒芬的審判結果，而是喬治所做分析的論據。他提出了一個集合醫學真理和科學分析的架構，並宣稱這比他視之為迷信的大眾想法和不明就裡的法律臆測要更為優越。在喬治看來，司法體系是腐敗的，是粗糙的大眾「常理」和古老的非科學法律程序的綜合體。他提出了一個新的、開明的先進方法：醫生將會把那些堵塞法庭和餵給斷頭台的弱智惡棍和鬧事者，送進收容機構終身照護，事實上已經有許多他們的同類住在那裡。司法體系被浪費在這個隱藏的犯罪類別，他們對法律和道德一無所知。[34]他們需要的不是法庭，而是一個鑑定弱智的法定程序，接著便是送至收容所，在那裡弱智者將會遠離為非作歹，而令人厭惡的白癡將會受到照護。唯有如此才能降低他們對社會所構成的威脅。[35]福岱爾一向熱中於指出英國法律在採納法醫學一事上的遲滯不前，身兼藥劑師的英國醫生約翰．哈斯拉姆，在一八一七年發表了一篇有關法醫學和精神錯亂的論文，因應了他提出的這項質疑。[36]哈斯拉姆建議，醫學界可以提供病人心智的醫療實情以輔助律師。[37]哈斯拉姆確實有時間和動機在一八一七年寫書，進而確立一個新的（而且可能有利可圖的）醫學權威領域。在此之前，這位伯利恆醫院的藥劑師在一八一四年和一位主任醫師湯瑪斯．孟洛被特別委員會傳喚，答辯他們殘忍虐待病患的指控，整樁事件在他於一八一六年被醫院董事解僱後落幕。半失業的哈斯拉姆開始

約翰·哈斯拉姆肖像雕凹版畫，亨利·道繪製。在一八一七年探討法醫學的論文中，這位名譽掃地的瘋人院藥劑師嘗試將癡呆分門別類。

著手撰寫他的論文，試圖藉此重建他的職業生涯，並且能以醫學專家證人的身分開啟新的契機。[38]

哈斯拉姆承認，要辨識一般的白癡很容易，即使是那些能夠「正確吹出曲調，且可以複誦藉由聽而學得的書中段落」的白癡也無法愚弄醫生，因為醫生知道他們無法理解他們所誦讀的內容。[39]醫生正可以在不健全的弱智和完善的健全心智之間的交界地帶，提供確鑿的科學鑑定。有些人雖然心智相當遲緩，但仍可打理自己的生活和事務，然而，其他智力不足之人卻無法為自己負起任何責任。[40]透過「檢查和重複訪談病人」（這意謂著潛在弱智者會有段時間處於醫療監管之下），專科醫師會決定他們的病人被歸類在邊界的哪一方，「因為任何一個人或許都可以透過學識與才能來鑑定其心智」。[41]哈斯拉姆並未指出心智鑑定的正確度，與以何為證，因為他對弱智下了一個迂迴卻無效定義：

一種相當於癡呆的心智無能狀態或程度，導致他無法管理自己和本身的事務；而且，這種心智程度總能透過觀察和詢問加以確定。在我看來，這種心智程度經過適當的測量後，的確構成了心智不健全。[42]

簡而言之，弱智者之所以為弱智者，是因為有醫學專家斷定他們是弱智。

哈斯拉姆駁斥了陪審團外行的知識，在他看來，他們是出於無知而「總是採納浮動不定的流行觀點」。[43]然而，他對於「律師迷惑人心的便給口才和狡猾的暗中破壞」更加不屑一顧，因為這類指稱當事人心智不健全的行為，缺乏了定義或指引的依據。[44]反之，醫學界為智力的高低提供了「明智洞見、經驗和真相」。[45]律師關注的焦點只在於一個人能否數數。而醫生可以解釋一個人的生理缺陷，而能夠辨識他們的數數究竟只是鸚鵡學舌般的無意識重複，還是他們真的理解數字的抽象概念。[46]他總結道：「有關人類智能在清明和錯亂狀態下的知識」只能寄望於來自醫學的觀點。[47]

名譽掃地的哈斯拉姆，這位被逐出醫界的專業棄子在一八四四年死於窮困潦倒，[48]終究未能如願以其論文產生影響力。直到一八三〇年代，其他醫生與律師才開始檢視英國的醫學權利主張，要求在法庭上有權力闡釋和定義癡呆，但他們卻遠遠不及哈斯拉姆所表現出的積極熱切。安德魯．阿莫斯，是英國第一個法醫學教授，[49]他在一八三一年時承認，法律在弱智和無行為能力上的權威主要源自於十七和十八世紀，儘管這令人遺憾，但他認為醫學專家在法庭上對於心智問題的唯一功能，就是戳破證人的弱智偽證。[50]

一八三三年，對於法醫學在判定癡呆或弱智上所能提供的好處，隱居的大律師暨法律作家李奧納多．薛福德明顯表示反對。[51]「難道除了醫生其他人都做不了嗎？」他感慨問道，還警告說，不論陪審團的侷限性，以及他們對「大眾偏見」的傾向為何，醫學證據在本質上就是不可靠的：「在所有法庭上的呈堂證供中，凡醫生提供者都當小心翼翼呈交，並以最審慎的態度接受。」[52]法庭應當留意醫生所提出那些自以為是、充滿行話的證據。有關心智的醫學證據，只有在連「外行人都能理解，而且事實明確、意見溫和、慎重且周全」的情況之下才能接受。[53]薛福德再次重申個人自由的主張，反對政府的醫療侵權，並且，他尤其遺憾的表示，對弱智的模糊定義將會「侵犯當事人的自由和人民的權利」。[54]只要涉及到弱智者，就必須要有極為精確的判斷，一個可以保持守法和禮貌的弱智者，沒有任何理由不能保有其某種程度的自治。[55]薛福德落入了窠臼，把童稚當作是白癡的性格特徵，提出了癡呆和弱智行為的重要指標是幼稚的行徑，像是沉迷在瑣碎的嗜好上、偏好小玩意、害羞、易受操控和受慫恿而默從等等。[56]他反對剝奪那些被認為沒有行為能力的白癡或弱智的所有權利，因為即使是這樣的人也可以「花用他自己的微薄收入，來滿足自己的需要，就像一個小男孩花口袋裡的零用錢一樣」，儘管他們容易受騙上當被人剝削。[57]

如今，在大西洋兩岸出現了大量關於癡呆和弱智的文章。英國作者仍高度質疑法國理論學家的主張，以及哈斯拉姆力陳醫學在此領域具有權威地位的看法。一八三四年，針對新興的法醫學從業人員標榜自己在心智領域裡優於律師的說法，大律師約瑟夫．奇帝嘲諷的表示，法醫學應該更適合應用在毒物學和驗屍這類明顯的科學領域裡。[58]他警告說，「一個人白癡與否的問題，必須由陪審團在聽取完所有證詞之後裁奪，這已經是非常明確的事實。」[59]醫學證詞可以採納，但不夠充分。這一切完全取決於陪審員是否**認為**這個人的心智能力「已經弱化到無法自我行事的地步」，而這是他們可以憑常理所做出的判斷。[60]

法國理論學家的著作在美國發揮了更大的影響力。紐約的醫學系教授西奧德里克．羅梅恩．貝克在一八三六年所發表的法醫學論文中，大量借鑑了喬治的研究，並呼籲應在罪犯和收容所住民的癡呆和弱智行為鑑定上新增醫學判斷。他還特別警告那種智能相當健全，但在情緒和感情上「變態和墮落」的人，可謂蓬勃萌生的「道德弱智者」的另一種新興先驅觀點。貝克認為，只有醫生可以辨識這種偽裝的失調症，因此迫切需要專業權威來加以鑑定。[61]

一八三九年，奧古斯塔瘋人院的醫療主任伊薩克．雷，[62]繼續對陪審團和律師的勝任能力展開醫學上的抨擊，他指出新的醫學知識模式反而可以提供「由具有實際經驗和誠實信用者所確立的事實」。[63]他嘲諷陪審團不過是「一群男人，可能只接受過少之又少的教育……（坐在那裡）就一個人的理解方式進行判斷」。他的弦外之音暗指，傻瓜怎麼能判斷傻瓜呢？他大大的抱怨法律在癡呆和其他心智狀況的知識「遠遠落後這方面知識的發展現況」。[64]雷呼籲參照法國引進醫學專業證人，他們隨時準備就緒，以便法院隨傳隨到。[65]他們可以解決弱智族群在行為能力和理解力方面的複雜爭端，儘管弱智者具備「一些智力，但仍遠低於人類中絕大多數人的智力」。[66]他還補充了一個讓問題更加複雜的因素：蠢人。一般的弱智者知道自己智力不足，但蠢人卻「想像自己的智力即使不比其他人聰明，但至少與之相當」。結果，蠢人反而危險的多，因為他們準備「不假思索的貿然」行動，而羞怯、沒自信的弱智者則因為害怕後果，永遠無法下決心去做任何事。蠢人，與道德弱智者一樣可疑，因此加入了這個原本被心智能力介於完善心智和完全白癡之間的人所占據、日漸擁擠的空間。對於這類弱智罪犯來說，為了維護了社會安全與他們本身的福祉，把他們永遠禁錮於醫療收容機構裡是唯一明智的做法。而寄望法庭和陪審團能在這些令人費解的案例中，採取正確的行動，無異是緣木求魚。[67]

因此，到了十九世紀中葉左右，在法國和美國出現了幾股強大的主流思潮，每一種都才剛從最近更廣泛的社會革命中興起。這些思潮主張對司法程序進行革命性的醫療的現代化，專家證人藉此得以提出科學事實來抗衡陪審團流於空想的觀點，以及律師令人摸不著頭緒的迂迴話術。在法國，這得力於對科學證據和醫學證詞展現了新的信心，正如最近的《拿破崙法典》所載的那樣，以及醫界愈發強烈的主張。[68]法國大革命催生了一個新興的「公民醫生」階級，他們自視為是這場「病理學……戰鬥中的救世主」是為了「實踐國家使命」。[69]在英國，世人仍對這種新興的心智醫學知識深表懷疑，甚至連醫界也一樣；英國的法醫學更偏重於實用性高的鑑識科學，進行毒物、刀傷和偽造的壽險索賠之類的鑑定，而非揣摩人心的推測藝術。[70]此外，英國更加關切國家以保護為由干預個人自由所可能產生的影響。

然而，儘管在英國存在這股抵制將白癡概念醫學化的壓力，但白癡人口卻似乎呈指數式增長，因為過往寬鬆的心智不健全分類，已被確立為終身弱智的觀念，他們有時無害，但有時會成為無道德的危險人物，而從底層危及社會結構。然後，是「完全」癡呆的白癡，他們大多是絕望無助的可憐人，有時惹人嫌棄而遭排斥。一些來自不同醫學領域的人士一再呼籲，要建立一個可以繞過主流法庭的司法程序，創造一條進入終身醫學監護的直接途徑，讓白癡可以得到照護，也能保護及防範弱智者。不論設立專業收容機構所提供是照顧還是保護，白癡和弱智者的命運就是與其原生社區徹底隔離直到終老。

十九世紀法庭裡的白癡

在十九世紀的法庭上，這些變遷中的思想如何獲得體現？在刑事法庭上發生了明顯的轉變，在一個廣泛的社會集體轉向當中，有部分的人轉而敵視那些貧窮的人，以及因行為、心智或身體的異常而被貼上變態標籤的人。從十八世紀後期開始，白癡被告變得不太可能被無罪釋放，反而更有可能會遭到嚴懲，而且法官或陪審團傾向於認定他們是危險的，而非無助或無害之人。隨著十九世紀的展開，出現在刑事法庭受審的白癡人數銳減，這無疑與有愈來愈多的白癡被監禁在收容機構有關。民事法庭的趨勢則沒那麼明顯，因為白癡被告的個人自由和不受國家干預的生活權利，仍是律師辯論、陪審團判決和公眾輿論的重要焦點。不過，醫學專家的意見確實透過某些方式開始介入與白癡有關的審判中，某些來自不同醫學領域的人士則強烈主張提供這類證詞的必要性。這當中存在著一個明顯的階

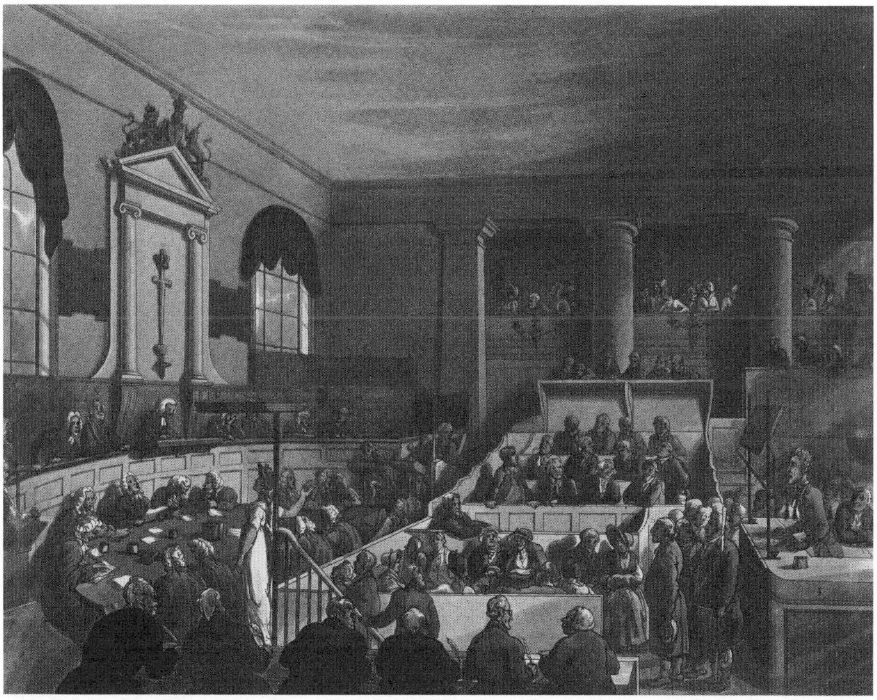

湯瑪斯．羅蘭森和奧古斯都．查爾斯．普金，〈老貝利〉，彩色雕版版畫，出自《倫敦縮影》（1808～10）。從十九世紀初開始，在老貝利的審判中發展出一種更為嚴厲的氛圍。

級因素，促使刑事和民事法庭各自採取殊異的程序。出現在刑事法庭裡倒楣的底層階級白癡，被視為適合懲罰和送至收容機構的對象。與此同時，出現在民事法庭的富有中上階級的兒女們，則被認為有權利舉行一個更加個人化和引發同情的法律聽證會。

階級不是唯一的因素。從十九世紀初起，老貝利刑事法庭對白癡被告的態度便出現了明顯的改變，有部分原因是出於自由裁量權這個專業化程序。由一群激進且充滿挑戰精神的律師們所領導的嶄新專業文化，逐漸取代了十八世紀刑事審判的業餘精神。[71]從前由法官主持，但實際上是原告和被告之間的業餘爭辯，變成了一種具有專業標準，而由付費的辯護律師主導的對抗制訴訟程序。[72]這便引入了專家證人，如外科醫生、化學家、醫生，而大律師們也開始用少量醫學知識裝備自己。[73]對於白癡而言，直到現在仍有品格證人來證明他們天真、善良的天性和無害，而這代表了一個轉捩點。將白癡的狀況醫療化，和取代他們先前可從法官基於自由裁量權而獲得非正式的酌情寬赦，所產生的可能影響是顯而易見的。第一個「專家」醫生出現於一七八九年的一場白癡審判中。[74]這種在早期典型的審判中，由法官酌情裁量、非正式性格評估過程的減少，使得眾人對癡呆的容忍度下降，且有愈來愈強硬的態勢。

十六歲的強尼．萊克，被稱為「愚蠢強尼」且是重度聽障，當他在一八〇〇年被控偷竊金屬而出庭受審時，幾乎沒有任何跡象顯示他能夠獲得法官任何形式的酌情寬赦。一個懷有敵意的法官指示陪審團首先要裁定他的心智是否健全，而要求他們宣布是否相信萊克能分辨是非，因此他們必須確信他具有十四歲孩童的理解力。法官認為，如果他有此能力，他就必須「對國家的法律負責」。法官警告陪審團不要因為強尼的癡呆就赦免他或為他脫罪，

> 因為沒有比那一類人更大的禍害了……這個被叫作愚蠢強尼的傻瓜，被允許可以四處走動進而犯下了這種搶奪罪；因此，無論鄰里街坊有多麼傾向於寬赦他，或者藉由稱呼他為愚蠢強尼來緩和他的犯行，但如果他具有那種知道自己犯了錯的理解力，他就該接受法律的制裁。

法官還補充說，「教區有義務將當地的白癡關起來」。陪審團認為他理當被寬赦，他被認定有罪，而處以一先令罰緩，並在感化院關了六個月。[75]

法庭這種在語氣和內容上的急遽轉變，無疑是直接挑戰了「街坊鄰居們」，不要想藉著隨意以白癡的暱稱來稱呼被告和容忍其逾矩行徑，來試圖「緩和他的行為」。這當中所傳達的信息是，白癡必須為自己的行為負起責任，按照和其他人一樣的標準被審判，不然就是「被關起來」，送進收容所並與外界隔離，因為他們無法理解社會的規範，更遑論遵守了。

從這時候開始，大眾和法律界的態度明顯日趨強硬，而法院對於輕罪施以嚴懲的態勢也清楚可見。在審判愚蠢的強尼．萊克時，法官便曾提示，他雖然愚鈍，但當他有能力利用這點來規避自己犯行所當負的責任時，他很清楚自己在做什麼。法官甚至懷疑萊克耳聾的真實性。[76]大約在同一個時間點，福岱爾在巴黎所提出對於無道德、無恥的弱智者特性描述的回應，而這一切都與之相呼應。一八○七年，康拉德．弗里德里克因犯下輕微的偷竊案受審，主審法官也對他說出類似的中傷話語。弗里德里克是個嚴重失聰，也無法說話的白癡，小時候的一次發燒造成他嚴重耳聾。[77]儘管如此，法官仍指控他極端狡猾，根據補償功能這個老套路，他高明的欺騙能力，成為他聽力障礙的補償。他被判重刑：六個月的監禁與公開鞭刑。弗里德里克的殘疾被看成是驅使他犯罪的背後動力，而非獲得寬赦的理由。

證人證詞的語氣也趨於嚴厲。夏綠蒂．勞倫斯於一八一九年被控在上學途中偷了一個六歲小孩的連衣裙，當她在法庭上作證的時候，顯然非常困惑，「我撿到的時候像是個洋娃娃的形狀」。[78]然而，小孩的母親和法庭都並未對此表示任何容忍之意，媽媽堅稱「我從未聽聞她是白癡」，而法庭則把羅倫斯監禁了兩個月。六年後，在約翰．巴特爾的馬匹竊盜案審判中，法庭同樣明顯拒絕被告因癡呆而減刑。對於律師的提問：「犯人不是個白癡嗎？」馬的主人回答說：「我對他一無所知，但他夠聰明牽走了我的馬。」對於巴特爾的善良品格、努力工作和智力不足，巴特爾兄長的證詞不夠充分，巴特爾最後被處以絞刑，儘管有證據證明，他乃是受到一群路過紳士的戲弄和操控而把馬牽走。有個證人說：「我認為他是白癡，所以沒注意到他。」另一個證人則提到他是個「老傻瓜」。[79]

一般來說，覺得白癡具有危險性和有預謀的想法開始浮現，換言之，白癡把他們的真實動機隱藏在狡猾的面具之下，正如他們把偷來的東西藏起來一樣。在法庭，白癡現在被譏嘲為「夠聰明」犯下他們的罪行，而不再是那種被放任、逗趣的可被寬容的人物。至少在刑事審判中，法官愈來愈強硬的語氣開始取代包容性和接納性，這是十八世紀絕大多數時候，法庭在審理白癡案件時的兩大特色。在民事法庭，事情的發展有點不太一樣。一八二四年至一八三二年間，殷格朗控訴懷亞特的這個重要案例，在坎特伯利和倫敦不同的宗教法庭之間迂迴而行，這個案例影響了一八三〇年代的英國理論家，並為十八世紀的法律行為能力觀念的持久力，和對醫學逐步進犯的抵制開了一扇窗。[80]

約翰．克洛普頓（原姓氏為殷格朗）從哥哥那裡繼承了一筆巨額財產。他在一八二四年過世後，把全部財產留給了他的律師兼遺囑執行人亨利．懷亞特。克洛普頓的妹妹芭芭拉．殷格朗是其先前遺囑中唯一的受益人，她對懷亞特的繼承權提出質疑，理由是她的哥哥是個弱智，缺乏行為能力，被懷亞特欺哄而受騙上當。[81]大主教法庭判定克洛普頓的妹妹勝訴獲得繼承權，懷亞特敗訴。法官得出的結論是，克洛普頓總是被當成一個孩子，而且非常虛弱、暮氣沉沉、懶散、遲鈍，理解力也低於一般水準。因此，他的律師懷亞特訛詐他。[82]然而，皇家教務代表法庭在一八三一年推翻之前的判決，把遺產判給懷亞特。他們認為，雖有明顯的理由懷疑懷亞特，但克洛普頓的行為能力先前已獲得充分證實。[83]

由於許多因素使得本案成為癡呆和弱智的法律框架當中一個意義深遠的案例。首先，儘管原先的判決後來被逆轉，但對克洛普頓是弱智並受到哄騙的判決，以及構成弱智判決的要素是什麼，在後續疑似弱智案件的審理上被當成判例法來使用。[84]再者，在這場長達八年的官司爭議期間，雖有一些醫生積極發起活動，但出於醫界的證詞卻一個都沒有。最後，在官司期間，來自社會各階層二十八位證人所表達的門外漢看法也發揮了重要的作用。他們每一位都被問到了對克洛普頓弱智的看法，而且每個人都自信滿滿的說出了他們的判斷。他們的說詞和對弱智者特性的描述後來都被寫進了約翰·尼科法官的判決書中，他的判決書後來又被寫進了隨後於一八三〇年代發表的一系列法律論文裡。

證人群包括了他的堂兄弟、服務生、女僕、洗衣女工和一名理髮師學徒。他的堂兄弟抱怨他的輕浮，他會「再三重複說同樣的事」、極端害羞、懶散的性情和骯髒習慣。[85]僕人們一再提及他像孩子般脆弱。他會在街上揮舞著棍棒，假裝自己駕著四輪馬車，大喊：「耶皮、耶皮、耶皮」，而一幫男孩則「嘲弄他」，叫他瘋子殷格朗或老耶皮。[86]最重要的是，他很容易受人利用：「他會被慫恿什麼事都不做，也可以什麼事都做，」洗衣女工說。[87]一個寄宿在他家的裁縫師得常常勸說在公眾場合被他惹怒的人，不要毆打克洛普頓，解釋說他的「腦袋不正常」。[88]有個證人還描述說，在許多年前，當他還是一名學徒理髮師時，他每天在艦隊街上的一家咖啡館裡為克洛普頓打理頭髮。既然克洛普頓是個「傻瓜」而且一派「胡言」，他就故意在克洛普頓的頭髮上惡作劇，「在他後腦勺紮起髮辮，弄得像棍子一樣直立起來，或是弄成可笑的捲毛樣式」。結果克洛普頓「依然在咖啡屋裡大搖大擺的到處走動」而「每個人都嘲笑他」。[89]

每個證人在作證完畢後，都會被問到他們對克洛普頓理解力和能力的看法。在某個侍者看來，他「缺乏適當的理解力」，而對另一個人來說，他的「理解力非常弱」。[90]洗衣女工則認為「他……是壞而不是傻」。[91]她不認為他隨時「能做任何需要思考、判斷和反思的行動，因為他的頭腦從未正常過」。[92]有個女僕則覺得他的行為舉止「像個頭腦不正常的人」，但那「主要是因為瘋癲所致而非智能不足」。在她看來，因為精神錯亂，他當然無法管理任何公司或事業。就連那個惡作劇的學徒理髮師被問及他的看法時，他表示克洛普頓「是個傻瓜而且腦袋不正常」。[93]由此便可清楚看出，在法院的審理程序中，外行人的看法，亦即他們對弱智的文化理解，獲得法院徵詢並賦予效力。在本案中，「外行人」並非指有產階級陪審員中的「聰明人」，而是底層服務階級的男女老少們。同樣令人驚訝的是，他們對自己的判斷充滿自信。

尼科法官在總結時，概述了克洛普頓的弱智特徵為「孩子氣……輕浮的嗜好、為小東西著迷、頭腦遲鈍、思想貧乏、害羞、膽怯、任人控制、在別人的影響下而默從等諸如此類」，[94]巧妙的總結了一干證人所給予的評語。他的結論是，克洛普頓表現出「頭腦駑鈍，表現出容易受騙上當和遭人利用的性格」，[95]還評論了克洛普頓的懶散和遲鈍，也反映了民眾充滿自信的評價。他的總結，包含他對弱智者孩子氣特性的描述，一字不漏的寫進了薛福德於一八三三年發表的論文中，[96]又在後續大量論述法定癡呆的著作中繼續被引用，這些著述借鑑**殷格朗訴懷亞特**訴訟案例，形成並發展出終身弱智者的法律觀念。公眾的意見因此得以融合至弱智相關的法律理論中，如同任何學院派法學家所提出的抽象理論一樣。而有關**殷格朗訴懷亞特**案例的醫學觀點，則完全付諸闕如。

然而，在一八三二年，也就是大法官駁回**殷格朗訴懷亞特**訴訟案最後上訴的同一年，在一場聽證會上，醫生不再缺席，而是擠爆了會場，成了這場聽證的特色。二十三歲的羅絲．貝格斯特被女校長描述成是個極度遲鈍的笨學生，有暴力傾向，而她是母親和其他幾個親戚的數筆遺產繼承人。在參觀倫敦動物園的途中，她的一個隊友牛頓先生說服了她一起搭乘他的單蓬馬車前往康登鎮，有一輛四馬馬車在那裡等候他們。她被帶到格雷特納格林，在那裡有個剛被叫醒的牧師來主持婚禮。[98]確定女兒落腳之處後，她的母親把女兒（現在是牛頓夫人了）從卡萊爾一家旅館帶回倫敦，隨後，她發起成立一個精神病鑑定委員會，宣告羅絲心智不健全，這樁婚姻因此被宣布無效。[99]

在證人證詞中，醫界占了大宗。有十二個醫生出席作證，他們當中有一些人在倫敦精神病界赫赫有名，包括約翰．哈斯拉姆，聲名狼藉的前伯利恆醫院藥劑師，法醫學專著作者；喬治．托希爾爵士，伯利恆醫院主治醫生；[100]孟洛醫生，前伯利恆醫院主任醫師，與哈斯拉姆同時被開除；[101]以及亞歷山大．莫里森爵士，著有《精神疾病面相學》（一八四三年），後來在漢威爾教區與薩里郡的收容所擔任醫生。[102]每一位都曾前往貝格斯特小姐（他們全都如此稱呼她）家中拜訪她，有些則訪視了好幾次，藉此評估她的弱智（如果有的話）程度。有一次，陪審團問了她一個問題，貝格斯特小姐回答

一八三二年，年輕的、弱智的貝格斯特小姐在參觀倫敦動物園途中被牛頓先生綁架，這幅由喬治．沙夫手繪的彩色石版畫〈長頸鹿與把牠們帶到這個國家的阿拉伯人〉描繪了這間動物園，1836。

說：「我很害怕犯錯，所以我不敢說……我見了大約兩打醫生，但我回答不了他們的問題。」[103]當她告訴莫里森「因為見了那麼多醫生」而讓她感到不適時，她可能沒意識到她話中的譏諷意味。[104]

然而，醫學證人並未如理論家們所聲稱的那樣，在法律程序中提出統一的科學論證，闡明真相。他們分裂成兩個充滿火藥味的陣營，一半認為貝格斯特小姐是弱智，另一半則相信她只是無知和未受教育所致。雙方歧見有部分源自於個人恩怨。孟洛聲明「她的心智狀態處於極度低能」，她的缺乏判斷力和神態舉止就是證據。[105]然而，曾在十八年前伯利恆醫院特別委員會的調查中遭孟洛背叛並指責的哈斯拉姆[106]則提出完全相反的結論：「從她的臉完全看不出任何弱智特徵，無論如何……她不是瘋子，也不是白癡，她沒有神智不清。」[107]

這些醫學證據鮮少有科學印記，它們幾乎全聚焦於算數能力不足之上，還有在這些醫生看來，貝格斯特小姐在性方面大膽、偏好激戰（有違當時的禮教），並樂意坦承她的性經驗。法官不得不兩次要求在場女性全部離開法庭，因為醫生在法庭上重複貝格斯特小姐「毫不猶豫或絲毫不覺尷尬」，而以「最直白和最粗俗的措詞」向他們講述她和牛頓先生之間放蕩的親密行為。這些性行為不僅婚後發生在旅館裡，令人震驚的是在前往格雷特納格林途中的馬車上也發生過。[108]然而，儘管她對性別和禮教觀念構成威脅，但數學能力低下才是使醫生判定她為弱智的決定性因素。她不知道一先令值多少便士，而且以為一年只有六天。[109]在審判過後，《倫敦醫學公報》的一篇社論嘲諷這種對數字問題的執迷，尤其是魯特醫生所提出的「複雜問題」：「如果她回答了這個關於百分之四的問題，那麼他肯定會給她更難解的問題，像是開根號或是解三次方程式。」[110]

以莫里森和哈斯拉姆為代表，主張貝格斯特小姐並非弱智的醫生陣營，則質疑其他醫生同行的推論。他們表示，持續不斷的醫訪造成她在待人接物上失去先前的謙和，而她在算術能力上的低落則是出於無知而非天生弱智。兩人對以算術問題來決定一個人的行為能力嗤之以鼻。[111]儘管有這些無知不等於弱智的相關論證，陪審團只用一個小時便宣判貝格斯特小姐心智不健全。[112]羅絲・貝格斯特失去了她的物品權和財產權，她的婚姻也被宣告無效。

貝格斯特案中的醫學介入，與**殷格朗訴懷亞特**案恰成對比，後者本來也可以要求醫學權威的介入，但卻完全付之闕如。在這類案子上，缺乏一個有系統的司法程序能夠援引醫學權威。在法庭上，殷格朗一案的非專業證詞和貝格斯特案子的專業醫學證詞，兩者所獲得的信任度是一樣的。對醫生而言，相關的癡呆法律觀念以及快速發展中的弱智競技場，依舊是個混沌不明的領域，他們遭遇到世人在這方面強烈而持久的信念，也就是外行人輕易就能從一個人的外表和常識性的行為觀念辨識這類情況。醫界在弱智的構成要素上出現明顯的分歧，無助於他們所聲稱那般確鑿不移的科學真相。似乎完全沒有這方面的「科學」證據，只能仰賴觀察外表和行為，以及做些數學測試來鑑識，這明顯與門外漢的辨識方法沒有什麼分別，甚至連一個僕人都能做到。

《倫敦醫學公報》一篇見解精闢的社論中，意識到在貝格斯特案子上，醫生之間分歧的意見，和常顯得荒唐可笑的證詞，都對醫學證詞的可信度造成損害。這篇社論抨擊那些關於「心智不健全」觀念的彈性，一種愈來愈模糊和「無底線的」措詞，它「吞噬了……所有證據和事實全都被其不加區別的吞噬掉」。[113]「找不到任何兩個專家，不論是律師、醫生或神職人員，能在這種措詞上取得共識」。這篇社論強調，把算術能力當作是心智健全指標的荒謬性，才會出現某人在早上還是理智的，但到了下午就因為無法完成計算，就成了弱智。[114]《公報》不滿的指出，在醫生的爭論和裝腔作勢中，失去的是判決的公正性。貝格斯特小姐的問題出在管理極度失當的教育，而不是心智不健全，《公報》毫不客氣的反對這項判決。[115]醫生允許陪審員（他們「主要是商人」）利用矛盾的醫學證據欺哄他們，以取代合理的醫學證詞。因此，陪審團自然主導了這個「令人吃驚的判決」。[116]醫界未能形成一個統一陣線，並對弱智提出一個前後一貫的理性詮釋，以致聽任外行人非理性、剛愎自用的無知贏得勝利。

艾格妮絲，這位「二奶」與溫德姆的婚姻在一八六一年引發醜聞。

威廉・溫德姆，一個富有的弱智者，他的案件在一八六〇年代轟動全英國。

三十年後，當威廉・溫德姆的驚世奇案上庭時，醫界仍然在打同一場仗。溫德姆出身自一個顯赫的諾福克家族，他在一八六一年成年後繼承了一筆非常龐大的資金、財產和可觀收益。三個星期後，他娶了一個「品行不端」的女人，艾格妮絲・威洛比，據稱，他對她極度癡迷，她直到最近都還被另一個男人「包養」。溫德姆給了她一大筆錢，在同一個月還買了價值一萬四千英鎊的珠寶給她。[117]兩個月後，他的新婚妻子離開他，據說，她與許多男人有不當的性關係。溫德姆在一八六二年以這些理由請求解除婚姻關係。[118]但大家普遍認為他是弱智，有怪癖、理解力有限和嚴重的溝通障礙。他的家族聲請了一個精神病鑑定委員會，設法保護他的遺產繼承權不受傷害，因為他們認為他的弱智容易遭人利用和訛詐，並設法終止他的婚姻關係。在聽證會召開前幾天，「一個東郡旅人」和東郡鐵路公司的管理層之間在《泰晤士報》上爆發一場激烈的通信交鋒。這個飽受驚嚇的乘客抱怨他和他的旅伴相信，穿著鐵路員工制服的溫德姆先生，得到允許駕駛火車，雖然資格不符，但有無窮資源用以賄賂員工。乘客們都知道溫德姆將要接受一個精神病鑑定委員會的調查，因此希望他從現在起可以受到嚴密監控。[119]

鑑定聽證在一八六一年十二月十六日召開，[120]由於審理的個案帶有淫穢的色彩，再加上溫德姆的財富、古怪和疑似弱智，這起案件顯然對於社會大眾具有難以抗拒的吸引力。兩天前，亞伯特親王於十二月十四日辭世，但在親王之死與溫德姆案在一八六二年一月三十一日做出裁決期間，《泰晤士報》對於鑑定聽證的報導次數多於親王的死訊。[121]經過漫長的聽證之後，陪審團做出總結，指出溫德姆心智健全、能夠管理自己的事務，這項判決得力於他的辯護律師就主體自由和古怪的權利，提出了強而有力的辯護。醫界曾提出支持雙方論辯的證據。《泰晤士報》支持陪審團的判決，宣稱「如果陪審團做出其他任何結論，那麼他們肯定和溫德姆先生一樣都瘋了」。[122]然而，他們也發出了一個預言性的警告，他們意識到主體的自由會讓弱勢者付出代價：

> 然而，在接下來的幾年裡，溫德姆先生很可能會變成窮光蛋……社會裡專門坑殺人的鯊魚，包括借貸者和剝削者、嫖客和狂妄自大者、老鴇和交際花、賊窩主人，以及所有仰賴社會腐敗維生的寄生蟲，已經鎖定他們的獵物。[123]

在接下來的幾年裡，溫德姆受到妻子和三教九流債務人的不斷追討，頻頻被告上法庭，直到他在一八六四年宣告破產。他在一八六六年死於心臟病，年僅二十五歲，財富散盡。[124]

《論白癡的種族分類》（一八六七）一書的作者約翰・朗頓・唐，也是在英國薩里郡厄爾斯伍德鎮設立的全世界第一個白癡收容所的前院長，他在一八八七年回顧溫德姆的案子時，帶著某種冷酷的滿足感。他指出「一個年輕人，因為管理自己事務的能力受到懷疑，而在精神病鑑定司法官面前受審引起全市轟動，從那時候至今，已經過了好幾年」。[125]他回想起當時曾寫了一篇發表在《刺胳針》上的論文，[126]證明口腔和白癡之間的連結：白癡往往有個拱形上顎，這會造成他們流口水，而暴露了天生癡呆的神態。[127]唐氏寫道：「在大眾心目中，口水普遍與癡呆狀態有關。流涎的程度不同，可能只會在興奮和吃飯時出現，或者整天幾乎流不停。」[128]在溫德姆的鑑定聽證上，他的律師說服了法庭，以「口齒不清」來認定他心智低下是錯誤的，溫德姆只是有嘴巴的殘疾而已。[129]唐氏的論文發表得太晚，以致無法在法庭上反駁這類聲明，最終只在法律顧問的最後致詞中被提及。那時要改變陪審團的意見已經太遲了，他們「支持主體自由的信條」。[130]事業生涯已來到遲暮之年的唐氏，在回顧溫德姆的案子時，他譴責這些無知的外行人仍執迷於過時的觀念，也就是支持弱智者和白癡享有和其他人一樣的權利，當時的醫學科學早已警告過這會造成災難性的後果。「這個可憐的天生白癡，」他寫道，「被允許任由他走向毀滅之路，結果是加速他的財富破產、毀掉他的健康，還讓尊榮的先祖之名蒙羞。」[131]財富、人和血脈，全都毀了。醫界，也就是唐氏本人，早已警告他們，但他們卻愚蠢的忽視了它。唐氏認為，該是讓社會適度理解醫生對白癡和弱智者所擁有的特權的時候了。

溫德姆一案突顯出一八六〇年代時圍繞著癡呆的重要灰色地帶。白癡的概念依舊能夠從十八世紀初被理論化的白癡人物形象上被辨識出來。他們是孤立的、吃力的打理自己的事務、在關係和日常事務上無能為力、容易受到剝削者的傷害、一個脫離普通人類的族群，時而令人同情，時而令人嫌惡。然而，另一個白癡版本則是得到容忍的，他們受到家人的關愛和保護、被社區所認識、受到保護不受剝削者的傷害，並賦予他們擺脫去人性化的地位。在社會各階層都有一些關於癡呆構成要素的強勢流行觀念，而這些知識形式傳播到了法律界和醫學界（例如，流口水的白癡便是由唐氏醫學化的觀念），而非只由菁英理論家由上向下傳播。現在，這個可被描述為白癡族群的人口繼續在大幅膨脹中，加入了這個日益龐大、由構造奇巧的弱智者、怪人、濫交者、罪犯和違法者所形成的隊伍；有時候，他們的威脅是無形的，通常會危及社會秩序。對其在這些領域所主張醫療權威的性質和範圍，醫學界的意見分歧。在法國和美國，有聲音強烈要求把醫學權威當成確鑿不移的科學事實的寶庫，不僅應促進法律決定，甚至能繞過法律，創造一條直接通往收容所的途徑。然而，這種主張挑戰了現有英國的法律權威，以至於面臨了致力於個人自由和不受國家干預原則之人士的重大阻力，即使這樣做會使個人陷入被剝削的風險。這種思想也獲得了某些醫界的支持。弱智者，有時候甚至連白癡，應如其所願過著他們自己的生活，如果可能的話，能夠主宰他們自己平凡簡單的小日子。

在刑事和民事法庭裡，他們沒有意識到的智識潮流，正環繞著那些發現他們正處於大眾和法界注目之下的白癡和弱智者。對於老貝利的愚蠢強尼．萊克和康拉德．弗里德里克而言，新思維模式的後果是再真實不過了：嚴厲的身體刑罰和監禁。對其他人來說，尤其是富裕階級，則繼續像往常一樣過日子，但這往往引起他們周遭人的憤慨，周遭人希望他們是可教育的、可改善的，而變得理智、守法和有禮貌。當明顯弱智的羅絲・貝格斯特小姐在被偷偷帶往格雷特納格林結婚後，又被帶回到倫敦的家，她的一個朋友說，她「把私奔說成是雲雀，還說她想逃跑」。[132]即使在官司纏身最慘之際並散盡財富，威廉・溫德姆仍然繼續喬裝成列車員驚嚇在車上閱讀《泰晤士報》的東郡鐵路乘客，他帶著一串鑰匙、儼然一副掌管著隆隆作響穿過英格蘭東部列車的模樣。[133]對於那些被認定為白癡或弱智者的人，法律的管控正漸漸的收緊，但值得慶幸的是，至少仍留給他們一些保持個體性、怪僻性格和不守成規的空間。

第五章　憐憫與憎惡：新的文化思維

一七九八年，年輕的革命詩人威廉．華茲華斯在其抒情詩〈白癡男孩〉中，[1]創造了一個新的白癡人物形象，這激起了一些強烈反應。他斷然捨棄那種逗趣的駑鈍「傻瓜」形象，他們在十八世紀笨手笨腳的通過每天的生活挑戰，而且繼續在他那個時代的漫畫和笑話中獨領風騷。這個新的白癡人物類型是誰呢？

嚴重癡呆、住在偏遠鄉下的強尼．佛伊，某天深夜被寵愛他的母親貝蒂送出門，要騎馬去附近鎮上找醫生來醫治患病的鄰居老蘇珊．蓋兒。貝蒂在他們遺世獨立的森林小農舍裡焦急等候著，她知道讓沒有方向感、幾乎不會說話的強尼這麼做，是有風險的，但她仰賴「溫馴善良」的馬駒帶他到鎮上去。強尼沒有回來；貝蒂又病又愁，最後終於在一處林間空地找到了他，他安然無恙的和吃草中的馬駒在一起，一副傻呼呼的模樣。她流著淚把他緊擁在懷裡：「喔！強尼，別管醫生了，／你已經盡力，沒事了。」[2]他們在回家途中遇到了奇蹟般恢復活力的蘇珊．蓋兒，她克服了身體的病痛出來尋找強尼。

華茲華斯是怎麼說這個白癡的？強尼主要透過無意義的、類似風吹過的「呼呼」聲音與人溝通。

母親和鄰居雖然愛他，但他的回應卻看不出任何愛意或情感。她們所愛的是誰，或者說，她們所愛的是什麼呢？在華茲華斯筆下，這個白癡人物被塑造成一個遺世獨立的「隱士」，被拋在他低能的心智荒島上漂流，一個單純無知、不動腦筋的自然之子。小馬駒似乎比他更有慧根：「不過話說回來，他是一匹會思考的馬！」[3]被賦予期望能夠完成任務、帶回醫生的是馬。然而，當周遭的所有人都經歷了強烈的情緒起伏時，這個白癡男孩似乎完全無感，只除了那種很一般的無意義的快樂，這表現在他的笑聲和發出的呼呼聲上。這種不會思考、感受或做事的人類類型，指望他完成一件差事，既無意義也很愚蠢。但他是那種可愛又令人憐憫的類型：一個可以對其付出情感的人，但也只能是給予情感的對象，而沒有任何雙向互惠的情感交流。華茲華斯煞費苦心的表示，他無意把強尼・佛伊塑造成一種討人厭的白癡類型：「我的白癡不是那些口齒不清，或是人格令人厭惡的類型」。他確實想要挑戰「許多人看到白癡時油然而生的憎惡和反感」，他認為這與「一種虛偽的優雅」有關。[4]

他的立意沒有得到人的共鳴。華茲華斯詩集《抒情歌謠集》的共同作者薩繆爾・泰勒・柯立芝，就批評他沒有留意要排除那種「平凡的、病態的愚蠢等令人厭惡的形象，但這絕對不是他想要表現的人物。他甚至透過未因先前種種對男孩俊顏的描述所抵銷的『呼呼呼』聲音，來幫助大家回想起這一切」。[5]再者，柯立芝認為，當這個男孩的癡呆加上他母親的愚蠢，這整件事就變成了「一齣可笑的滑稽歌舞雜劇」。[6]她的愚蠢當然是出於對兒子的愛和關心，而料想他什麼事都能做，但其他人竟然也表示贊同。年輕的評論家約翰・威爾森便不滿說道，「我曾看過一幅最出色的白癡畫作，但那在我心中激起了一股難以言喻的厭惡感。」威爾森還說，「一個完全癡呆的人甚至會在他母親心中激起最熾熱的依戀之情」的說法，令人匪夷所思。[7]

這實在很諷刺。柯立芝和華茲華斯受到法國大革命情操的激發，有意把一種新的浪漫主義共鳴帶到對平凡世間男女的描寫上。他們的共同創作《抒情歌謠集》將深情刻劃在每個村莊都看得到的平凡男女的生活和個性裡，換言之，他們把感情和真實性注入到這些人物身上。然而，當浪漫主義的目光投射到白癡身上時，他們只找到了強尼．佛伊這個空殼子，他無精打采的躺在馬背上，無奈的任由馬駒帶著他隨意前行。他無法感受，唯一值得投射到他身上的情感若非得不到回應的憐憫之情，就是有鑑於他缺乏人類的感受能力，而對他的反常感到厭惡。隨著「浪漫主義的感性」這個概念逐漸成形，白癡開始被一個新的焦點所定義，也不再具有娛樂性。[8] 一七九六年，凡妮．博尼在小說《卡蜜拉》裡，一個漂亮的白癡女孩嘴角流個不停的口水，引發了尤琴妮雅一閃而過的嫌惡感。[9] 現在，兩年後，博尼令人反感的白癡女孩加入了華茲華斯令人同情的白癡男孩行列。那麼，白癡是否不再製造笑料逗人發笑，而變成了令人傷感或反感的對象呢？是否出現了一種在道德和身體上令人厭惡的新類型，要取代十八世紀那個較受放任（即使古怪）的白癡類型嗎？

約莫在此時和隨後的十九世紀的前幾十年裡，開始發生對於白癡概念具有潛在影響的其他重要文化轉變。俚語在名稱和屬性上都改變了。俚語不再是「黑話」，也就是黑社會和惹是生非的窮人的暗語，它變成了「炫話」（flash），一種格調優雅的「倫敦超時尚世界時髦行話」。[10] 俚語從人想要保密的東西，變成想要被人知道的東西。[11] 這種上流社會挪用下層社會語言的轉折點，發生於皮爾斯．埃根於一八二三年所出版的葛羅斯《經典俗語詞典》。[12] 埃根是《倫敦生活》一書的作者，[13] 本書主要在描述三個時尚男子的冒險，他們分別是裝扮時髦的花花公子湯姆、傑瑞和羅吉克，他們流連於倫敦攝政時期末期上流社會和下層社會的各個場所。他們樂於與倫敦底層和頂層圈子的人廝混，這帶給他們一種人類學的樂趣，並開始使用「炫話」這種他們從這樣的交雜來往中所衍生出融合了上下階層社會俚語的混合語言。

無論埃根和他的主角們有多麼喜愛倫敦底層社會的生活，他們仍從自身的階級立場，將道德判斷帶進對這類生活的描述中。從埃根對葛羅斯饒富原創性的直白詞典所編輯的版本中，可以明顯看出這點，他在書中聲明：「當一個需要解釋的粗俗或不雅字眼冒出時，（我已經）竭盡所能以最合宜的方式將之刪除。」[14]除了引進牛津和劍橋上流階層智性化的俚語，在處理性方面或其他具有冒犯性質的詞條時，埃根透過刪改或以委婉的措詞來詮釋。「pushing-school」不再被定義為妓院，而是「塞浦路斯人的小屋」。「clap」不再指明為淋病，而是「一種需要小心的汙染」。[15]「muff」不再指「女性私處」而只是「單音節字」。相同的淨化和婉語的詮釋方式也影響了白癡的相關用語。在埃根版的葛羅斯詞典和《倫敦生活》當中相當有幫助的術語詞彙表附錄裡，出現了一種機靈的新品種圈內笑話，它們調侃愚蠢，並詳盡解釋了其意義和起源。於是，一個「閣樓（或頂層）」意指「頭腦。他的閣樓或頂層空蕩蕩的，或沒有家具，換言之，他沒大腦，他是一個傻瓜。」一個「茶罐」則狡黠地妙喻「腦袋空空」。[16]其他俚語和炫語詞典採用了同樣更巧妙、更智性也更冗長的風格，向那些有學問的同儕展示作者的聰明才智，而不是複製原始的直白街頭語彙。在一八二五年出版的《運動員俚語》詞典中，納入了「frs」一詞，意思是「一個非常愚蠢的人（a Fellow Remarkably Stupid）」而不是指皇家學會成員（a Fellow of the Royal Society）。[17]「Jerry wags」顯然不是來自聖吉爾斯街頭，而是源自《倫敦生活》中兩個機靈滑稽的主角湯姆和傑瑞的故事，這兩個「喝得半醉的愚蠢傢伙，基本上都是剛進城的鄉巴佬，迷醉於城市生活，想要好好狂歡一番」。[18]這和早期葛羅斯等人對白癡鄉巴佬的定義「一個笨拙的粗人或鄉下人」大相逕庭。在新風格的俚語詞典裡，出現了一種詮釋白癡的新模式，從原本直接用一句簡單生動的俏皮話來描述街頭白癡的風格，轉變為只由受過教育的時髦城鎮人獨享和理解的機智的自負，專門以譏嘲白癡為樂。例如，「水牛腦」（buffle head）被代之以「致命的活潑」（deadly lively），指的是一個傻瓜卻自稱擁有他所缺乏的活動力和**理性**，換言之，就是某人設法從事超出他智力的事情。那些書商新開發的書系、已氾濫成災的炫語詞典中，許多舊有的白癡俚語因與其高檔的時髦品味不相稱而被剔除，以便納入大學俚語，[19]以及運動人士最喜歡的消遣活動，如賽馬和拳擊的術語裡。在《新編炫語綜合詞典》、《炫語詞典》、《運動員俚語》和《現代炫語詞典》的審查下，那些曾在上一個世紀的詞典中占了極大比重的愚鈍白癡從中退場。[20]大家對他們的興趣迅速消退，取而代之的是社交圈裡新鎖定的揶揄對象，也就是那些傲慢自大、愛打諢說笑的人。在不斷創新的街頭黑話世界中，不論對白癡的描述有時顯得多麼輕蔑和嘲諷，起碼他們仍是直接被談論的對象，而他們現在正轉變成一個在各方面都優於他們的疏遠階層所談論的對象，或者更糟的是直接被無視。語言的轉變標示了社會地位和能見度的改變。

笑話書與其幽默也在變化中。有關白癡的笑話急遽減少，有群新的角色取代了他們。這個現象背後的驅動力量是一股新興的種族化幽默，因此有關猶太人的笑話激增，並引進了滑稽、頭腦簡單、口

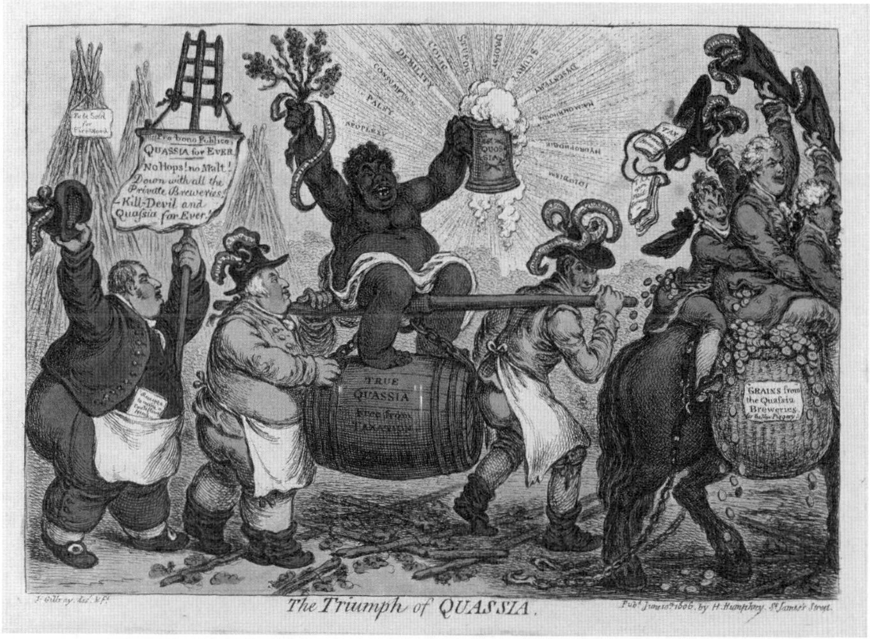

詹姆士·吉爾雷，〈苦藥的勝利〉，1806，手繪彩色蝕刻版畫，描繪一支象徵苦藥的「黑鬼醜女」的遊行隊伍，苦藥是一種提煉自苦木樹的藥劑，應該已經取代啤酒花來釀酒。從她冒著泡沫的啤酒杯中射出一道道光線，其中之一刻有「白癡」（idiotism）一字。

音好笑的「黑鬼」（Negro）。猶太人開始被描繪成令人厭惡的拙劣騙子。「黑鬼」的笑話從一七九〇開始出現在笑話書中，而且自十九世紀起成為了經常使用的樣板角色。就和在他們之前出現的白癡們一樣，這些主角們常在生活中犯下拙劣的錯誤，誤解了周遭發生的事情並向「瑪莎」求救。他們大口喝下格羅格酒，喝得太急，後來才發覺那酒是「太濃烈的瑪莎」；還有，他們擔心魔鬼會在夜晚「帶走可憐的黑鬼」。[21]他們扮演了明智傻瓜這種白癡角色：「這**豬**，整天就吃、喝、睡，什麼事都不做。

這**豬**是英國唯一的**紳士**。」[22]他們甚至在面對即將承受的鞭打時，展現了幽默特質，他們似乎對痛苦無動於衷，就像上個世紀的愚蠢鄉巴佬在一次棍棒打鬥中，懇求他們的「瑪莎」繼續鞭打，但別再說教了：「瑪莎，你要鞭打就鞭打，要說教就說教，但不要又說教又鞭打！」[23]

隨著十八世紀的笑話在十九世紀的出版品中被回收使用，白癡主角失去了地位，被新的嘲笑對象所取代。在一七二一年，一個臨終的白癡躺在床上，並向朋友保證他會自己走向墓地；而到了一八三二年，一個「窮人」已經取代他的位置。[24]來到一八六五年，變成了工業化的伯明罕裡凶惡的工人階級勞工，「沒有腦袋去思考，也沒有心去感受」[25]，而不再是昔日那個討喜的鄉巴佬傻瓜。透過「分配」或暴民正義，或是寫下可笑的文盲筆記，狡猾的猶太騙子得到應得的報應，不是出於找樂子，而是出於強烈的厭惡來觀察他們笨拙的無能。[26]偶爾，一個令人無法信服的白癡會再次出現，向一個會眾正在打瞌睡的牧師說：「要不是我是白癡，我也會睡著。」[27]在這些最後的白癡笑話中，他們的回答顯示他們太有自覺、世故和機智，而不是以前那種偶爾會出現的聰明傻瓜：「先生，我知道一些事情，也有一些事情是我不知道的，」一個年輕傻瓜對一個偷竊的磨坊主說道，「先生，我知道磨坊主們都有肥嘟嘟的豬隻……不過，先生，我不知道牠們所吃的玉米是誰家的。」[28]他們已經變成一個好用的鋪陳以製造笑果，與大家在日常生活中所遇見任何可辨別白癡的類型不再有任何關聯。新的「笑話對象」以新樣貌出現：欠缺自知之明的猶太人或城市勞工，或是頭腦簡單的天真「黑鬼」，只要把他們放在「瑪莎」嚴密的監控之下，就能產生源源不絕的笑料。如同維克．加特賴爾所寫，「自一八二〇年代起，低下階層的生活日漸被描繪成一個令人焦慮和道德說教之處，變得愈來愈不好笑。」[29]

這些被取代的白癡，幾乎不再受到注意，開始從笑話書中退場，正如他們靜悄悄的爬出俚語的領域一樣。

當笑話內容和揶揄對象出現根本性的轉變，幽默的概念也產生了更廣泛的變化，也就是什麼樣的內容適宜拿來逗人發笑？加特賴爾觀察到一個現象，是構成幽默的當然要素固然具有連續性，但約莫在十八世紀末和十九世紀初發生了「一個急遽的重大變化」。這當中包含出現了有關性和糞便的幽默禁忌，尤其是對身體下半部的神經質反應，還有一般的脫序狀況。[30]現在，合宜的外在行為獲得了人們更普遍的認同，被視為理所當然；推動改善禮儀和道德的運動，與建立一個更有紀律的城市秩序的運動二者相互結合，目標是要根除喬治亞人粗魯的過度行為。[31]對於在道德上和身體機能上缺乏克制力、沒有紀律，又經常缺乏理解力的白癡來說，這是一個明顯無望的新環境，他們現在面臨著一個被稱為全面「淨化過程」的行動，在社會愈發渴望控制、教化和邊緣化那些違抗者的作用下，這樣的淨化過程得到了支持的力量。[32]

漫畫也經歷了相同的改變。這種激進且明顯的改變，大到足以引發曾經歷過這個時期之人的評論。一八四〇年，小說家威廉．梅克比斯．薩克雷*在向漫畫家喬治．克魯克尚克致敬時有段觀察，值得在此詳細引述。他在回顧年輕歲月時的諷刺性版畫和版畫店時，不禁感嘆道：

*威廉．梅克比斯．薩克雷（William Makepeace Thackeray，一八一一至一八六三年），維多利亞時代的英國小說家，其代表作為《浮華世界》。

自那些畫作之後，克魯克尚克先生也許畫了一千件更優秀的作品，但對我們而言，它們帶給我們的是更加千倍的快樂……在那些日子裡，曾有一群人圍在窗前。基於公司的利益，露齒而笑的和善技工們向圍觀的人群拼出歌詞，還唸給他們聽，在悟出笑點時會發出共鳴的大笑。如今，這些人安在？你永遠不會聽到有人對HB（約翰．杜爾，現代石版印刷漫畫家[33]）的漫畫發笑：他的漫畫相對太過高雅，溫文儒雅的風趣幽默，讓人以一種安靜、紳士般的風度莞爾一笑。[34]

這種從街頭的爆笑到「紳士風度般」的莞爾一笑的轉變，代表了「貴族和次文化二者的價值觀蛻變成……『溫文有禮』的假設」。[35]這顯示了從笑話書中退場的不僅限於白癡，還有一系列其他人物：放蕩的妓女、隨地撒尿的酒鬼、滑稽的瘸子和侏儒、被愚弄的聾子和瞎子，還有活力充沛的女人。這意謂了笑話書本身消亡的最後結局，這些笑話「被人遺忘，或是被清理乾淨成為兒童文學」。[36]喬伊．米勒在一八三六年出版的笑話書中刪除了最低俗乏味的笑話，「以順應在現代社會和眾人會話中所觀察到的愈來愈文雅言行」。[37]在米勒的笑話書之後，維多利亞時期所出版笑話書寥寥無幾。

新的文化白癡概念

在幽默的文化實踐中這種驚人的改變，對於癡呆的描繪有什麼影響？隨著笑話書、俚語詞典和辛辣的諷刺漫畫，不再是發展癡呆概念的大本營之後，新的癡呆概念是如何形成的呢？一八三〇年代起，白癡就以一種全新的偽裝形式出現在三個重要的文化領域中。首先，出現了一批新的「和藹幽默家」雜誌，為有文化的中產階級提供文雅的娛樂，和對現下事件與主題的儒雅諷刺文章。其次，小說這個文學形式日益流行，經常在完整出版之前，先在週刊或月刊上連載，提供一種混合了感傷主義和現實主義的世界觀。小說家們接受華茲華斯對作家的呼籲「專注於主題」和說「普通人的語言」。[38]第三，則是一種新的敘事形式，由熱心的業餘者和醫生著述，這種寫作形式將白癡描繪為觀察對象，不僅是出於臨床和科學上的興趣，也是一種高雅的消遣娛樂和樂趣。

《笨拙》雜誌從一八四一年創刊以來，便成了這種新型態文雅幽默的代表。這本雜誌的共同創辦人之一是幽默大師馬克．里蒙，他曾編撰十九世紀最後一批笑話書中的其中一本，經過處理的內容當然也是最乾淨的。[39]這本雜誌的基礎建立在對所謂「和藹幽默家」的崇拜。這種形式的幽默摒棄了對於十八世紀（和更早之前）喜劇中所展現的諷刺、揶揄和野蠻氣息。[40]相反的是，到了十九世紀中葉，「最好的喜劇作品呈現了和藹可親的原型人物，他們往往是溫和性情的模範，他們的小癖好不是道德說教，而是讓人感受到愉悅和愛」，這已經被奉為圭臬。這種轉變意謂拒絕「毒舌」的機智幽默，轉而標榜「歡欣快活和無惡意的歡笑」。[41]這種幽默性質的形式容不下上個世紀那種喧鬧的、無克制力的、滑稽的，而且有點緊張不安的白癡人物。

出現在《笨拙》雜誌裡的白癡，從一開始就不再是十八世紀笑話書所呈現的那種人物類型，笨拙的誤入城市（或者就在鄉村）生活複雜的世故人情中，而是以一種喜劇手段扮演一個無名角色，對社會發表譏諷的評論。國王沒收白癡土地的權利，如今完全成了笑話的一個媒介，以諷刺方式表達擔憂，也就是國王將使所有領主都變為白癡，藉此竊取他們名下所有財產。[42]「白癡」這個稱呼如今變成了一個概括性用語，成為《笨拙》作者們用來嘲諷他們不表認同的人士的泛稱，「白癡」一詞根植於它的原始形式，但如今卻轉變為用來抨擊那些不是白癡的人。被《笨拙》雜誌貼上白癡標籤的，是一群正在積極展開宣傳的人道主義者，《笨拙》認為他們在推動宣傳白癡需要社會大眾的善心支持。當沙夫茨伯里伯爵（白癡收容所的早期鼓吹者）於一八五五年提交一份來自禁酒人士的請願書，要求在英國禁止私人釀酒時，「笨拙先生」相信「白癡朋友協會已經從下議院書記官手中拿到了這份倒楣鬼名單」。[43]針對全國禁酒聯盟也有類似的譏諷，對於該會成員沒有受到任何「白癡收容所的照料」，《笨拙》表示驚訝。[44]

白癡收容所的概念始於一八四七年，[45]從那時候起，就被《笨拙》作者群視為一個永久性、源源不絕提供笑料的滑稽禮物。他們如此嘲諷的表示，《聯合愛爾蘭人》雜誌的整個編輯群都應該遷至收容所裡，「施行某種恩慈醫療」；「《廣告人晨報》的特派員」也應該受到同等待遇。[46]工程委員會在一件地方排水工程上的混亂施工，讓笨拙先生想起了白癡收容所，[47]當時人道協會需要從白癡收容所借調幾名助理，笨拙先生聲稱這是為了阻止混雜在一般大眾裡的白癡，在危險的薄冰上滑冰。[48]一則關於來自收容所的白癡正在接受音樂指導的新聞，給了有心人士機會，去攻擊「智能不足」的異類音樂家。[49]厄爾斯伍德鎮一間白癡收容所在一場募款晚宴上獻唱了一首四部和聲合唱曲〈白癡男孩〉後，《笨拙》建議應該在外科醫院的晚宴上獻唱〈科克腿〉*。[50]任何政治人物只要有「驚人」的秀下限問政表現，都會被問候：「白癡收容所大臣會通知我們在厄爾斯伍德是否還有空缺？」[51]

這一切都顯示白癡不再是生活在街頭、家中和社區裡一個活生生的存在，而是一個被疏遠的族類，是慈善救助和機構照護的對象，是以犧牲他人為代價的文雅幽默的輕鬆催化劑。這樣的白癡不被視為一個個體，而是成了一個個人或群體的描述符號（descriptor），可以激起作家輕蔑的憐憫之情、惱怒或厭惡情緒。他們這種全然被視為慈善救助對象的新地位，在《笨拙》雜誌於一八七七年所刊載的一幅漫畫中有極好的概括，畫中一個戴著單片眼鏡、頭戴高頂大禮帽的年輕人正在向一個優雅的年輕淑女說話：

「瑪莉小姐，要去喉嚨和耳朵舞會嗎？」

「不——我們已經與無藥可救的白癡們訂婚了。」

「那麼，我可以在星期六的癲癇舞會上見到妳嗎？」

「喔，沒錯——我們肯定會去那裡。那些癲癇管家們實在討人喜歡！」[52]

為促進城市紀律和秩序而推動的道德淨化過程，已經將白癡貶謫至一個專門收容無藥可醫者的隱密場所，然而那些讓白癡成為他們時興的慈善義舉對象的人，幾乎不知道他們的存在。《笨拙》在

＊譯注：一種腿部義肢。

282
PUNCH, OR THE LONDON CHARIVARI.
[JUNE 23, 1877.
FASHIONABLE ENTERTAINMENTS FOR THE WEEK.
"GOING TO THE THROAT AND EAR BALL, LADY MARY?"
"NO—WE ARE ENGAGED TO THE INCURABLE IDIOTS."
"THEN PERHAPS I MAY MEET YOU AT THE EPILEPTIC DANCE ON SATURDAY?"
"OH, YES—WE ARE SURE TO BE THERE. THE EPILEPTIC STEWARDS ARE SO DELIGHTFUL!"

一對上流階層夫婦在討論為「無藥可醫的白癡們」募款事宜，《倫敦逗鬧》（又名《笨拙》）插圖，一八七七年六月二十三日。

一八四一年的創刊號上，自詡為「數百萬瀕危雙關語的庇護所，這些雙關語正到處流浪、甚至連一個可以停歇的棲架都沒有」。[53]這是一個恰當的比喻，如同加特賴爾所言，「幽默本身正開始被教導要表現得彬彬有禮」。[54]隨著笑話被帶進一個新的、改革中的彬彬有禮的喜劇收容所裡，白癡也開始聚集，或者說被聚集在他們自己封閉、改良和改造的機構高牆裡。

　　新的小說形式也在加快步伐中，它們以一種寫實主義架構，把亨利・費爾丁、約翰・克利蘭、托比亞斯・斯摩萊特、勞倫斯・斯特恩和其他更多不知名的「漫遊」小說作家，在十八世紀所寫的有關流浪漢題材、離題和漫無邊際的小說給拋諸腦後。小說成了塑造白癡人物的新舞台。與斯摩萊特和費爾丁筆下，為了製造喜劇效果，然後又迅速消失的臨時性白癡角色相比，這些新的小說人物更加融入至小說情節中。比起出現在《芬妮・希爾》中英俊、通姦的傻瓜湯姆或是威爾和狄克，他們被賦予更多意識形態上的意義。最值得注意的是，出現在查爾斯・狄更斯小說《尼古拉斯・尼克貝》中的新型態白癡角色史邁克，多愁善感、可憐又善良，但最終注定不幸。這部小說在一八三八年面世時採每月連載的方式出版，以吸引最廣大的潛在讀者市場。[55]

史邁克這個像狗一樣的白癡年輕人，起初在約克夏郡一所殘酷的學校，遭到該校惡名昭彰的創辦人史奎爾斯家族的凌虐，被他們當成僕人使喚。如同瓦克福・史奎爾斯所指出的，他是「一隻骯髒、忘恩負義、頑固、野蠻又頑強的狗」。[56]尼古拉斯拯救了他，他便像忠犬般回報，對尼古拉斯展現盲目的愛慕之情和忠誠，他「有一種無止無休的渴望要服侍他或幫助他……只有在他身旁才會感到滿足。史邁克會坐在他的旁邊，凝視著他的臉幾個小時也不厭倦」。[57]這個「可憐的東西」史邁克，帶著他「呆滯無神的凝視目光」，[58]置身在一個展現仁慈和憐憫的陌生環境中，當他開始有了自己是誰，以及自己是怎麼理解其他人的這些微弱想法時，他注定要以不幸收場。肖像畫家拉克瑞威小姐首先注意到他身上的改變，她當然已經從史邁克的臉上敏銳的洞察到他的狀況，並激起了她心中強烈的憐憫之情：「我留心觀察他，他有好幾次都讓我淚流滿面。」[59]她注意到了現在這個培育他的仁慈環境，對他產生了影響：

自從他來到這裡，他已變得……更意識到自己智力低下。他現在更能感受到這一點。他在知道自己……無法理解簡單的事物時，讓他更加痛苦。就在三個星期前不到，他還是一個無憂無慮、忙個不停的人……非常快樂。現在，他變成另外一個人，儘管一樣溫馴、無害、忠實，但在其他方面都不一樣了。60

當他被愛時，史邁克的反應是自己也感覺到了愛，對尼古拉斯的妹妹凱特的愛。但這無異是宣判史邁克死刑，因為他還是能理解這樣的愛是不會發展成兩情相悅的愛情：他對她的愛是男人對女人的愛，但終究會是一場空，因為這樣的愛是來自一個不完整的人。而凱特對他，則是一個感性的人對一個可憐人的溫柔憐憫之情。史邁克選擇了任由自己死去，日漸消瘦憔悴，直到他在世的最後一天，他像個孩子一樣被尼古拉斯抱著來到一個優美的地方，然後躺下呼出最後一口氣：「在這裡幾乎沒有痛苦，沒有不安，但在這裡不用再為生活而振作精神、努力或奮鬥。」凱特也結婚了，尼古拉斯也結婚了，而且他們和他們的孩子都能夠以史邁克最美好的模樣來懷念他，將其化為一段溫柔的記憶。他的死是恰當和必要的，如同查爾斯·奇里伯這位典型的、和藹可親的幽默家向尼古拉斯保證的：

這個可憐的傻小子活著的每一天，肯定是愈來愈不適合這個世界，而他的缺陷也讓他變得愈來愈不快樂。我親愛的先生，現在的情況反而更好。是的，是的，是的，像現在這樣反而更好。61

H. K. 布朗尼，〈尼古拉斯指導史邁克表演的技藝〉，為狄更斯小說《尼古拉斯．尼克貝》（1839）所畫的插畫。狄更斯把史邁克塑造成一個弱智角色，具有忠犬般的戀慕情感和忠誠特質。

尼古拉斯只能表示同意：「『先生，你說的我都曾想過，』尼古拉斯回答道……『我懂，我向你保證。』」[62]

在這部小說裡，狄更斯暗示了有自知之明的白癡只能求死。比起剛好足以理解他們在世界上的地位的弱智者，做一個不知不覺、咧嘴傻笑的駑鈍白癡反倒更好；受到虐待或憐憫全憑運氣，但即使身處於最和善的環境中，也無法真實感受到人類的情感和關係。有自知之明的白癡有義務自動從其他人的社會中離開，因為他們所激起的憐憫之情只會造成好人的負擔，而他們所引起的厭惡感對他們而言卻是悲苦的，也是社會結構的害群之馬。十四年後，狄更斯在其任職的《家庭箴言》週刊，發表文章承認自己確實發展出了這種想法。他回想起自己在童年時期遇見白癡的情景：

有個男人，他肯定不是個孩子，拖著內八字腳步履蹣跚，發出急促刺耳的聲音，這些聲音似乎藏在他突出的前額裡，他的舌頭對他的嘴巴而言顯然太大了，還有一雙可怕的手想要到處亂摸，包括我們的臉在內。[63]

該如何處置這些人類生靈呢？狄更斯沉吟道。是否每一個白癡都只是「一個沒有希望、無法矯正、無法改善的生命呢」？[64]把這一類人送進精神病院或濟貧院並不會改變他們在大家想像中的地位。他們依舊「陷於被貶低和被忽視的深淵中；一個悲慘的怪物，也許沒有人會將他處死，但每個人都希望他死，看著他活著就令人苦惱」。[65]若沒有適當的介入，白癡「必然永遠陷於堪憐的孤立處境中」。[66]

當狄更斯將自己所目睹的情景，表達為在大眾心目中都普遍希望白癡死去，他強而有力的將憐憫和厭惡的觀念交織在一起。他描述了世人所熟悉的有關白癡外觀和身體不自主的動作或行為的普遍成見，像是：彎曲的內八字腳膝蓋、斜傾的額頭、不受控制的嘴巴、伸出的舌頭、忍不住亂摸的手，當然還有那種急促含糊的可笑聲音。這樣的一個生命是可憐的，但他們所激發的憐憫之情卻令人感到苦惱。正是他們令人反感的身體和存在方式的無可救藥，使得大家在憐憫和厭惡兩種情緒的夾擊下，渴望這個「可憐的對象」死去。尼古拉斯第一次注意到史邁克時，他全身髒兮兮、衣服破爛、瘸腿、「手指緊張得忍不住想要東摸西摸」、神情茫然。[67]即使身體被潔淨了，並受到溫柔和善的對待，在尼古拉斯與其人際圈子的憐恤目光下生活，他的死亡仍然是最仁慈的解決之道。但狄更斯現在卻宣稱，在仁慈的死亡之前，一個救贖的機會出現了。他在一八五三年發表在《家庭箴言》上的一篇文章當中，鼓吹這個專門白癡收容所的概念，分別受到了謝根在巴黎的工作，以及英國近年（從一八四七年起）在海格特和艾塞克斯郡設立了小型實驗機構（為創立於一八五五年規模更大的厄爾斯伍德白癡收容所之前身）的啟發。他在文章中列舉了將白癡從他們為其帶來嚴重困擾的社會，轉移到專門機構裡可受控制、可加以教育和改造的空間裡，所觀察到的一些驚人發現。

根據狄更斯的說法，一些長期懸而未決的癡呆屬性，在對白癡族群進行研究（拜這些封閉機構所賜）後，已確立為確鑿的「事實」。研究發現，白癡「所承受的身體痛苦，要比待在一個更優良的組織裡的人少」，以及他們「對電池的敏感度低於平均水準」。此外，「思考死亡並不會讓他們感到心煩或痛苦」。[68]然而，研究人員也有新發現。有些白癡具有驚人的天賦，例如：臨摹設計圖案、押韻、演奏音樂和縫鈕扣等等。他們對宗教的印象相當模糊，而對神有某種「本能的渴望」。一場即將到來的暴風雨可以把整個收容所搞得天翻地覆。[69]起碼，狄更斯認為，這些是新「發現」。然而，事實上確實有具特殊天賦的聰明傻瓜；也有像猿類的模仿傻瓜；有直接以他們的單純質樸來親近上帝的傻瓜；有深受天性影響而不能自制的白癡：所有這些都是長久以來有關白癡的謎團和言行表現。然而，來自於收容所圍牆內的人士，把它們重新包裝為一種新的專門技術和知識並重新發表。正如派屈克．麥克唐納所指出的，「偶爾，舊有的白癡概念會在較新的架構裡重新浮上檯面，或者乾脆拒絕消失。事實上，這些舊的概念往往決定了新概念所採取的形式或做法」。[70]目前，一個新的主流概念為：隔離是解決白癡「問題」的答案。

狄更斯相信，白癡專門收容所能為注定不幸和垂死的白癡提供救贖性的幫助，其核心宗旨就在於改善。在這裡，粗野白癡的野性可以被移殖、被馴服和安心的得到憐憫。無法閱讀或說話顛三倒四的年輕人，在這裡學會了高超的修錶技術。有些人則成了精緻模型船的製作者。[71]隨著「改善」的開展，身處於一個有秩序、紀律、培訓和文化的體系裡，連白癡令人嫌惡的外表都將化為某種美麗的事物：

> 雖然這個可憐人從出生起，變得愈來愈像侏儒和愈發變形，但她現在迅速朝發育完善的方向前進……她的肌肉隨著成長而強化，皮膚變得有彈性，而且回溫成正常溫度，臉上的皺紋消失了，這種老女人的表情消失了，悅人眼目的青春痕跡變得明顯。[72]

專門的收容所解決了白癡所造成的矛盾，既維護了社會不受到白癡的威脅，在十九世紀中葉這個世故、狡詐、吹噓叫賣的世界裡，也保護了脆弱的白癡不受其傷害。收容所是一個讓人改頭換面的地方，除去了令人厭惡的特質，功能被恢復，天賦才智被激發，並與這個墮落敗壞的世界保持隔離。

狄更斯於一八四一年所寫的小說《巴納比．拉奇》，在其中同名主人公巴納比．拉奇的人物塑造上，就具體闡明了這種對兼具滿足保護和改造的機構性措施的需求。這部小說寫就於《尼古拉斯．尼克貝》出版兩年後，而巴納比．拉奇被塑造成一個與眾不同的白癡人物。狄更斯以一七八〇年掀起社會動盪的反天主教戈登暴動，創作出這部以十八世紀為背景的虛構小說。被捲入這場暴動的巴納比是個白癡，但是哪種白癡呢？從一開始，儘管他具有天真無邪的討喜性情，但那令人不安、狂野、躁動的精力卻潛藏著危險。「但願我能馴服那可怕的躁動不安」他那飽受折磨的母親埋怨道。[73]在他純真無辜表象的背後，暗藏著欺騙。加百列．瓦爾登是個和藹仁慈、流露出強烈布爾喬亞色彩的鎖匠，也是拉奇的保護者，他沉吟道：「要留意，當我們變得又老又笨的時候，巴納比不會陷我們所有人於羞愧中。」巴納比蒼白的臉「因為一種無關智力的原因，出奇的明亮起來」。[74]因巴納比所擁有的一種深厚關係，這種隆隆作響的威脅感日漸加劇：無關人，而是他那隻會說話的忠實（即使不吉利）寵物烏鴉，葛里普。

在一個可憐的、永遠長不大的孩子，和一種令人害怕、深不可測、具有威脅性的存在之間，巴納比搖擺不定。即使在他還是個小嬰兒時，他潛在的狡詐能力仍不斷被強調，「他的狡詐是如此恐怖、完全不像個孩子……蒼老的臉孔像個小精靈」。[75]一種對巴納比既感到憐憫又厭惡的微妙敘述貫穿了整部小說。當巴納比受到操控而參與暴動時，他展現了令人生畏的暴力行為，而受到了暴民們的愛戴。因為看到了被他視為朋友的人遭到攻擊，他才挺身戰鬥。他對暴動政治運動一無所知。最後，他勇敢（但並不理解）的走向死刑，不料在最後一刻，瓦爾登出手相救讓他獲得緩刑，免於一死。布爾喬亞的尊貴身分，將他從捲入瘋狂暴動中所帶來的災難性後果中拯救出來。狄更斯在此傳達了一個既弔詭又明確的信息：這個世界對白癡而言太過危險，同時白癡對世界而言也是太過危險的人物。巴納比在獲得緩刑後，我們被告知他從此不會再踏進倫敦一步，他內心的狂暴和這個城市的動盪兩相結合，所造成的危害太大。一個控制其行動的無形空間疆界，已安置在他的周圍。

托比亞斯．斯摩萊特於一七四八年出版的小說《蘭登傳》與《巴納比．拉奇》之間有一個有治療作用的相似之處，儘管被狄更斯指稱其敘事「缺少溫情」，但仍深受他的推崇。在一次意外事故中，蘭登和他駑鈍卻忠實的老夥伴史崔普在旅店房間睡覺時，被一隻可怕的烏鴉嚇壞了，後面跟著一位留著白色鬍鬚的老人，發出非人的喊叫聲：「拉爾佛在哪裡？拉爾佛在哪裡？」史崔普和蘭登兩人嚇得瑟縮顫抖，確信自己是見鬼了。隔日清晨，他們發現那個老人是住在這間旅店裡的白癡，想喚回他的寵物烏鴉拉爾佛。[76]這個情節除了嘲笑所有的在場者，包含蘭登、史崔普和這個白癡與烏鴉外，沒有任何真正的意義。這當中當然沒有溫情、沒有憐憫，然而這個白癡仍然存在，是旅店和日常生活的一部分，儘管受到嘲笑，但沒有受到鄙視或憎惡。或許，拉爾佛給了狄更斯靈感，讓一隻烏鴉陪伴巴納比，但巴納比和葛里普是一對與前者大相逕庭的組合。這樣的搭檔，流露出作者對這個沒有理解能力的白癡充滿了柔情和憐憫，只能與一隻鳥交流，但同時傳達威脅、危險和強烈憎惡的鼓聲仍持續不斷。在逃脫死刑後，巴納比的野性被馴服了；他被閹割，令人同情。葛里普也變得更安靜的陪在他的身旁。猶如鳥籠在向葛里普招手，收容所也在向巴納比招手。一百年前，大家那種揶揄但寬容的漫不經心消失了。白癡已然成了一個令人不安的嚴肅問題，必須加以正視，與凡妮・希爾所結識的那些四肢乾淨、強壯結實、相貌英俊的威爾與狄克，已飄然遠去。

耶格爾繪，狄更斯筆下巴納比・拉奇的雕凹版畫，1841，並呈了人物的脆弱和危險性。

後來，狄更斯參觀了位於倫敦海格特地區的小型白癡收容所「派克之家」，這趟參訪啟發他寫出了後來那篇刊登在《家庭箴言》的文章，為巴納比找到了棲身之所。這裡也同樣適合史邁克，他本來可以在這裡度過一生，快樂的學習技能而成為有用的人，不會產生危險的愛情念頭，而逾越了正常與不正常心智之間那道深不可測的鴻溝。《家庭箴言》的文章以一個激動人心的呼籲作結：「我們希望，透過這些機構的幫助，在不久的將來，有朝一日能看到貧困的白癡在公共資金的支持下，也能獲得類似服務。」接著，狄更斯認為，我們或許能夠改變這句經常被引用的《馬克白》台詞，「一個由白癡說出的故事……毫無意義」。他預言，在未來，一個白癡的故事會道出**重要的事物**。[77]收容所將會把無用的轉化為有用的。

白癡人物讓維多利亞時代的作家們為之著迷，他們將白癡視為社會問題，重塑了十八世紀小說中逗趣無害的人物形象，並賦予他們沉重的象徵意義。在喬治．艾略特的中篇小說《雅各布哥哥》（一八六〇）裡，同名的主人公雅各布是一個「很健康且發育良好的白癡」，是個典型的維多利亞時代矛盾人物形象。[78]他無意間阻止了他的弟弟「查維」（大衛）的計畫，他偷了父母親的錢，用假名開了一間生意興隆的糖果店，而且已安排好要入贅一個有錢的商人家庭。雅各布，一個永不饜足、總是處於飢餓狀態的典型鄉巴佬白癡，有一天他穿著罩衫、手拿著一支乾草叉子，突然闖進了大衛的店裡，他緊緊地把大衛擁在懷裡，把店裡的餡餅和糖果狼吞虎嚥的塞進肚裡。他從來不讓乾草叉離身。結果，大衛的騙局被揭穿了，他受到訕笑不得不離開鎮上，他的生意也毀了。和巴納比一樣，雅各布也具有討人喜歡的天真性格，而且容易上當受騙，但同時也是危險的，這點明顯反映在他隨身攜帶危險的乾草叉，而且如果他的動物般欲求不得滿足的話，就會出現暴力傾向。他的天真和誠實揭穿了壞心眼弟弟的謊言和操控。然而，雅各布也具有其他象徵意涵。大衛的糖果店生意改變了這個城鎮。家庭主婦和女僕不用再下廚備餐，而是購買現成的奢侈的調理食品來代替。這給了她們可以自由運用的時間，而這是危險的，因為一種新的消費者導向的資本主義精神威脅到了社會秩序，而且挑戰了社會對女性的成見。傻瓜雅各布的行動則恢復了舊秩序，因為店鋪關門後，女人又重回廚房下廚。對艾略特而言，這個白癡的危險在於他雖代表了一種討喜的過往傳統，但他的那種「與時不變」也對進步構成了威脅。

而在伊莉莎白．蓋斯凱爾的一篇短篇小說〈半生緣〉（一八五五）當中，她筆下的威爾則是另一個充滿深刻象徵意義的白癡。威爾總是傻呼呼的，一次的高燒之後，整個人變得癡呆。他那被使喚的姊姊蘇珊，個性剛柔並濟，在山區務農，套用她父親的話，她比嬌弱的小弟更像男人，為了照顧他而犧牲了一切。她失去了她的未婚夫，一生未婚，她曾渴望擁有孩子，但卻膝下猶虛，和她的責任（她的白癡弟弟）深居在荒涼的山上過著異常艱辛的孤單生活。蘭開斯特收容所向她召喚：一個醫生建議蘇珊，在這裡，「他們有辦法讓人們過著井然有序、快樂的生活」。但蘇珊拒絕了，堅持自己照顧癡傻的弟弟，儘管她失去了人生中其他的一切。這個柔弱的白癡再次被視為是個阻礙進步的絆腳石。他的存在卻終結了這個家庭的血脈傳承，阻止了新生命的誕生，也阻礙了蘇珊的未婚夫原本可能帶來的農業進步。她的未婚夫對農場有藍圖，但就是無法容忍威爾的存在：「最近，他對威爾厭惡透頂。他的胡言亂語、笨拙姿態、散漫的蹣跚步態，都無法形容的激怒了邁可。」具有現代化思想的邁可強迫威爾進入收容所，但徒勞無功，因此他帶著自己的現代化方法離開，來到其他地方。蘇珊對無助弟弟的憐憫助長了邁可的厭惡感，一個家族遭其「往前猛衝的笨拙大塊頭」後代猛烈推倒，從此步入歷史。[79]

因此，在十九世紀，白癡成了令人焦慮不安的新焦點，被小說家視為令人不安的象徵性威脅，並在雜誌被邊緣化，成為疏遠的機構住民。相同的過程，在視覺化創作上也相當明顯。白癡在諷刺喬治時代*喧鬧、混亂的街頭生活的漫畫中跑龍套，當漫畫消失之時，公眾關注的新領域便以新的視覺化形式來表現。對於種族和階級的焦慮，有時候二者合一，成為公眾關注的焦點。代表下層階級的低等人，一般被描繪為顴骨突出，鼻子、嘴巴和下巴都很大，但也有「較深的膚色以凸顯眼白和牙齒的潔白……一個下巴突出的非洲裔」。[80]亨利．梅休於一八四〇年代研究倫敦的窮人，後來出版成《倫敦勞工與倫敦貧民》一書，他以「人類學的專業術語來看待倫敦街頭的眾人……（視其為）一個流浪的『種族』，他們的生理和心理特徵，與可敬的社會階級截然不同」。[81]在一個新近的種族化範式中，這些「游牧」族的貧困不可避免的與犯罪和低智商緊密相關。[82]政治上的焦慮也侵擾了這個複雜的結合。隨著鼓動愛爾蘭自治的行動和聲浪愈來愈強烈，尤其在非政治暴力的助長下，十八世紀漫畫藝術中那種天真無知的「帕迪」形象，先是變成了一個明顯退化的人，然後變成了「像猿類一樣的怪物，一心想要殺人或其他暴行」。[83]

正如吉爾雷、羅蘭森和克魯克尚克筆下所描繪的那樣，這種充滿了階級和種族特色的一般白癡類型漫畫，取代了早期那種具體的滑稽白癡形象，無害的存在但卻處境孤立。現在則出現了一些新且非常明確的漫畫白癡人物，他們不是漫畫中的邊緣人物，而是居於核心。首先是作為一個有問題的族群，由於政治和社會的改革，他們引起了公眾的關注，因此需要某種社會政治回應。在威廉．希斯於一八三〇年所創作的〈拉票〉版畫中，反映了面對民眾要求更廣泛選舉參與權的壓力，一個明顯不情願的政客在向一個大塊頭洗衣婦拉票，也催生出了兩年後的《改革法》。她的兩個孩子跟她在一起，其中一個是「弱智」，[84]是個體重超重、有傾斜額頭的小孩，雙手在肚子前晃蕩，眼神空洞的望著來訪的政客。另外一個嬰孩則在嚎啕大哭。「你可愛的孩子們還好嗎？」政客詢問這位可能會投他一票的選民。除了面露微笑的政客表裡不一的言行和謊言之外，這幅諷刺畫所傳達的焦慮不安明顯表現在兩方面，一是向下沉淪的窮人的權利在累積當中，包含了他們的白癡後代，二是這將會危及政治和社會結構。湯瑪斯．韋伯斯特的版畫〈去上學〉（一八六二）將一群前往教室途中的孩子們做了對比。《藝術期刊》有篇評論就注意到了其中一個看起來聰明伶俐的男孩，他坐在門邊，有個形狀良好的額頭和頭顱，另一個即將踏進教室的男孩則與他形成強烈對比，他的頭傾向一本初級讀本，「他的傻里傻氣證實了他的智力水準；他仔細看著他的功課，但那顯然超出了他的理解能力。」[85]這篇評論還指出他的「鬥牛犬」相貌，額頭低垂、頭顱不佳，下顎厚重。[86]白癡在此所引起的潛在焦慮，在於開放窮人的受教權，設法去改善無法改善的心智只會製造問題。這樣的憂慮出現在一八七〇年英國《教育法》成案的背景下，這項法案為所有八到十二歲兒童的受教權制定了一個框架。在這樣的環境下，再

＊喬治時代指一七一四至一八三七年，此時英國在漢諾威王朝統治下，期間有四位國王名為喬治。

威廉．希斯，〈拉票〉，1830，手繪彩色蝕刻版畫，一名政客向一個帶著弱智兒的肥胖洗衣婦拉票。

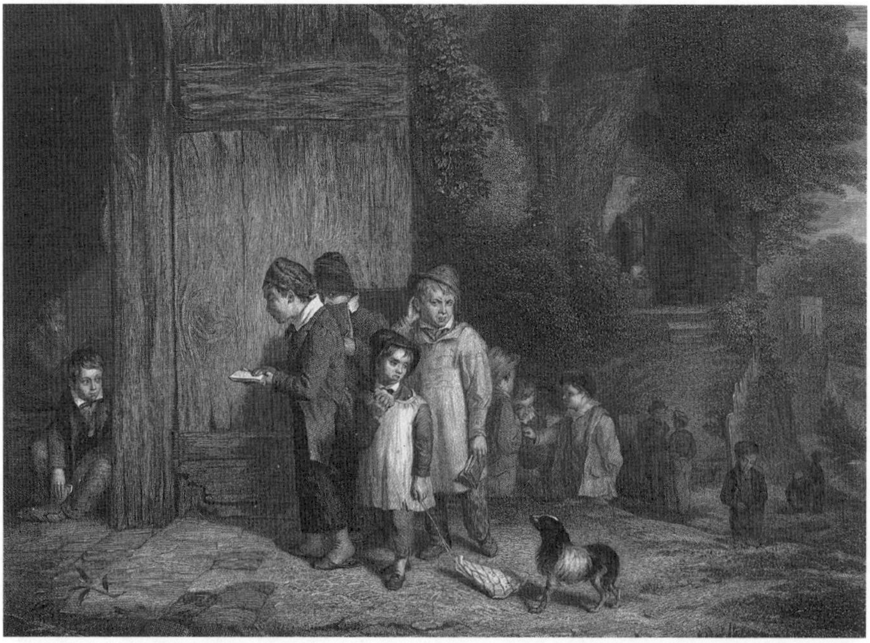

李吉韋對韋伯斯特版畫〈去上學〉的描述：「學童入校，露出不同神態」，1862，刻劃了白癡模樣的兒童們在對擴大接受教育的恐懼中，等待進入學校。

也不能任由白癡在街道上胡亂晃蕩、無所事事。隨著政治和教育改革使白癡成為焦點，憂心忡忡的政治和中產階級的目光也隨之聚焦在白癡們身上，而他們不喜歡自己所看到的景象。

受到更多公眾的關注，產生了第三種白癡進駐的文化領域，白癡成了臨床和科學感興趣的觀察對象。這部分以視覺化形式表達，從解剖學來看，這些繪圖正確呈現了白癡的外表，尤其是阿爾卑斯山區的克汀病患的肖像，他們罹患先天性甲狀腺低能症，當時尤其集中在瑞士阿爾卑斯山區。和任何一位人種誌調查學者一樣，紳士旅行家們帶回並展示他們的繪圖。正如登山家、藝術家暨探險家愛德華・惠珀在其蝕刻版畫中所呈現的克汀病人，這些表現的形式具有雙重目的。表面上是透過密切的臨床觀察和重現，對白癡類型進行科學分類。同時也有一種刻意製造的震撼和刺激效應，因為它們為好奇的大眾揭開了克汀病人和其他白癡類型令人鄙夷的可憎畸形外表。

醫界開始建構有關癡呆的種種敘述，為其主張有權控制、管理和治療這些白癡類型奠定了基礎。這些改進法的敘事總是涉及「粗野」、令人厭惡的可鄙白癡被帶進了收容所，以及在紀律分明的機構治理下他們所經歷的轉變，這活化激發了他們遲鈍、未使用的大腦。在他一八五三年發表於《家庭箴言》的一篇文章中，狄更斯詳述了約翰・古根鮑爾醫生的故事，這位醫生在山區創辦了一間專收瑞士克汀病患的收容所，並在巴黎比塞特醫院創造了驚人的轉變。[87]他的故事流露救贖色彩，敘述那些在外面世界落入悲慘處境、垂死的孤獨白癡，全身髒兮兮、令人厭惡，在被帶進收容所後，他們的內心奇蹟似的改變了。這些寓言故事的基督教精神基礎有時明顯可見。根據狄更斯的說法，是在一八三九年，古根鮑爾有次注意到一個可憐的克汀病人在十字架前喃喃禱告，這激勵了這位瑞士醫生要把一生

愛德華．惠珀，〈奧斯塔的一個克汀病人〉，1871，木刻版畫，一個甲狀腺低能「克汀症」乞丐。

奉獻給研究和照顧克汀症的族群。[88]

伊薩克・牛頓・克林於一八五八年出版的《揭開心靈面紗》一書，是改進法敘事的巔峰。[89]序言闡述了該書所要揭示的內容：「本世紀最偉大的發現之一，是白癡或許能從他們無知和墮落的悲傷暗夜中獲得救贖，而能享受知識之光，並成為他們更受到優待的同胞的幫手。」[90]接下來的救贖性寓言故事，清楚說明了改進法的必要條件，但也顯示出其侷限性。這樣的改進僅僅發生於平靜的、安全的收容所高牆裡面，他們先前的惹是生非和危害會獲得正視並將之徹底根除，取而代之的是服從和低技術含量的實用技能。

這只有在高度管控和服從的環境下才能發生。《揭開心靈面紗》的第一章聚焦於兩個人的旅程，一個是「我們的小啞巴女孩」貝琪，還有狂野不羈、殘障的貝西，她被喚作是「我們的家庭寵兒」。[91]兩人從起初的粗野不文，經過馴化和訓練後，變得溫馴而順從。以下是半童半獸的粗野貝琪，在被勇敢無畏的醫學探險家捕獲的一段敘述：

> 她獨自一人在小樹林裡；她攥緊的小手指裡，握著大量枝條和石頭……她蹲伏在地上，在樹葉中移來移去，顯然在找什麼東西。但當我們一走近，她就像一隻受驚的羚羊，優雅而輕盈的跳開。我們跟在她身後，經過一番輔導和多次誘導後，成功的讓她靠近我們。[92]

暴力傾向、打人耳光、咬人、啞巴又有口臭，她被送進收容所。才短短幾個月就發生了轉變，

「我們的小天才」現在變得「更溫和、更聽話，也會面露微笑應答，不再像以前那樣露出令人同情的扭曲表情」。[93]她現在知道自己的字母表，會讀一些單字也會數數到十五了。但克林清楚指出其中的限制：「就心智而言，她是一個在進步中的四歲兒童，而不是八歲。」[94]他讓讀者意識到，儘管收容所實現了奇蹟般的救贖，但要完全進步到一般正常人的人類地位是不可能的任務。這個「家庭寵物（household pet）」在主人舒適的照料下得享安穩的生活，但若讓她回到野外，便會陷於危險。

克林於一八五八年的敘事，標示了白癡所走過的這段漫長的文化之旅，從十八世紀他們被笑話、俚語和漫畫描寫為具有逗趣、滑稽特質的隨和人物，而如今進入了一個新的棲身之所。但無論多麼蠢、迷糊、流涎或閒蕩，十八世紀的白癡仍多半受到眾人的容忍和放任。他們在十八世紀的社會中製造了娛樂效果而討人喜愛，即使他們確實招來了一些人的敵意、虐待和暴力行為，但這並不普遍，也非慣習。敵意的行為總是能激起那些對他們有不同看法的人的反擊，並出面挺身保護他們。有時候，他們若是外型俊俏，甚至會成為慾望的對象。在十八世紀，受到嘲笑和揶揄並非白癡獨有的經歷，當時包括過度受教育、天才和愛炫耀的浮誇之人，都是諷刺的對象。笑聲是一種人類社交行為，表明一個人的歸屬感而不是被邊緣化，儘管有時候笑確實會惹人不悅或令人痛苦。即使處於邊緣，有時甚至幾乎不受注意，但白癡確實仍舊身處於社區當中。隨著十九世紀展開，這一切開始出現變化，在華茲華斯一七九八年的詩作〈白癡男孩〉中，可以看到一個最顯著的變化。白癡不再是惹人發笑的逗趣人物，而是令人同情和厭惡的對象，有時兼而有之。這些變化在十八世紀末和十九世紀初明顯可見，而在一八三〇年代加速改變。發生了什麼事？當然，幽默出現了根本性的改變，從十八世紀絕大多數時候這種會對荒謬之事狂笑不已的特色，演變為「儒雅的風趣幽默」，如同薩克雷所形容的，「讓人以一種紳士般的風度、安靜的莞爾一笑」。[95]隨著白癡從笑話書、街頭俚語、漫畫和早已被遺忘的漫遊小說裡的滑稽角落裡消失，他們在幾乎不受注意的情況下被納入了新的文化符碼。他們在《笨拙》這類標榜「和藹幽默家」的雜誌中重出江湖，只是他們搖身一變成為疏離遙遠的人物，一個形式化的分群，一個隱身的收容所住民，他們提供了良好的笑話燃料，來揶揄政治人物和其他公民違法亂紀的行為。白癡們在小說中占據了更核心的角色，但現在被賦予了沉重的象徵意義，突顯了十九世紀的人對於快速的社會變遷和混亂的焦慮不安，以及一種「想要控制、教化和病態化那些違抗這個過程之人的深切渴望」。[96]白癡在小說中通常變成令人同情憐憫的對象，而非引人發笑的對象。然而，一個情感豐富的人對他們的憐憫之情，通常無法獲得他們的回應，導致世人愈發憎惡這些無感、沒有思考能力、道德變態和身體畸形的存在。政治人物和教育家好奇的、有點驚訝的眼光開始關注於這些白癡，隨著更廣泛的選舉權和普及教育的落實已近在眼前，這些人發現自己與下層階級（包含它的駑鈍成員）的牽連程度，遠遠超出他們先前的預期。同時，渴望治療一切，而且在尋找新的控制和治療對象的醫學界，他們的目光正漸漸轉向白癡。這把白癡置於另一種文化領域，亦即置於科學研究的發現和改進法敘事中。秉持自由放任主義、狹隘的、腐敗的和脫序的十八世紀無法達成或是不願達成的事，在十九世紀將由科學的專業主義和井然有序來實現。白癡將會被帶離街頭、清理乾淨、被正視，並被改造成一個溫順的收容所生物。

為什麼會發生這些變化？在若干不同因素的輻合交會下，徹底改變了白癡們在集體意識中的地位。首先，禮儀發生了改變，社會接受他們的標準也因此變得更複雜且苛刻。能夠控制身體和情感成了公認的社會規範。這並不意味著每個人都變成溫文有禮、謙恭、道德高尚的公民，但大多數人都理解社會對他們的期望，並能夠選擇是否遵行。對於無法理解這些期待的一小群人而言，這種禮儀上的轉變，成了一個與社會疏離和邊緣化的過程。

再者，受到啟蒙時代以及美國和法國革命所啟發的人道主義和普遍主義精神，產生了一些出乎意料的結果。如華茲華斯這樣的年輕革命分子，當他們的解放目光落在邊緣人白癡身上時，他們期望能從後者身上發現美、英勇的天真行徑、未受汙染的自然純真，和一種掩蓋了口吃、刺眼外表的內在感性。然而，如同柯立芝所指出的，這些東西在白癡身上並不存在，當然也不是他們期望的樣子。柯立芝憤慨的問道，這個白癡男孩的美在哪裡呢？[97]在浪漫主義者眼中，缺少這種英勇內在之美的白癡，將會付出高昂代價。他們成為無法與其他人一起生活的人，缺少傳達個性的內在自我，被困在他們可憎的身體和受限的心智中。這意謂要不死亡，如同狄更斯筆下的史邁克在意識到自己身為人的基本缺陷後，他所理解和做出的選擇，要不隔離。只有在收容所這個平行的封閉人造的庇護世界裡，白癡才能實踐他們所具備的少數低階勞力技能，成為克林所描述的那種溫馴、可愛、即使智力有限的家寵。白癡被他們的磨難和痛苦所界定，而這引起了心懷憐憫觀察者的反感。看著一個白癡、一個怪物般的克汀病人，幾乎變成了一種挑逗性的色情禁忌行為。[98]粗野不文、退化的白癡，在進步論述（improvement narratives）中，被人發現在林地和森林裡漫遊，確實是一幕挑動人心的情景，一個需要被捕獲、受到管控和支配的野人。

總而言之，禮儀的改變、公民權的擴大、教育的延伸和人道主義的推動，都使得白癡和同類被視為當時的社會問題。他們原本生活在社區裡，像個隱形人般被接受，現在卻變成了受到關注的熱門話題，而這種正式審視的結果是把他們歸為異類，而使他們被隔離在向來生活的社區之外。對啟蒙時代所倡導的自由和理性公民，以及浪漫主義所追求的單純內在之美，白癡儼然成為這些理想的威脅，他們不再是引人發噱的笑果，他們成為了問題。[99]對於這個令人困擾的族群，及其所引發現代感的不安，收容所的高牆提供了一種極具吸引力的解決之道。

第六章　殖民地、人類學家和收容所：種族與智力

啟蒙時代的思想家，執迷於試圖「定義」他們在歐洲海岸線之外所遇見的民族，而在十九世紀伊始，倡導了許多明顯將種族和智力混為一談的錯誤觀念。智力在此時被定位在一個滑動的基準上，從歐洲白人所具備的「完善」心智，下降至最低級的深膚色「野人」人種。從事所謂「人的科學」的工作者，將他們眼中的野人與白癡相連、將蠻人與弱智者相連。隨著大英帝國向外擴張，「種族智力」這個新概念開始出現。這個概念解釋了許多令人困惑的現象，例如與歐洲規範截然不同的生活模式、全球文化和道德差異，以及非歐洲人對歐洲人的價值觀和信仰體系冷漠以對等等。許多歐洲人相信，非歐洲人在這些方面與他們的不同之處，無異反映出他們的智能不足。他們心智缺陷的程度，取決於把野人或蠻人與歐洲人加以區隔的「怪奇」（strangeness）程度。這種連結種族差異與智能不足的方式，當然將歐洲人對非歐洲地區的領土和資源的權利主張合法化，也將歐洲入侵者對當地原住民的統治正當化。再者，在一個全球性的心智與社會發展進程中，這種連結也確立了歐洲文明高踞最高階段的優越性，也把歐洲白種人男性推向了此一進程的頂點。[1]

這種「野人白癡」和「蠻人弱智者」的新興種族化概念，是基於以下假設：非白種人缺少推理能

力，剝奪了他們抽象思考、思想形成或道德行為的能力。這意味著他們沒有能力自我治理。就像白癡，被視為懶惰、懶散、漠然或無動於衷，而且無感於疼痛和不適。而那些被指明為野人的人，被視為是無藥可救的白癡，甚至在外表上也是如此，而且被認為是過著赤身露體、如野獸般和漫無目標的生活。至於其他那些被指明為蠻人的人，則被定義為較進步的弱智者。這類人展現了一些基本的推理能力、治理能力、情感關係和務實的獨創性，但他們凶猛、魯莽、殘忍和無法控制自己的激情，讓他們處在介於野人和文明人之間，乃是一種半文明化、智力低落的發展區間。從十九世紀初開始，隨著貿易和殖民帝國的擴展，歐洲人所遇見的非歐洲人數目日益增多。十八世紀時主要透過觀察和臆測而得到（甚至具有高度影響力）的觀點，強化為一種更嚴厲、更政治化和日益道德化的框架，施加在歐洲人所注目的族群之上。而觀察者本身也發生了變化，從張大眼睛、帶著無窮好奇心，遠渡重洋參與發現之旅的探險家和自然科學家，成了厭世的行政官員、教化人心的宣教士和長期駐紮的殖民者。原本那種存在於新來者和原住民之間明顯的「輕鬆自在的共存」現象，開始被一種新興的「崇高道德論調」壓制。[2]而社會上對於白癡的態度也在此時變得更加嚴厲和政治化。在醫界和政界愈來愈強烈的關注之下，這個以往不認為會造成問題的族群，被捲進了政策領域。法醫學理論家在白癡身上看出了令人憎惡的無助感，以及出現在弱智者身上危險的無道德感和犯罪行為。如此一來，兩套觀念和一個新形成的迷思，開始匯聚成一個單一信念系統。無助的白癡和懶惰的野人，以及無道德感的弱智者和不受控制的蠻人之間的連結性，正牢牢嵌入歐洲人的腦海中。人類科學理論家和心智科學家之間強化了彼此對於種族和智力的信念，並開始將這些信念闡述為確鑿的科學事實。

旅行家曾在原住民族群身上觀察到一種被他們視為缺乏遠見、活在當下的傾向，他們宣稱這些特質使其與歐洲人有別。這種普遍「不關心未來」的現象，被歸因於缺乏推理能力：「為了未來的利益而放棄目前的輕鬆安逸……只能以耕作為由對他們如此建議。」[3]在十八世紀結束之際，人在雪梨的沃特金・坦奇抱怨說：「就和所有其他印第安人一樣，他們只注重當下的衝動……在野人的生活中，一天肯定和另一天一樣幾無二致。」[4]這種懶散的、只活在當下的白癡－野人觀念持續不墜，並開始帶有一種衝動行事的危險威脅意涵。當詹姆士・金斯頓・塔基於一八一六年率領一支海軍探險隊探勘薩伊河（今稱為剛果河）時，他警告他的船員「那些最近新發現的國家……的人民……活在那種成為他們正字標記的野蠻天性狀態中……當下的衝動是他們唯一的行動原則」。因此，船員在「與他們往來時，必須保持警戒……表明我們已準備好抵抗他們的侵略」。[5]還有另一個預期，也就是他們所遇見的野人每個都有「偷竊癖」。[6]這種不可測的、沒有計畫的生活方式成了一種指標，表明長久以來缺乏道德體系，因此過著一種無神、無法救贖的生活。哈德遜灣公司的牧師約翰・威斯特於一八二四年如此寫道：「一代又一代的人在無知中逝去……他們內心對於未來全然蒙昧無知，過著虛耗光陰的人生。」[7]如同歐洲人所理解的，白癡－野人被視為活在時間之外：「時間對非洲人而言，不具任何價值」，法裔美籍探險家楊謝呂在一八六一年寫道。[8]站在時間之外，意謂無法在一個地方定居，也就不能主張由此產生的所有權和權利。

這一切都與以歐美發展中的白癡醫療化觀念極其準確地符合，如同伊薩克・雷在一八三九年所描述的：「除了當下模糊的印象之外，他們行事毫無依據可循。」[9]雷解釋說，白癡「特別缺乏深謀遠慮」。[10]他們過著一種被形容為「不假思索的生活……完全不會隨外在環境而改變，他們幾乎說不出自己屬於哪個物種」。[11]這種行事不假思索、全憑感覺的作風帶來了無道德感的危險：「他們在各種傾向上，像是性愛、狡詐和破壞性，經常表現為過度旺盛的精力和活動力。」[12]透過這種方式，野蠻和白癡被緊密相連，這兩類人都被視為缺乏時間觀念、永遠在遊蕩，總是威脅著要發洩一連串暴力行為和性慾，不受任何道德規範的約束。這種對於所謂定居一處、有時間感的文明人認知，使得非白種人與之天差地遠，進而導致他們身為人類的地位受到質疑。牙買加總督之妻瑪麗亞．鈕金特，回憶起有個服侍她的「有色女士告訴我，她二十四歲，還給我看了她的孫子。我後來發現，她已經五十四歲；他們沒有時間和距離的概念」。[13]在哈里特．比徹．斯托的《湯姆叔叔的小屋》（一八五二）裡，當奧菲莉亞小姐詢問暴躁、不受控制的年輕女奴托普西的出身時，她回答說她沒有年齡，也沒有母親，而且她確實否認自己被生了下來。白癡和野人被視為活在時間和空間之外，對心智發達的白人的概念世界（conceptual universe）全然無知。[14]這就是福代爾所說的「思想的抹除」（the obliteration of ideas）。[15]

這種對白癡和弱智者，野人和蠻人的危險特質描述，是以一種共通的語彙和假設同步並進的。肩負傳教使命的威斯特牧師，在一個美洲原住民兒童的野蠻不馴中看到了「形塑其性格的神祕泉源。他是一個謀殺慣犯，在他很小的時候就已經是了」。[16]歐洲人把早期遇見的非白人民族描繪成單純、親切和藹、露齒而笑的無辜者；而現在，這被看作是一場騙局，掩蓋了他們面具下不可預測的殘暴行為。瑪麗亞．鈕金特在牙買加觀察到在慶祝聖誕節時，奴隸們「短暫的嬰孩般的歡愉」，但也憂心忡忡的提及了海地傳來反抗白人暴動的消息，以及當地奴隸聽到這個消息後的喧騰慌亂。他們的童稚性格不再是天真無邪，而是表明了他們的危險和不成熟、耽溺於騷亂：「他們就像小孩一樣，老是大驚小怪和吵鬧不休，而且不會反省」。[17]約翰．威斯特（不是那位在美洲原住民中傳教的宣教士威斯特）在一八五二年的著作《塔斯馬尼亞史》中，嘲諷早期的殖民者發現他們的「新朋友……平和、無憂無慮又熱心助人」，並為這些人的純樸所吸引。他自鳴得意說道，他們最終會發現，這些人「目光短淺、糾纏不休和侵擾人……掠奪和搗亂作惡……不忠且嗜血」。[18]

在癡呆相關的醫學論述裡，昭示著危險的相同鼓聲也充斥其中；同樣的從友善天真的無知傻瓜，過渡到缺乏道德感的罪犯。福岱爾所說的「騙子和流氓」，在艾帝安－讓．喬治看來，變成了一個完全隱身的犯罪類別，「對於社會責任和公平正義只有模糊或不完全的概念……一群智能有限的人源源不絕的供應給法庭、監獄和絞架」。[19]沒有反思能力的頭腦是危險的，因為這會導致急躁冒進的行為：「一個愚蠢的人行事躁進，不會反思」雷寫道。他們受制於「一陣陣突然冒出的強烈情感」而且有「厭世……傾向」，再加上「一種高明的狡猾情感」和「凶猛性情」。[20]缺乏遠見導致他們毫無責任感或意識到錯誤。[21]西奧德里克．貝克指出，野人白癡「抗拒不了暴力的衝動導致犯罪」。[22]

隨著確鑿的高等文明證據出現在印度和中國等土地上，誰該被定義為白癡－野人，誰又該被定義為弱智－蠻人，成為歐洲人更加關注的問題。於是，確有必要去解釋「低等」種族怎麼能達到這麼高的人類發展水準。詹姆士．米爾在《英屬印度史》（出版於一八一七年，而且米爾從未到過印度或懂得任何一種印度語）一書中，承認印度人取得了一些智識上的進展，建立了某種形式的政治制度，而且「在邁向文明的途中通過了第一階段」。[23]對米爾來說，這些進展基本上是一段心智之旅，「對於有意了解人類心智和法律的人具有啟發性，而且法律在不同形式的公民社會中，不可避免的主導了社會的進步」。[24]就像弱智者展現了早期的學習天賦，然後在接近成人時趨於停滯，[25]米爾聲稱，印度的印度教人民在顯露他們早期看好的前景後，在心智發展的中間階段突然停滯不前。他注意到印度人展現了典型的弱智特性，混合了「嚴重的暴力行為，以及非常優雅的舉止」，還有他們「掩飾和虛偽」的傾向，[26]米爾據此斷定他們是半開化民族。與美洲白癡－野人民族居無定所或缺乏任何形式的政府相較之下，印度斯坦人*顯然更為優越，因為他們擁有大城市、土壤耕作和「人工系統」。但最終，「知識的進步和觀察的威力證明把印度人的實際狀態看作是幾近半開化國家，實屬必然」。[27]

弱智的觀念有助說明一些「低等種族」的發展進程，而不會威脅歐洲人高貴的地位，並將他們所獲致的任何成就的重要性降到最低。這類「居間的」種族就像弱智者一樣，被描述為在生命的早期階段是可教育的，具有良好的模仿能力，在心智發展上比白癡更進步，但仍然非常缺乏完善的心智。因此，他們能夠接受一定程度的教育，獲得一些死記硬背的知識。如同雷所指出的弱智者，「他們雖具備某種程度的智能，但仍遠不及廣大普羅大眾所擁有的能力」。[28]不過，這使得弱智者可以學習閱讀、書寫、數數或計算，並在音樂學習上取得一定進步。[29]福岱爾同意「有些弱智者，尤其是那些受過教育薰陶者，能夠擁有更沉著冷靜的想法」。[30]但問題在於這種弱智者的學習不是透過反思，而是

*譯注：印度斯坦人是英屬印度對北印度平原地區諸多文化相近的族群的通稱。

藉由福岱爾所稱為的「盲目的驅力、模仿的衝動」來達成目標的。[31]一個弱智者可以獲知實際情況和知識，但永遠無法構成想法，因為這必須具備理性的能力。雷舉了一個例子，「一個人學得了許多日期、數字和歷史，並機械化的重複這些東西，但卻沒有思想，以及組合和比較的所有能力」。他們「可以重複但卻不理解」，這使得他們只具備了一些特別的，而且極為有限的機械性才能，像是「音樂、繪畫、漆油漆和機械」。不論他們實際達成了什麼樣的成就，他們永遠不會理解這麼做的目的為何。[32]

相同的特質也被應用在「半開化」種族上。加爾各答主教雷金納德·希伯，在當地一間學校觀察了年輕的印度學生們，他表示「其中許多學生有出色的寫作能力，展現了優秀的會計能力……反應極為敏捷，有良好的記憶力；但他們在常理、勇氣和誠實的表現上，則遜於同齡和同階級的英國男孩」。[33]根據希伯的說法，他們缺乏那些處於最高心智層級者所擁有的共同想法（「常理」）和由此產生的道德素質。弱智–蠻人具有平凡無奇、模仿、機械性的習慣，但沒有任何一種需要深思或抽象思考。正如同米爾對印度的建築和雕刻所表達的輕蔑評論，在這個「製造業的民族」的機械式技藝中，沒有什麼東西是「任何一組人，在一個如此得天獨厚的國度裡，可能沒有發現的」。[34]他還說，中國人雖然也具備模仿和衍生能力，但製造能力更優於印度人。[35]普遍咸認，人可以從最低等的野人進步到一個更高等的蠻人形式，但這只是從兒童般的白癡進階到青春期的弱智者，而非達到心智或文明的成熟。許多歐洲觀察家相信，心智發展完全的狀態，遠非大多數非白人民族所能企及。他們聲稱，即使原住民兒童在幼年學得了一些東西，但設法以教育為手段所做的種種努力也不過是枉然，藍道在澳洲指出：

那些成年人……似乎無能超越他們的原生處境。我們曾費心調教……原住民兒童……期望他們最終能成為殖民者有用的僕人。但大多數孩童卻在他們被期待將會永久成為……文明人的年紀時，選擇投身叢林，重回他們世代相傳的道路。[36]

這種否定原住民學習的智能或意願，甚至獲得了開明傳教士的認同，他們訴諸於一種朽木不可雕也的理論，來解釋他們在教育行動上的失敗。貴格會有份報告便如此悲嘆，他們曾對澤西島上的美洲原住民族寄予厚望：「沒有什麼值得歡欣鼓舞的事。許多預期的好事從未實現……有些人甚至懇求能回到以前野蠻和遊蕩的生活習慣。」[37]蠻人就像弱智者一樣，只能被教育到一定程度，甚至有可能退回到以前的狀態。

這使得歐洲的行政長官們抱持這種看法，即半開化的蠻人可以發揮一些有限的功能，這點與在歐洲和美國新興的收容所裡，指定給弱智者的角色若合符節。在巴黎，讓．喬治描述了在收容所有限的範圍內，弱智者能做些有用的粗活和機械性事務，以獲得微薄報酬。他們可以擔任奴僕、傭人、警衛、清潔工和門房。[38]雷把弱智者描述為社會低下階層，從事「粗活和機械性的工作」。[39]非白人種族也被歸類為只適合弱智程度的粗活。英國皇家海軍軍官貝德福．皮姆在一八六六年出版了一本惡名昭彰、貶抑種族的著作，牙買加「黑人」被描述為天生「劈柴挑水的人」，這是聖經《約書亞記》的一句經文。[40]在皮爾著作出版的四年之前，約翰．朗頓．唐成了全世界第一家創建於薩里郡厄爾斯伍德鎮的白癡專門收容所的院長，他把轄下收容所裡的地區性弱智者與全球性的種族弱智者做了具體連結，並引用了相同的聖經經句：「正如外面的世界，這裡有一系列不同的等級，從智力最平凡之輩——他們是『劈柴挑水的人』——向上直到頭腦超凡者……所以在一個弱智族群當中，有一個朝相反方向漸漸陰暗的等級系列」。[41]他又補充說，這類弱智者可以「有條不紊的執行機械性工作」。[42]

靜修所創辦人威廉．圖克所創立的「道德療法」原則，與前述這些悲觀、暗淡、種族導向的無可救藥癡呆和弱智的描述截然不同，這是一七九六年創建於英國約克郡的一間貴格會「精神病院」。它拒絕「旨在壓制和貶低」的懲罰性管理方式，而這正是以往處理精神障礙與缺陷者手段的特徵。[43]反之，它的目標乃是透過「溫和言行與仁慈對待」來「喚醒沉睡的理性」。[44]在此體制下，基本上揚棄身體約束或懲罰的方法，精神障礙者將學會承認那些治療者的道德權威，首先學會「尊敬和服從」，然後達到展現「理性和有序行為」的程度。[45]從事癡呆醫療的醫生很快就採納並應用這個新的醫療理論，而有了菲立普．皮內爾在巴黎比塞特和硝石庫醫院的改革行動，隨後在精神病學家讓－艾蒂安．埃斯基羅爾和愛德華．謝根的接棒下，獲得更進一步的發展。[46]

如果道德療法可以改善精神障礙、白癡和弱智者，那麼它當然也可以應用在那些被視為擁有這類心智狀態的非白人種身上。法蘭西絲．特洛普在其一八三二年探討美國「黑奴」族群的論述裡，對此做了明確的連結：

> 普遍而言，全美瀰漫著一股強烈的感受，就是沒有一個黑人值得信賴……恐懼……是驅策奴隸的唯一原則……但我相信，如果我們選擇採用另一種不同的道德醫療方式，將會產生最重

要也最有益的結果。黑人對仁慈非常敏感，因此，我認為比起其他任何管教方式，以仁慈待之或許會讓他們更加心悅誠服。47

她認為，道德療法也可以作為訓練野人或半開化心智的方法，藉此提升他們的理性，從而對基於道德的統治制度更加服從和尊重。對於歐洲人而言，在奴隸社會中創造這種轉變的好處是，意謂著從主宰和控制奴隸身體的管理模式，轉向心智上的自我控制，從而能以一種開明的方式根除奴隸的危害。圖克也支持將道德療法應用在收容所體系中，能夠帶來相同的成效。在歐洲人在思索如何改善白人殖民者和當地原住民之間的關係時，這種以仁慈為本，建立維繫秩序和紀律的信條成了一種共同的思維。仁慈的收容所院長在其智能缺陷住民中所實施道德紀律，應發展成為有效的關係。瑪麗亞・鈕金特斷定，她的牙買加奴僕之所以在她家中工作時表現得「不夠認真」，問題就出在殘忍的奴隸制度。48於是，她立即果斷地展開行動：「在早餐過後，她把他們全體召聚起來，對他們說了很多話，而且承諾會善待和寬待他們每一位。我們在散去時成了很好的朋友，而我認為從那時起，他們在清潔打掃房子時變得更加積極主動。」49收容所運動對道德療法在心智和行為上的強大成效，使人大發熱心，而相同樂觀情緒也激發了那些關注於深膚色原住民民族「改善」者的熱情，尤其是傳教士。

對於南非的布希曼人，約翰・菲利浦牧師是這樣論述的：「他們很容易感受到別人的善意；對別人給予的恩惠感恩……容易接受教導；而且藉助適當的方法，可以將他們的生活方式從野蠻轉變為更加舒適。」50在牙買加，浸信會傳教士暨廢奴主義者詹姆士・菲利波則主張，以往那種殘忍、粗鄙

H.G.「牧羊人第一次看到他的羊群——野餐」，1860，刻劃四個傳教士和一個孩童遠眺一個非洲部落。鼓吹以道德方式善待野人和蠻人，白癡和弱智者。

的對待方式，「一種把他們貶至禽獸層級的制度」，使其成為「理性世界的侏儒」。[51]透過他們迄今一直無緣接受的教導和改善，再加上他們驚人的機智和模仿能力，這些「頭腦簡單的鄉下人」將會過著一種井然有序的道德生活。[52]這一切需要的是引進一個「自由的和擴大的健全教育計畫」。[53]

冒險家榻謝呂有次偶然途經加彭河岸一所教會學校，他所注意到的就是這類仁慈的道德管理方式，在這個井然有序的學校裡，孩子們以禱告開始，接著整理打掃他們的宿舍、共進早餐，他們被「教導按照文明人的方式飲食」，然後在教導下度過一天。[54]在管理比塞特醫院的白癡收容人時，謝根也採取一個同樣混合了集體祈禱、清潔、正確的飲食習慣和勞動的教育管理方式。祈禱文是（謝根）專為他們所寫的，藉此從道德上鼓勵他們改進其職能活動和有禮貌的飲食習慣。弱智者和白癡會祈求神祝福他們的食物，並確保所有的不幸之人都有麵包吃。[55]這種帶有目的的設計，是為了根除眾人認為白癡（和野人）那種漫不經心、令人厭惡的飲食習慣。然後，他們會懇求神賜福他們接下來所要做的工作，「提升我們，使我們對社會是有用的」。[56]這種在一個被強加的道德框架裡被要求建立的行為，會鼓勵弱智者擁抱文明世界與其規範。[57]

用於白癡和非白人種族群的道德療法，並未被視為一種能夠獲致平等，或者能夠完全「恢復」和獲致理性的方式。反之，這是一種注重效益（功利主義）的方法，藉此訓練和控制那些不幸且令人不安的族群，使其得以過著有秩序、受到規範和不具威脅性的生活。道德療法要求那些被視為道德缺陷者或脫序者，將一種特定形式的服從意識內化。如同圖克在約克郡對瘋癲的精神病患、謝根在巴黎對白癡和弱智者的做法，致力推動一個「積極訓練白癡適應社會性世界」的過程。[58]醫療從業者強制實行一種訓練方式，透過獎賞和懲罰（取消獎勵，而非毆打或隔離）將其意願強加在白癡身上：

> 道德療法包含了實施所有適切的道德方法，來強化那些白癡多少有點抗拒遵從的健康和教育處方，從而協助他們從深受折磨的特殊狀態中過渡到社會狀態。[59]

這樣做的目的不是為了仁慈，或是賦予白癡或弱智者完全的人類地位，而是找到最有效的方法使其變得有紀律，以及消除因身體受到嚴酷的對待所可能引發的報復或暴力行為渴望。謝根相信，道德療法可以馴服弱智者的「憎恨……復仇和狂熱」。強加意志就是一切，巴黎的醫生們並不期待他們的白癡和弱智者收容人變得在道德上能為自己的行為負責，正如他們不會認為一隻受過訓練的狗在道德上該受責備。60

所有這些鼓吹以道德方式善待野人和蠻人民族的主張，都有著相同的思維。倫敦貴格會在一八四四年報告了其宣教對象「印第安原住民」部落的情況：

這些當地原住民往往被當作是粗野和無可救藥的野人般對待……但我們很少以身作則來宣揚基督教？鮮少有人嘗試用愛，而非武力來贏得他們的認同呢？61

要「征服」野人、馴服他們，可以透過強加一種道德意志在他們身上，使其能夠控制自己，並接受對其他人的社會義務。

但理想幻滅的傳教士卻回報，儘管接受了教育，原住民仍舊重回他們「遊蕩的老習慣」，62貴格會開始對他們所採取的方法產生疑慮。同時，也出現了一種輕蔑的反自由論述，對於這種認為道德療法可以提升「墮落的」種族的想法加以嘲弄：

仁慈和寬容一直未能根除欺騙、忘恩負義和殘忍這些普遍存在的性格。對非洲人性格一無所知的慈善人士而言，這似乎是一種無情的假設；然而……那些習於觀察而對這個不幸種族有更多認識的人，將會證實這個事實。[63]

牙買加反廢奴主義者、教區牧師喬治．威爾遜．布里吉斯所發表的這些言論，代表了保守派對道德療法的刻薄反擊，即使保守派和自由派人士大都站在同一陣線，對於非白人民族天生低劣和心智無能有著共同的假設。在保守派看來，完全的殖民統治才是唯一征服野人民族的方法。傳教士威廉．拜爾斯認為，在最落後、全是白癡－野人部落的地區，要以仁慈或設法灌輸他們一種道德體系來馴服他們是不可能的，唯有死亡才能終止他們的悲慘處境：「這類部落幾乎沒能力與高等文明種族融合，使得他們的滅絕，至少作為獨特的種族，幾乎是確定無疑的。」[64]

還有其他人提出類似的抨擊，表明反對以道德約束那些白癡、弱智者和精神失常者。當精神科醫師約翰．康諾利在一八四〇年宣布，漢威爾的米德爾塞克斯郡立收容所將撤除所有限制形式和體罰時，《泰晤士報》譴責這項舉動是「一場令人不齒的庸醫騙局，只是為了吸引公眾耳朵的一個誘餌」。[65]為了響應布里吉斯有關道德以待牙買加奴隸會招致危險後果的警告，以及他對慈善改革者的愚蠢行為的譴責，康諾利被警告說：

紙上談兵的空想家或是有望博取大眾讚譽的人試圖移除所有限制，再也沒有比這更荒謬的事了……在不對個人安全產生巨大危害，和對財產造成無用的浪費和損失下，這永遠不可能會成功。66

非白人種和那些被指明為白癡或弱智的人，發現自己被一個令人不快的懷抱給禁錮了。他們應該被一個嚴厲的懲罰性管教體系給公然控制，還是透過一個道德療法體系強加意志來實現自我控制呢？但無論是哪一種，他們被認為是無能的這個事實，意謂著在他們身上強加某種形式的控制是無可避免的。

白癡、野人和人類學的發展

上個世紀首次提出有關癡呆和野蠻的理論，整個十九世紀持續強調白癡心智和野人心智之間的關連。然而，這樣的連結不再是出於好奇，而是變成在本土和海外對於相關療法、控制和治理等方面，意識形態色彩濃厚的論戰。收容所運動的成長與殖民統治體系的形成協力並進，雙方的專家彼此借鑑。

十八世紀的法律理論，借鑑白癡和弱智者的行為能力法律，來界定原住民的財產和自我管理權利的限制，現在則變成了殖民統治的中心政治綱領。原住民不被認為擁有他們漫遊其上的土地，因為他們缺乏管理土地的能力或欲求。哈德遜灣公司的約翰·威斯特為在美洲最北部的殖民擴張辯護，理由是因為美洲原住民「沒有組織能力，不為未來打算。他們沒有固定的住處，也沒有財產，或是後天的欲求和胃口，像是那些在文明生活中喚起人們行動的欲望……（在此）欲望驅使人們永遠處在動腦狀態中和思考巧妙的發明。」[67]同樣的，如同白癡和弱智者可以置身於人類社會中，但不是其中一分子，野人可以在一片土地上生活，但不屬於它。以行為能力為由否定原住民的領土所有權，澳洲是最為顯著的例子。另一位約翰．威斯特，在一八五二年寫了有關塔斯馬尼亞歷史的著作，他在文中清楚概述了把法律上的心智能力鑑定應用在野人部落上，其中所指涉的法律就是行為能力法：「對一個野人民族有主權的假設，必然是正當的——該法律賦予了強者控制弱者的權力」。[68]

這不僅應用於野人，也應用於半開化的蠻人，他們因弱智而無法理解合約，因此必須服從於那些懂合約者的意志：「蠻人不理解法律或條約，必須透過……武力來治理。」[69]這使得與野人或蠻人群體締結條約變得不可行，尤其是過著遊蕩、不事耕種生活者。如此一來，這無疑表明了他們沒有理性、遠見或能力：「在法律上要承認殖民地區原住民相關的土地權利，有些困難……議會委員會，在通盤審核整個問題後，不建議與野人締結條約。」[70]艾默瑞奇．德．瓦特爾在《萬國法》一書中，尤其是他對某些民族缺乏智能從事耕種和定居的見解，和對**無主土地**（不屬於任何人的土地）的觀念，在法律判決中被反覆引用，以否定原住民對土地的所有權。[71]這些成了殖民者的常態觀念，即原住民民族存在於財產法之外，因為他們被認定為沒有同意能力。有人主張，他們漫無目的的遊蕩行為意謂他們沒有所有權或價值的觀念。[72]就如同癡呆相關法律，那些被視為無可救藥白癡的所有權全都遭到剝奪。至於那些被認定為弱智，而具有一定程度行為能力者，則被允許擁有有限的、被監管的所有權。約翰・菲利浦評論了他所看到的奇怪反常現象，也就是印度的原住民被允許擁有一定數量的土地，但南非的原住民族群則對土地沒有絲毫的所有權。[73]在他看來，這樣的現象或許不尋常，但他如果了解英國本土有關白癡和弱智者財產權的法律，便會知道支持其見聞的邏輯為何。英國的殖民制度把轄下的土地和民族分成白癡和弱智者。

有關種族與智力間的假設性關聯的爭論仍舊持續著。一八〇二年時出現了一份研究報告，其研究對象不是遙遠的外國野人，而是一個富有魅力的法國野人，阿韋龍省「野男孩」維克多。他在一八〇〇年被捕獲（已經是第三次了），當地農民曾看過這個野孩子，或如他們所宣稱的，看到他四肢著地在塔恩地區的山林間奔跑了好幾年。[74]一八〇〇年末，他被帶到巴黎聾啞人國家研究院，衛生官員讓・馬克・加斯帕德・伊塔德是個年輕的醫學生。他獲准帶這個孩子回家，在管家的協助下，進行心理實驗。[75]如同先前的幾個對野孩子的發現一樣，例如十八世紀的野孩子彼得和瑪麗－安潔莉克・勒布朗，出現了一個有關「人」在自然狀態下的情況的討論，以及尚未社會化的野孩子是否可以提供關於與生俱來的能力和學習行為的答案。認知能力和社交技巧是與生俱來的，還是人類心智乃是由外部印象所形塑，透過人類獨一無二的社會互動過程而形成思想？

然而大家對於維克多的反應，與之前對於野孩子們的反應截然不同。野孩子彼得第一次是被當作奇人帶到倫敦漢諾威法庭，後來當大家對他感到厭倦，他就在英國赫特福德郡鄉間一個家庭平靜的度過餘生。瑪麗－安潔莉克・勒布朗先是去了一家綜合醫院，後來接連去了不同的修道院。[76]但維克多不同。他立刻就成了醫學直接觀察的對象，而且很快就被皮內爾宣布為白癡。[77]他隨後成了一個實驗

彩色雕凹版畫，阿韋龍省的野孩子維克多，1805。

的受測對象，伊塔德把他帶回家，目標是讓維克多社會化，藉此證明他不是如皮內爾所認為的白癡，而是一個「非常有趣」的人。[78]然而，對於維克多的特質，伊塔德和皮內爾確實有共同的假設。當伊塔德介紹巴黎的風景時，維克多所表現的不是驚訝，而是漠然以對，這讓伊塔德大失所望。他是一個「令人厭惡、邋遢的男孩」、沒有任何激動的情感、有「抽搐動作」、缺乏注意力和記憶力。[79]因為他令人作嘔的飲食習慣、缺乏疼痛感、不願躺在床上，而且「討厭社會」，這都讓維克多符合白癡和野人的普遍特徵。[80]和皮內爾不同的是，伊塔德相信維克多是可教育的野人，可以治癒這些習慣和特徵，而非永遠不能發展出充分的理解力，以致是個教育不來的白癡。他的救贖將會到來，透過「最近在法國被皮內爾所引介的……道德醫學」[81]這個醫療計畫。伊塔德將會與維克多共事，目的是為了讓他參與社會生活、擴大他的思想範圍，並透過模仿引導他使用語言。[82]伊塔德雖在第一次的研究報告中表達了審慎樂觀，但在一八〇六年的第二次報告中，他對於維克多缺乏進步的事實感到失望，並表達了對「道德醫學」侷限性的幻滅。[83]維克多被轉到聾啞人研究院，這也是他第一次回到那裡，後來他瘋狂的手淫習慣引發怨言，進而被轉送到一家安養院的附屬機構並在其中度過餘生。[84]阿韋龍省維克多事件的重要性在於強調，一個人不論是被視為野人或白癡，都毋庸置疑的需要在一個道德體制下接受治療。伊塔德一開始秉持著「進步的」信念，相信一個天然野人雖然和白癡有一系列共同特質，但可以透過訓練和好言勸誘而進步到完全理性。他最後得到一個悲觀的結論：野人獲得理性的能力，並不比終身白癡來得強。

伊塔德早期的樂觀態度反映在英國醫生詹姆士・考爾斯・普里查德的研究工作上，他同時也是一個民族學家，致力於研究心智異常和種族多樣性。普里查德在一八三一年抱持同樣樂觀的觀點，認為不論全世界不同民族在心智能力上出現怎樣的明顯差異，「所有人種普遍擁有相同的內在意識本質和心智能力」。[85]全體人類都源自於同一個家族而非其他不同物種。他承認，他的讀者在面對「非洲黑人……新荷蘭人、霍屯督人、愛斯基摩人、巴布亞人或是散布在印度洋和太平洋島嶼上那些頭腦駑鈍的部落時，會覺得這樣的觀點難以接受」。[86]但普里查德仍堅持種族的多樣性是由氣候和社會影響這類環境因素所造成的，而種族之間並不存在那種「恆常不變」的區別。他以存在於白癡和弱智者身上的共同人性為喻，在白癡身上發現了「最初的智力微光」，指出弱智者就像蠻人，「可以加以改善」。[87]

但這種智力和社會發展的進步理論遭到了強烈反對。從一八五〇年代起，一群相信非白人種的低劣是永久性、不可改變的理論家，提出了一種激進的種族主義觀點。他們認為，他們在不同民族當中所察覺到的心智能力差異，是因為不同的人種有不同的起源，而分屬於不同的物種，這種被稱為多重起源論的觀點，與普里查德等人的共同起源論（或稱為單一起源論）剛好相反。這種「科學種族主義」把白癡與非白人種族的心智能力畫上等號，當作確鑿的事實，並將其應用在他們的階級式全球社會秩序理論中。蘇格蘭解剖學家羅伯特．諾克斯，在他一八五〇年的著作《人類種族》一書中，闡述了這個根深柢固的種族化理論，抨擊人類共同起源論：「放眼全球，這種現象舉世皆然；深色人種停滯不前，而白色人種在進步。」[88]這是因為「深色人種普遍存在一種心理低能」。[89]他的毒舌毫不留情。諾克斯嘲笑「霍屯督人」是個「頭腦簡單的低能種族」、美洲原住民則是「半開化的蠻人」。[90]他把「中國人、蒙古人、卡爾穆克人和韃靼人……的部落和種族」貶低為缺乏獨創性的衍生性民族，他們「機械式的技藝無法證實他們具有高智力」。[91]這不是什麼新觀點（但諷刺的是，這個觀點本身就是個高度衍生物）。然而，諾克斯是第一個明確主張，世界不同種族的癡呆、弱智和完善心智狀態，是一種永遠凍結、不會改變的全球現實。

在諾克斯提出主張的兩年之後，法國貴族阿蒂爾．德．戈比諾將全世界既定的心智能力和種族做了明確劃分。戈比諾指出有三大人種：「白種人、黑人和黃種人」。[92]黑人野人處於心智發展的最底層，具有「可怕的漠然」，以及「遲鈍，甚或不存在心智能力」的白癡特性。「黃種人」具有弱智特徵：「他在每件事上往往趨向平庸……沒有夢想，也不創立理論，也很少發明東西，但會挪用對自己有用的東西並占為己有。」[93]白種人站在頂端。教育或社會變革不會產生任何影響：種族的心智能力是固定且無法改變的。隨著歐洲蓬勃發展的收容所運動開始把愈來愈多白癡和弱智者送進收容所，諾克斯、戈比諾與其支持者認為，非白人種族的未來只有被拘禁和被控制一途。

在十九世紀中葉的英國，這樣的爭論是一個引發公眾熱議主題的一部分。在世界各地遇見的野人，且有愈來愈多被帶回英國當作民族學展示品，他們是不可救藥的白癡？還是他們只是擁有早期、兒童般的心智，隨著時間過去，他們會從一種單純的簡單心智狀態進步到發展完全的開明心智？野人是高貴的或墮落的？白癡是一個可訓練的頭腦簡單之人，還是一個令人厭惡的類人類呢？狄更斯在一八五四年於《家庭箴言》發表了一篇文章，嘲笑這種高貴野人的想法，以及支持這種觀點的敬虔慈善人士：「有敬虔人士……宣稱……每一個生於林間和荒野的野人天生都是美善的。我們認為每一個野人內心都是貪婪、奸詐和殘忍的。」[94]狄更斯指出，他在一個民族學展覽中觀察了一群祖魯人時，只看到了野蠻人，並不具任何高貴特質，他評論道：「我把野人稱為某種很適合被文明化，而從地表上消失的事物。」[95]對狄更斯而言，野人是毫無道德感、令人厭惡的對象，他相信「當他生活的地方不再認出他，這個世界會變得更好」。[96]幾年後，狄更斯在其非常類似的激烈抨擊言論中，把白癡描述為「陷於被貶低和被忽視的深淵中，也許沒有人會致他於死地，但每個人都想要他死，看著他活著就令人苦惱」。[97]他對野人和白癡的願望都一樣：他們應該透過道德療法被文明化，或是經由絕育而從地表上消失。

這一切都發生在兩個新興學門發展的背景之下，先是民族學，然後是人類學。倫敦民族學協會創建於一八四三年，並在一八四八年發行自己的期刊。[98]該會的原身乃是原住民保護協會，目前專注於研究「人」的純科學。[99]如普里查德等人，它的成員廣泛分享更自由、進步的單一起源論（人類有一個共同起源），以及野人和蠻人民族進步潛能的觀點。[100]該協會對於不同類型的人類的大腦和智力，以及他們的習慣和文化同樣深感興趣，而且認為他們的研究領域是發掘「現存人類家族的情況；他們的身體特徵、智能；他們的道德素質和生活習慣」。[101]

倫敦民族學協會對於大腦和不同民族的文化研究的鑽研，使得醫學專業人員對該學會產生濃厚興趣，尤其是投身精神異常領域的從業者。在一八四三至一八六七年間，有二十七名收容所的院長或醫生加入了民族學會或是人類學協會。他們是傑出的參與者，[102]在英國本土和海外的「退化」之人間，形成了直接的連結：

> 這個共同人性的測試，也就是我們自己或是其他高度文明社群對社會棄兒和退化者的評估，與我們應當拿來評估黑人、布希曼人或澳大利亞人與有教養的歐洲人之間的真正關聯性的測試依據是一樣的。[103]

約翰·康諾利是加入民族學協會的醫學家中最著名的一位，他在一八五四年至一八五六年間擔任協會會長。康諾利是公立收容所實行道德療法的先驅，曾是一所位在米德爾塞克斯郡漢威爾鎮，於一八三一年所創立的大型精神病院的負責人，他對院內少數的白癡族群尤其感興趣。[104]為了研究皮內爾和謝根的工作成果，他在一八四五年參訪了巴黎比塞特和硝石庫兩家醫院後，[105]確信「先天性白癡就和造成我們國家所有精神病院病房沉重負擔的病患一樣」，需要某種專門機構讓他們與精神失常的瘋癲病人分開。[106]隨後，他於一八四七年在海格德創立了第一家專門收容白癡的小型收容所「派克之家」；隨著對這類收容所的需求增長，又在科爾切斯特鎮的埃塞克斯廳建立了臨時收容所，最後於一八五五年在薩里郡啟用了厄爾斯伍德白癡收容所。[107]康諾利是約翰．朗頓．唐的導師，而這位年輕醫生後來成了厄爾斯伍德收容所最具影響力的院長。

康諾利結合了醫學和民族學，對「阿茲特克小人（侏儒）」發表評論，一對年少兄妹被人從中美洲帶到倫敦作為異國民族學展示品，據稱他們是古老的阿茲特克祭司種姓制度僅存的最後一批退化性樣本：[108]「在海格德收容這些可憐人的庇護機構裡，我自己的注意力……尤其被導向癡呆相關的特質，這些小阿茲特克人和收容所裡一些可辨識的最低等類型之間驚人的相似性，立刻讓我感到震驚。」[109]他聲稱像他一樣的心智科學家在民族學問題上的權威性，嘲笑由「解剖學家、生理學家和科學家」所提出有關「阿茲特克兒童」的奇怪理論，他們全都忽略了這兩個孩子表現出了因小頭症所造成的發育停滯狀態。[110]對於像康諾利這樣的心智科學家而言，這樣的特徵是顯而易見的：因為他早已熟悉一個在海格德收容所中十一歲、腦袋大小差不多的男孩。[111]康諾利很快就接受了發展階段理論，而且和大多數民族學協會的成員一樣，也接受了人類共同起源論。他也認同將智力等級普及化，藉

「阿茲特克小人」，約翰·康諾利認出他們是一種「低等形式」的白癡，傑佛瑞·威金遜石版畫。

此把社會的進步與心智能力的進步連結起來。他描述了「人類高等能力的漸進發展與其漸漸改變的情況」，從「野人」過渡到蠻人，然後「擺脫野蠻和匱乏，進入到文雅和享受」。[112]他的樂觀敘述承認全球各地的種族明顯有不同的心智發展水準，但在「全球各地」所有人的一個共同意向的驅策下，看到了改善的契機。[113]康諾利認為，如何對待和改善分布於世界其他地方的野人和蠻人種族，英國本土對白癡和弱智者的治療方法提供了處方。

倫敦人類學協會是一八六三年從民族學協會脫離，另立門戶的一個團體。在人道主義傾向的民族學協會，和一派新興的激進種族主義思潮之間，曾有過一段緊張關係，後者的代表人物為《人類種族》一書的作者羅伯特·諾克斯，以及語言治療師暨反廢奴主義者詹姆士·杭特，他在一八五四年就加入了民族學協會。[114]杭特後來成了人類學協會第一任會長，他顯然在設法尋找一個可以為其種族主義觀點發聲的平台，但卻給了這個新團體的成立提供了一個正當的科學依據。民族學純粹是關於種族的歷史，但人類學卻是研究「整個人類民族的科學」。他抨擊那種他所謂對「人類」有個共同起源的強烈信念、他稱之為「信條」的癡迷，並認為人類學將轉而研究（不論起源如何）「所有偏離人類組織標準的情況」。[115]他對於研究「黑人」特別感興趣，他認為他們是最低劣的物種。在傾向自由主義、相信所有人類有共同起源的單一起源論者，和激進種族主義、相信不同的種族來自不同的物種，以及非白種人活在一種固定不變的心智劣勢狀態中的多重起源論者，人類學協會的成立標誌著這兩群人之間一個巨大的裂隙。[116]

基於他們對非白種人智力低下根深柢固的信念，對研究英國本土的智力缺陷和研究海外其他種族，人類學協會成員同樣深感興趣，且熱中於比較和連結。他們旗下的刊物熱切報導了保羅·布羅卡在巴黎所進行的黑人與白癡頭骨的比較、英國出生的小腦症患者、諾福克一個白癡大家族、白癡的可教育性，和女性小腦症等等。[117]這類報導順理成章的與「愛斯基摩人」、「霍屯督人」和異國南太平洋島嶼野人的相關記述並列。在一個即將完全根據智力等級來定義種族的知識界裡，他們何不順勢而為呢？

厄爾斯伍德白癡收容所的院長，約翰．朗頓．唐醫生，在一八六四年起大步跨入這樣的背景環境裡。唐氏的興趣是研究種族和人類發展，這無疑是受到了他與恩師康諾利之間親密友誼的激勵，但他卻選擇加入人類學協會這個種族化色彩濃厚的環境，而不是康諾利所參加的更加傳統的民族學協會，有鑑於唐氏因為開明觀點而享有歷史聲譽，這樣的選擇出人意外。[118]不過，人類學協會在頭兩年取得了「驚人的快速」成長，吸納了五百位成員並在曼徹斯特設立分會。[119]對於這樣一個野心勃勃、相對年輕（三十七歲）的醫生院長，而且渴望成為知名公眾人物，但卻選擇在薩里郡一個落後地區從事並不熱門的癡呆領域的唐氏而言，人類學協會似乎比凋零中的民族學同行，提供了更多機會。

唐氏是人類學協會會議的常客，也是熱心的參與者。他在會議上所聽到和讀到的內容直接影響了他的研究興趣和寫作。一場於一八六四年討論近親婚姻的會議，[120]促使他展開這方面的相關研究，他以自己收容所裡一千一百三十八個白癡院民的親子關係作為研究對象，得出的結論是，有關這種婚姻中患病後代的危險性統計數據報告被嚴重誇大了。一八六七年，他在一場會議中表示，影響智力的最重要因素在於頭的形狀而非大小：有時候腦袋小的人比腦袋大的人反應更敏捷也更精明。[121]截至當時，他已經測量和解剖了超過一百五十個於轄下收容所過世之白癡的大腦。[122]他在人類學領域裡如魚得水，在這個領域中，小腦症患者與其他白癡類型的頭骨大小和顱容量之間的關聯性，持續被拿來與不同種族類型的頭骨測量和顱容量之間的關聯性相比，以設法證實新的人類學種族假設。德國多重起源論者卡爾．福格特在人類學協會發表演說，表示白癡是介於靈長類和最低等的人類形式之間的階段，他所指的是一個布希曼女人（桑人）。他的證明方法是分別測量一個猿類、一個小腦症白癡和一個「黑人婦女」的頭骨，然後宣稱白癡已通過了類人猿階段，但離最低階的人類階段還很遠。[123]對唐氏這位對種族理論深感興趣的醫生而言，福格特的發現或研究方法並無特別驚人之處。

歷史學家強調唐氏開明的單一起源論觀點，但也注意到在杭特所領導、激進種族主義導向的人類學協會裡，他是個異類。[124]不過，那些相信單一起源論和人類一致性的人，也能變得和多重起源論者一樣極端。[125]唐氏和協會領導人、激進的多重起源論者杭特之間當然存在著友好情誼。唐氏在一八六七年參與一場有關大腦品質的重要性超越頭部尺寸大小的討論時，杭特對其觀察到的科學事實大為讚賞。[126]在人類學協會經歷創立以來最黑暗的一次種族主義事件期間，唐氏也沒有背棄杭特。一八六三年，杭特向協會發表了一篇尖酸刻薄的論文，他在文中把「黑人」歸類為一種與歐洲人截然不同的物種，因為黑人男性的大腦相當於孩童的大腦，而女性的大腦則趨近於猿類。[127]牙買加在一八六五年發生了莫蘭特灣暴動，造成了二十名白人殖民者死亡，隨後在牙買加國民軍奉總督命令，殺死了五百個牙買加黑人作為報復，杭特的回應是邀請著名的海軍司令貝德福．皮姆發表極端的種族主義言論，抨擊黑人來為總督的行動辯護。[128]針對這次發生在牙買加的事件，英國國內展開了一場激烈的全國性辯論，由於人類學協會成員索票熱烈，皮姆的演講會場不得不轉移到了聖詹姆士廳以容納所有聽眾。有好些人想方設法成功拿到了兩張票，而唐氏是其中之一。[129]他和其他爆滿的聽眾一起聆聽著皮姆宣稱「黑人仍舊是個孩童，從來都沒有歸納能力……是個唯我獨尊的人」。[130]這是白癡類型的原型描述。「黑人的奴隸身分比起作一個自由人，要好得無比」，皮姆繼續說道。[131]他的演講「不斷被掌聲和歡

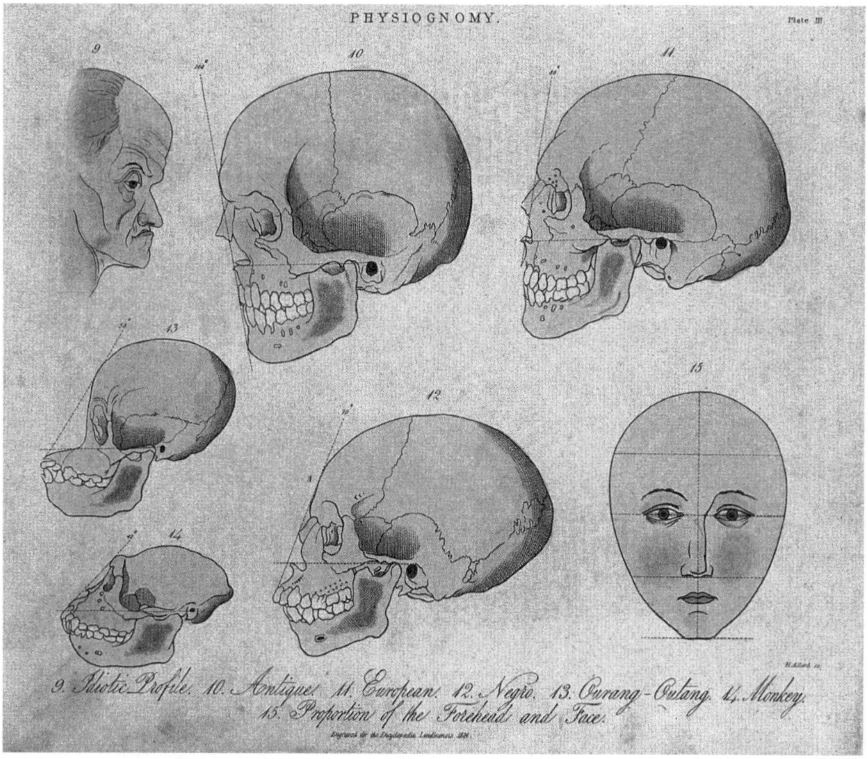

亨利・阿德拉德，〈面相學〉，彩色雕凹版畫。白癡、猴子、猩猩和「完美」顱骨的比較，這在十九世紀的人類學中非常普遍。

呼聲所打斷」，當杭特宣布會議結束時，聽眾大聲為艾爾總督歡呼了三次。[132]會後，有少數成員因尖酸刻薄的種族主義論調感到作嘔而退出協會，但唐氏不是其中一員。[133]杭特對唐氏的認可似乎從這點而強化，他在不同會議上支持唐氏，並在協會的委員會裡栽培以出任更高職位。後來，唐氏在一八六六年末獲選進入由杭特所主持的主席團理事會。他一直是協會成員，直到一八六九年被杭特提名出任副主席，顯然杭特有意安排唐氏為自己的接班人（杭特幾個月後辭世）。然而這個提名遭到理事會其他成員否決，唐氏於同年去職。唐氏雖與杭特的極端主義觀點保持疏離，但似乎遠不及後來所描述的那樣徹底。

唐氏積極參與人類學協會以及他對種族的獨特興趣，有助說明他在一八六七年所發表的論文〈論白癡種族分類法〉。在一八五八年赴任厄爾斯伍德後不久，他便承諾要利用這一次契機，也就是有大量白癡幼童被送進「寬闊圍牆」內集中生活的機會，根據院童的智力和能力將他們加以分類。[134]他果然言出必行，但他在一八六七年所建立的這套分類法相當出人意表且新奇。唐氏宣稱「在我所觀察到大量的白癡和弱智者當中，有相當大一部分可以公允的歸類在人類家族中最大的種族類別之一，而不是他們的起源種族。」[135]他的意思是，他在他的白癡收容人當中，觀察到了人類學家約翰．弗里德里希．布盧門巴赫在一七七五年所定義的世界五大人種：高加索人（或歐洲人）、蒙古人、馬來人、阿茲特克人（或美洲人）和衣索匹亞人（或非洲人）。[136]他所發展出的種族分類系統的引人入勝之處，在於他宣稱他收容所裡的所有白癡雖然都是高加索血統，但他們看起來像是起源於世界五大種族類別，並未如人所預期的全都是天生的高加索人。[137]他的理論是，在雙親為高加索人的白癡後代中會出現令人費解的異族特徵，這乃是一種返祖性（或隔代遺傳）的退化結果，而這是因為某種外部或內部影響（他推測在他所稱為的「蒙古低能」情況裡，可能是母親罹患肺結核所致）造成在更高等的後期人口群體中出現古早的退化種族類型。[138]重演論（或復演論）則是唐氏直接借用自他的人類學資料來源。這個理論主張，就如同胚胎，包含「人類」在內的高等動物也會經歷不同的發展階段，這些階段依序代表了在他們之前的祖先生物的成年型態。根據重演論者的觀點，也能在白人兒童身上看到低等種族的野蠻臨床表現。他們更進一步表示，「優越」種族中「不正常的」成人代表返祖者，也就是「已在更高等的後期世系中消失的祖先特徵，在成人身上自發性的重現」。[139]唐氏的導師杭特曾在一八六三年向人類學協會強調「返祖性」觀念的重要性，[140]正是這些討論使他在一八六七年踏上癡呆重演論的道路。

為了得出自己的理論，唐氏曾在厄爾斯伍德收容所的病房裡來回穿梭，有時候是和康諾利一起研究院內那些白癡和弱智者的臉孔，以辨識他們的種族類型。[141]除了預期中的高加索人，他還看到了「凸眼、腫脹的嘴唇……內縮的下巴……（和）毛茸茸頭髮」的衣索匹亞人、有突出上顎和闊嘴的馬來人（南太平洋島嶼人種），以及有凹陷雙眼和輕微猿鼻形狀的美洲土著。但最重要的是，他發現了有扁平寬臉、斜視的眼睛、有皺紋的額頭和大而厚嘴唇的「蒙古人大家族」。他宣稱，這種種族特徵在未開化群體身上重現的特別現象，毫無疑問是退化的結果。[142]正如同布盧門巴赫的分類，這種分類系統有等級之分，非洲人和美洲土著是在最底層的野人，蒙古人和馬來人是在上一層的蠻人，當然還有在最上層的高加索人。但是，無論這種單一起源論有多麼「開明」，白種高加索人都是最優秀的。

從白癡－野人和弱智者－蠻人此一概念開始，唐氏的短篇論文是這段為期兩百年過程中的最高潮。現在，白癡和弱智者被重新建構為野人和蠻人。癡呆和弱智相關的法律觀念曾被應用在非白種人種族上，以證明殖民統治和控制的正當性，而現在則以一種種族化的形式重新導入，以主張機構對於白癡和弱智者擁有同樣的所有權。促使唐氏得出其結論的不僅只是他們的外表而已。他在論文中描述的最詳細的就是他已確認的「蒙古低能兒」類型，後來他們理所當然的被貼上「唐氏（綜合）症」的

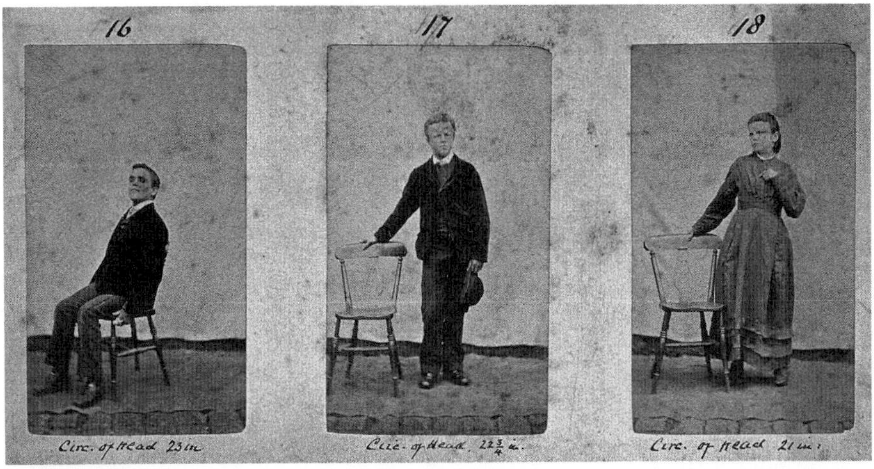

有唐氏症的兩個年輕男人和一個年輕女人，喬治·愛德華·沙特爾沃斯拍攝，1900。唐在他的種族分類中，創造了「蒙古低能」這個類別，後來被稱為唐氏（綜合）症。

標籤。他偶然的正確辨識出一個類別，但卻錯誤的把它歸因於一個種族起源。[143]在幾近一世紀後的一九五九年，法國人類遺傳學家傑羅姆·勒瓊證實那些被唐氏貼上「蒙古低能兒」的人，擁有四十七條染色體而非正常的四十六條，這是一種被稱為「三染色體症（即21號染色體多一個）」的不正常遺傳現象。這與種族無關，這種遺傳異常出現在全世界所有族群當中，包括蒙古人。它沒有演化上的起源而是親子遺傳。如果說唐氏症病人與蒙古人之間有任何相似性，它們更多是唐氏腦海中的揣測，而非可觀察到的事實。勒瓊與其他遺傳學家主張廢止蒙古症這個帶有種族色彩的標籤，世界衛生組織在蒙古政府和其他國家的抗議下，在一九六五年廢除了蒙古症一詞。儘管唐氏提出了古怪而且錯誤的解釋，但他仍在醫學史上占有一席之地，而蒙古症在英語世界裡變成了唐氏症（在法國則以「三染色體症」稱之）。[144]

在〈論白癡種族分類法〉裡，唐氏描述了「蒙古低能兒」的特徵：「他們具有可觀的模仿能力，甚至不下於擅長模仿的人。他們富有幽默感，在生活當中的滑稽荒謬之處，往往成為使他們的模仿增色的源泉。」對唐氏而言，像蒙古人這類蠻人種族應該擅長模仿。正如同許多作家曾指出的，這種現象反映了這類種族如何補足他們在理性和心智能力上的缺陷，而達到某種程度的文明生活。誠如芬妮·帕克斯於一八五〇年在印度所言，「晚上，當地的模仿達人過來，在我們面前表演；他們模仿起歐洲人維妙維肖，還模仿了派對上的紳士們。」[145]正是這種奇怪的、可能是古老的種族才能，這種天生的「驚人的幽默詼諧和模仿才能」，[146]按照唐氏的說法，透過重演過程在這些雙親為高加索人的蒙古兒童身上神祕的重現。這是種族和心智能力的完美結合。對唐氏而言，世界五大種族在白癡族群裡匯聚在一起，而且透過收容所漸漸的被文明化，這是殖民體系的一個縮影。

在收容所的裡裡外外，唐氏舉行了被他理論化為帝國眾種族的人種群像展示會。有大量人潮參加在收容所場地中舉辦的對外開放園遊會，年輕病患表演「敏捷的動作」，然後有一列「病人遊行隊伍，在旗幟與橫幅的映襯下，神情快活」，在「輕快音樂聲」中變換不同動作。[147]厄爾斯伍德的管理體制對院內白癡「野人」所產生的文明化效應顯而易見。當地報紙的一篇報導就大力讚揚在收容所中看到的文明舉止：「引人注目的是，一般會出現在園遊會中的喧鬧聲和粗魯行為，在厄爾斯伍德都看不到。」[148]當英國大眾看見唐氏的阿茲特克人、非洲人、蒙古人、馬來人和高加索人在他們面前遊行時，他們可以確定自己正在目睹

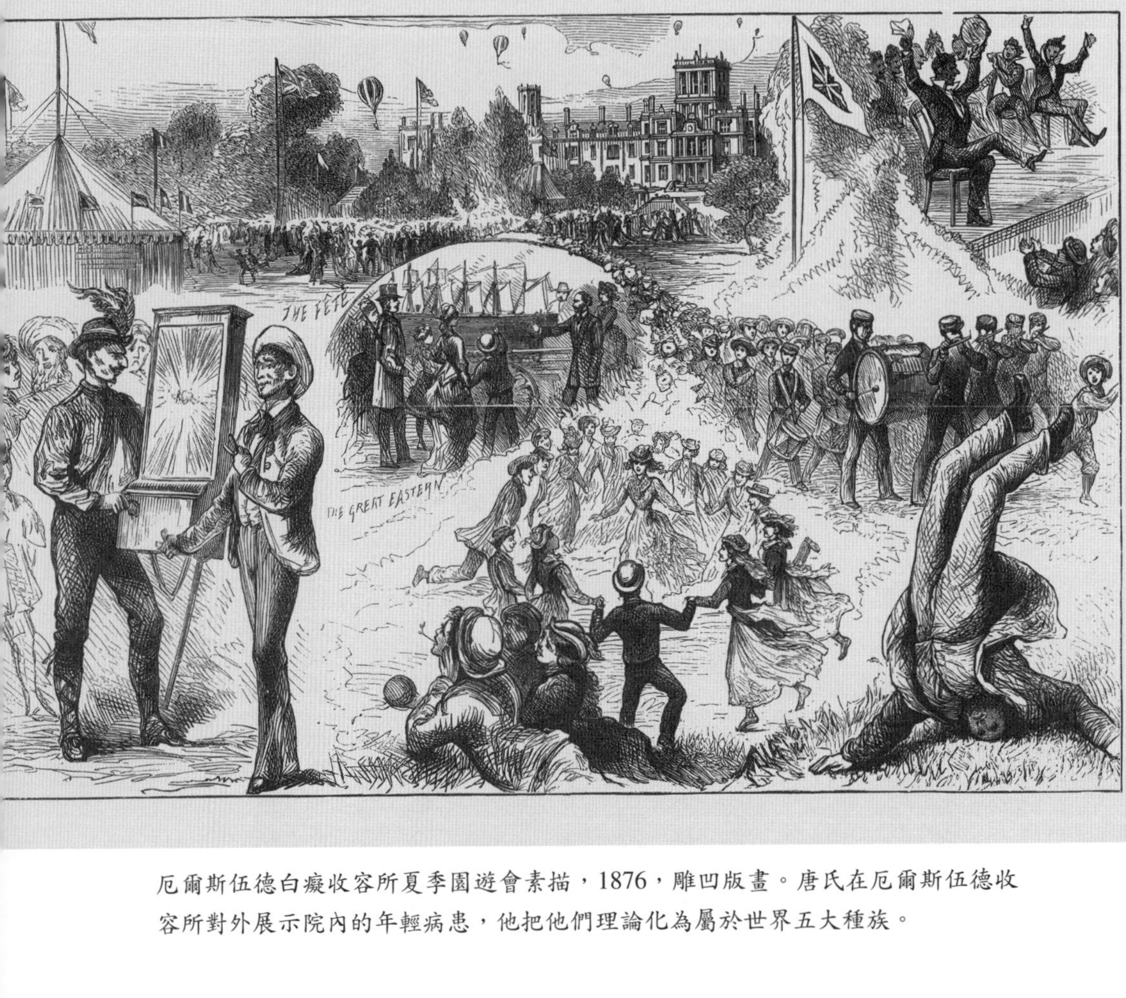

厄爾斯伍德白癡收容所夏季園遊會素描，1876，雕凹版畫。唐氏在厄爾斯伍德收容所對外展示院內的年輕病患，他把他們理論化為屬於世界五大種族。

帝國馴服四境。唐氏引進了一支全員穿著軍服的收容所樂隊，這是收容所著名的軍樂隊。[149]還（針對男性病人）引入了行軍，在軍樂隊鼓聲、銅管和管樂的伴奏下，一整週都按表操課訓練。只要有任何活動，包含精神病事務管理委員會的參訪，[150]收容人組成的軍樂隊和行軍都會參與，在收容所院內和院外活動。一八六九年，二百七十三位白癡年輕人搭乘火車被護送至布萊頓，男性跟在軍樂隊後面沿著海岸行軍。同一年，軍樂隊陪同一支二百一十三人的隊伍行軍至雷德希爾參觀動物。他們還陪同一群人行軍參加當地一場野餐。[151]

這些公開展示連結了過去兩百年來，英人所發展出對於帝國、英國的世界地位、軍事實力、種族和人性等方面深刻的國族情感。這不是一個孤立、與世隔絕的收容所；這裡迴盪了每日不輟的軍樂隊演奏，以及向英國人民展示遊行和壯觀場面、整齊劃一的學生隊伍徒步行軍穿越城鎮和鄉間。唐氏所呈現的是帝國境內的五個種族在白癡族群中匯聚，接受收容所的馴化，而慢慢的被文明化；這裡是帝國對其分布於全球各地的白癡和弱智者族群，擁有統治權力的縮影。白癡已經從社會當中被轉移至機構，但現在被包裝為某種奇特、具異國情調和令人興奮的事物，重現於世人眼前。野人白癡和蠻人弱智者，已經回家了。

第七章 進入白癡收容所：大監禁

一般而言，對於癡呆，尤其是對白癡和弱智者的看法，從十九世紀初起便以激進的方式迅速變化。那種盛行於十八世紀的普遍看法，也就是無害（即使古怪）的社區白癡人物形象，如今被充滿敵意的目光重新審視。刑事程序現在變得更具懲罰性、更嚴厲，也更少理解寬容。尤以法國和美國為甚，但英國也如出一轍，醫學專家與律師和陪審團在民事法庭互相爭奪地位，堅持他們在癡呆相關案件上的權威性。在更廣泛的文化表現中，包括詩作和小說，白癡要不是個無助的影子人（shadow person），無法適應人的生活，不然就成了有正當理由而被監禁的危險威脅。在某些方面，白癡從公眾的意識中徹底消失，甚至不再是笑話和街頭俚語當中具體可辨的角色。一種新的、文雅的幽默表現形式，將白癡視為遙遠的機構住民。隨著橫跨了「人的科學」和「心智科學」兩個領域，知識分子將種族和智力這兩種概念交織在一起所虛構的巨大謊言中，白癡被賦予了新的野蠻特質。把白癡塑造成一種邊緣威脅或是默默無聞的無助邊緣人，成了一種普遍的趨勢。對於癡呆的看法和思維方式出現如此轉變，勢必會為那些發現自己被貼上白癡和弱智標籤的人帶來現實生活中的社會性後果。

在十八世紀，收容機構雖有增加但規模不大。到了該世紀結束之際，出現了少數慈善醫院，包含倫敦的蓋伊和聖巴羅多買醫院，它們主要收治窮人，還有少數收留「瘋子」的志願性收容所。此外，另有一個由非官方救濟院所組成的小型網絡，專門收容窮乏貧困者，還有幾十家、大多為小型的私人瘋人院，那些家境富有的瘋癲病人被他們感到難堪的家人隔絕在此，以避開公眾的目光。[1]對犯人的懲罰往往是施加身體上的刑罰，從鞭刑或烙刑到處死，針對那些可能有意過犯罪生活之人傳遞一種懲戒性訊息，而不是設法透過監禁來改造個人。對於那些僥倖逃過死刑，但被認為不適合再繼續留在英國社會的犯人，放逐便成了解決之道，他們起初被流放至美國，後來是澳洲。英國在十八世紀有少數的監獄，如倫敦新門監獄，主要是關押候審犯人的拘留處，而非長期監禁的監獄。「感化院」被歸類為醫院，讓無所事事或失業的人有工作可做、訓練窮困的年輕人，並充作臨時拘留所收容最難以矯正的罪犯。照護和矯正場所仍然落在社區和家庭這類非正式場所，因此責任（如果有的話）歸屬於高度在地化的教區，而不是政府或國家。這意謂整個社區不得不遷就於現實，容納那些可能被視為離經叛道、令人頭疼或異類的人，並與他們一起生活。

不過，這一切都在十九世紀發生了根本性的改變，於是這成了英國的「大監禁」時期。如同我們即將看到的，從一八〇八年展開了一項大型的收容所興建計畫（一八四五年起加速進行），從一八三四年起開設的懲戒性濟貧院，再加上監獄呈指數式增長，這不僅改變了地貌，自社區隔離被轉入機構的人數也超越以往。從九家志願性機構所開啟的收容所運動，大大改變了英國的地理和心理景觀。愈來愈多的「精神失常」者從他們的社區被轉移至這些激增的機構中。英國議會於一八一五年起援引《郡收容所法》，授權興建公共資助的「貧民瘋子」收容所，相繼成立了二十家。自一八四五年起，

《倫敦新聞畫報》所刊登的早期厄爾斯伍德收容所繪圖，一八五四年三月十一日。

新的《郡收容所法》強制規定各郡建立收容所，並成立了一個「精神病事務管理委員會」負責監督這些機構。新的建築物以驚人的速度拔地而起。濟貧院和監獄也同樣呈指數式增長。

在這個針對無助者、危險人物和弱勢者所實施的一般性機構措施中，白癡們被捲入其中。他們在「維多利亞時代的瘋癲改造」[2]中處於劣勢地位，並在十九世紀初期的前幾十年，慢慢的被轉入濟貧院收容照護。[3]這是一八三四年制定《濟貧法修正案》時所預料之外的結果，至少在當時沒有預見。該法案一開始倡議的乃是「戶外救濟」，或是以財務支援弱勢者讓他們可以繼續留在家裡，後來轉變為「室內救濟」，要求他們搬到規定的濟貧院。所造成的結果是，到了一八三七年，數以千計的白癡發現自己置身在濟貧院。如同我們將在後面看到的，除了名稱、資源和專業之外，許多濟貧院在一八五六年時全都變身為收容所。因此，白癡成了這個新的國家機構系統裡棘手的問題。他們被認為不適合生活於社區，但也無藥可治和無法教育，而且基本上不具有危險性，因此也不適合收容所。後來，有一小群醫生施壓要求在英格蘭成立一家獨立的白癡收容所，他們與一群富有的慈善捐助者攜手合作，終於在一八五五年在薩里郡厄爾斯伍德鎮成立了一家設有五百張床位的白癡收容所，這是全球第一家專門收容白癡兒童的庇護機構，完全由慈善捐款資助。[4]在一八五九年至一八七二年間，更多白癡慈善收容所在英格蘭東部、北部、西部和中部相繼成立。[5]第一批大型國立「長期性弱智者收容所」於一八七〇年在赫特福德郡利維斯登和薩里郡凱特勒姆成立，每一間都收容超過一千名來自倫敦的貧窮白癡。

為什麼要轉而監禁那些被視為不適合生活於社會中的人，那些被貼上白癡或弱智標籤的人又為何被捲入其中？在英吉利海峽對岸的法國大革命後，英國各種橫跨廣大不同意識形態立場的輿論出現了重大變化，這成了社會關注的焦點。這場始於一七八九年的革命，在英國激起了不同的意識形態和社會勢力相互的競爭，這種現象史無前例、前所未有。隨著世人以嶄新的觀點和方式來看待世界與其社會結構，將激盪出一場巨大的社會動盪漩渦。

始於倫敦通信協會，而在一八三〇年代發生的憲章運動臻於鼎盛的激進團體，起初從酒館中聚集，後來演變成數以千計的人走上街頭鼓吹新的主張，要求一個更平等的社會秩序、擴大選舉權和全面性的公民參與。[6]全英國瀰漫著狂熱的政治氛圍，窮人階級則成了主要的支持者。隨著與法國革命政府爆發戰爭，英國在一七九四年因食物價格和徵兵問題陷入嚴重社會動盪，隔年約有一萬二千名暴民包圍了唐寧街十號（即英國首相府邸）。[7]如湯瑪斯．潘恩和威廉．高德溫這類激進作家，都支持這些赤貧階級的抗爭行動，並提倡普遍性權利。對於普遍性權利的激進呼籲，需要一種新人類：積極公民。如果要將政治和社會方面的權利擴大延伸至之前沒有這些權利的人，那麼這些新公民必須以行使責任、參與公共討論和辯論來回應，並以社會不可或缺的代理人身分貢獻社會。這對那些被視為不適合或無能承擔這類責任的人，產生深遠影響。

社會上有一股保守勢力很快就展開了具體的反擊行動，以對抗這種新竄起的激進主義，這一方面是出於對以法國大革命之名所展開恐怖行動的恐懼，另一方面則是擔心革命思想的傳播會使相同事件在英國發生。保守勢力透過世俗和宗教手段分進合擊。在政治上，透過壓制和監視手段營造出一股壓迫「革命」的政治緊張氛圍。[8]即使是在私人酒館，談話也會受到政府特務的監視，據此舉發和起訴相關涉入人士。[9]一七九二年發布了一份對抗「騷動的」集會和煽動性文章的政府宣言；人身保護令於一七九三年、一七九八年和一八一七年暫停行使；一七九二年至一八一九年間，還有限制性更強的誹謗法案和起訴大量湧現。[10]從喬治四世於一八二〇年登基起，發生了所謂的「噤聲」事件，以致「譏諷」這樣一種十八世紀英式生活的特徵，因其不被接受的道德無心疏失而被詆毀，並被立法限制，一時之間幾乎遭人遺忘。[11]艾蒙德・伯克在《法國大革命反思》（一七九〇）一書中，以意識形態來為反革命措施辯護。一種盛行的偏執狂和無法容忍異見的氛圍所造成的威脅隨處可見。與眾不同、引人注目在這段時期當中反而置人於險境。

在基督教福音派一個復興道德驅力（所謂的「第二次覺醒」）的支持下，反對這些新興社會激進主義勢力的保守派回應行動得到強化和持續的助力。從一七八〇年代開始，傳講福音和信奉救世主彌賽亞的組織激增，吸引了威廉・威伯福斯這類家父長制的改革者。福音派信徒在一七九〇年代雖支持人道主義的廢奴和兒童福祉運動，但他們同時也支持立法鎮壓那些在他們眼裡不敬神的激進分子，因為他們危及了社會秩序。「鎮壓邪惡協會」於一八〇二年成立，成員包括了威伯福斯和道德改革者漢娜・莫爾。在這些領袖的帶領下，他們在全英國發起了一個激進的淨化及重新道德化的布道運動，旨在恢復和維持下層階級敬畏上帝的心、社會秩序和潔淨的生活。[12]

無論是主張普遍公民權的激進主義運動，或是保守的再道德化運動，這兩種強大的輿論主流對白癡族群都不是吉兆。雙方陣營都要求窮人和失能者，積極致力於自我改善和參與社會。激烈的意識形態之爭，對於那些心理抗拒，或是對提升道德或智力無動於衷的人幾乎不留任何餘地。這使得那些被認定為白癡或弱智的人面臨被視為社會問題的風險，進而陷入被排擠的處境，而且一旦脫離世人的視線，他們就成了無關緊要之人。隨著新的內部團體形成，外部團體為爭取自己的地位和被接納而奮戰，如同瑪麗・沃斯通克拉夫特為女權奮鬥，通訊協會則代表工人戰鬥。那些無法為自己發聲的人被推到了邊緣，他們要不是沒能力從無害傻瓜轉變為激進分子所要求的盡責公民，不然就是被動的成為保守福音派人士所推動的社會淨化運動的對象。與其說他們的危機是成了負面輿論討論的話題，倒不如說他們徹底從輿論中消失，而飄移到另一個不被看見的場域，失去了所有的地位和身分。

因此，無論激進觀點被宣揚得有多麼進步，將通往一個烏托邦式的未來，對失能者而言都不是吉祥之兆。出身於十八世紀英國社會底層階級的潘恩在寫《人權論》（一七九一至九二）時，指出「有大量的人類遭到貶低，被打入了人類圖像的背景中」。[13]雖然像不久前才在法國發生的這類革命，將

約翰·戴利普對詹姆士·吉爾雷手繪蝕刻版畫《法國入侵成功的後果》系列的描述：「我們向貴族解釋人權」。革命的過激行為被認為是底層階級革命者不成熟心智所造成的結果。

這個人數眾多的族群初期的解放推上風口浪尖，但第二個革命階段，也就是接受指導和改善，是實現平等、自由和公民權的革命目標所必須的。因新近被解放者的心智還不成熟，革命初期階段無可避免的會引發暴行（像是把頭顱掛在長釘上和草率處決）：「這些暴行不是法國大革命原則的效應產物，而是革命發生之前就已存在的墮落心靈所致，這也是革命要革新的對象。」[14]因此，革命的目的是提升人的心智，從而實現人類本質的一致性：「我的意思是，所有人都是**同等的**，因此人生而平等，而擁有相同的自然權利。」[15]顯然，在潘恩的心目中，人（他只提及一種性別）並非生而平等。在他看來，貴族世襲制的荒謬在其「**心智拉平**（mental levelling）」制度，它「齊頭式的承認每一種人格享有相同的權力」。[16]因此，由於把無知與睿智平等視之，「國王一代代繼承，不是以理性，而是動物性的。這揭示了並無關乎他們的心智或道德特質。」[17]他反對國王的世襲制，因為如此一來，王權變成是「任何孩童或白癡都可以擔任的職位」。[18]雖然「當個普通技工需要一些才能……但要成為一個國王，只需要一個具有人形象的動物——某種會呼吸的自動機械裝置」。[19]

與其說潘恩主張一個普世性的社會平等制度，不如說是在主張一個心智等級制度，一種才幹（先天與後天學習而得者）受到認可的英才制。他提到，人擁有這個他所稱為的固有「智能權，或者心智權」，這些權利與人成為社會一分子而享有的公民權有關。[20]這個假設就是，要享有權利並因此而享有公民權，一個人的心智就要有能力形成並理解那些會轉化為公民權的智能權利，換言之，公民權並非理所當然，而是透過心智能力爭取來的。這種對固有心智能力相關權利的洞見，被描述為「不平等的影子語言，與法國和美國更為清晰的共和平等修辭相對應」。[21]社會契約不是一個單純的平等問題，而是一種新的社會等級重排序，基於模糊、未定義，但普遍「被了解」和被認可的「功績」和「才幹」概念所進行的。[22]對激進分子而言，舊有世襲制度的最大荒謬之處，在於一個白癡也可以進行統治。在新的英才制度下，社會階級是基於智力和才幹，因此白癡和頭腦遲鈍者再也不能施行統治：的確，他們參與公民權的能力徹底受到質疑。在這個由具有新身分的人們所構成的新社會裡，他們能有什麼樣的地位呢？

對潘恩來說，政府的合法性只建立在「**個人本身**，每一個人根據自己的權利和主權，**互相訂定契約**以產生政府」。[23]要成為一個合宜、參與社會的文明人，一個人必須能夠理解並訂定契約。因此，隨著權利變得愈來愈正式化和明確，任何被認為喪失行為能力以履行這些權利所隱含的契約，並承擔相應責任的族群，就成了同樣被嚴苛認定為無可救藥的外部團體（out-group）。這個「普遍性」權利制度所帶來的人類大規模發展和進步，這類外部團體顯然是與之隔絕。潘恩譴責專制政權「設法用武力和欺騙統治人類，彷彿他們全是無賴和傻子」。[24]他幾乎不可避免的「對那些因此而被強加者感到厭惡」。[25]沒有權利卻被統治，在公民的權利與義務上產生不了任何積極作用，只有傻瓜才會有這樣的待遇。理性的大眾可以在指導下取得充分的人類公民地位。這種政治思想的激進化，使得癡呆外團體急遽受限並逐漸被孤立。潘恩所提到透過「互相倚賴和互惠利益」把一個文明化社群結合在一起的「那條巨大的連結鏈」，但現在白癡或弱智者在這條鎖鏈的哪個環節上呢？[26]

記者、小說家暨政治哲學家威廉．高德溫，在法國大革命勝利的激勵下，以一種非常純粹的形式提出了人類的漸進式完善（progressive perfectibility）概念，這是他從法國大革命得到的啟發。他在《政治正義論》一書中抨擊十八世紀盛行的保守信念，也就是認為「存在於宇宙中的萬事萬物都是最好的」因此不該改變，因其表明了上帝的旨意。[27]他力陳，人類不僅有能力可以改進，實際上是有能力可臻於完善的：「可完善（perfectible）的意思，並非指一個人能夠達到完美無缺的境地。但這個措詞似乎足以用來表達一種不斷精進且獲得改善的能力，在此意義上就能夠被理解。」[28]根據高德溫的看法，不斷改善的能力是無窮盡的，且永無止境。[29]人類的心智會「不斷進步」，因為心智可以把吸收、儲存的印象加以結合化成想法，進而再把經驗和想法化為知識和智慧。[30]許多人現在可能處於高德溫所稱的「山谷中的傻瓜」（a clod of the valley）層級，但透過接受教育，這些鄉下傻瓜將會進步到文明化的最高層級。[31]他的措詞令人聯想到葛羅斯在幾年前所出版的俚語詞典，裡面提到了「clod hoppers」、「clod poles」和「clod poles」等包含了頭腦遲鈍的無腦鄉下人俚語＊。[32]高德溫以一個驚人的無政府、烏托邦式的描述作結，在這個世界裡，「人」將永遠活著，因此甚至不需要繁殖，在這裡沒有戰爭、犯罪，不需要司法或政府。在一個由完美人類構成的社會裡，疾病會被消除，憤怒、憂鬱和憎恨也將徹底消失。[33]

儘管被這種烏托邦社會的完善願景給打動，高德溫仍然認為截至當時人類的歷史仍與完善相距甚遠，甚至稱這樣的現象為「一次廣大的流產」。[34]他要我們注意到大多數人臉上所留下的「愚蠢和根深柢固的傲慢無禮痕跡」。但這就是他們現在的樣子。人類改善和進步的能力不該受到懷疑。這種以技能教育大眾的哲學思想，認為就算是最「愚蠢、呆滯的傻瓜」都可以獲得改善，最終得以以一種盡情自由探索的精神履行他們的公民義務。[35]

但還是有個例外。高德溫將公民的職責定義為「發揮一個智慧存有本身的才能」。[36]隨之而來，如果公民權關乎能力，就不可能是一種普遍性權利，也就不可能會邁向完善。有些人「明顯且明確的被他們的框架結構排除在外」。[37]在這個奠基於理性和健全理解力、完善和卓越的進步世界裡（在這

＊譯注：clod也有老粗、鄉下人、呆子、傻瓜等意思。

詹姆士·吉爾雷，「共和黨人──攻擊」，1795，彩繪雕凹版畫，描繪白癡支持的革命分子攻擊喬治三世。對革命的恐懼在一七九〇年代影響了公眾輿論。

裡，疾病，甚至連死亡都會被消除），那些「明顯且明確的被排除」在外的人會怎麼樣呢？那些心智不健全、缺陷無法改善或缺乏理性的人呢？高德溫對於他們的命運沉默不語，但他使用了「被排除」一詞，則有其先見之明。[38]

如此一來，激進觀點雖然促進了許多人的利益，卻未留意智力低下者在新烏托邦世界裡的位置。這個被大力頌揚的新世界，有積極的公民、權利、義務和無止境的心智改善，但似乎並不關注智力低下者在其中的位置。激進主義的進步主義對白癡並不友善，似乎無法為他們設想出一個餘地。

不過，在法國大革命後出現的保守觀點反制思潮，同樣也讓那些被歸類在癡呆類別的人看不到希望。在一七九

○年出版的《法國大革命反思》一書中，艾蒙德・伯克抨擊法國被「一小撮鄉巴佬小丑所接管……他們當中有些人據說不會讀寫」。[39]他警告，如果人們試圖在他們被指定的角色之外尋求活動和工作，這將會破壞社會秩序。[40]因此，他對於在他看來是笨蛋奪取權力的現象，感到怒不可遏：「一個由粗俗、愚蠢、凶殘，同時也是貧窮和邋遢的野蠻人所組成的國家，會是個什麼樣的東西……現在一無所有，對未來也不抱期待？」[41]在伯克看來，在被指定的領域裡，傻瓜可能是「有益而且有用的」，但如果他們試圖離開既定的圈子，就會像野蠻人一樣變得殘暴而駭人。

作家、道德改革者暨教育家漢娜・莫爾，同時也是伯克的朋友，在讀了伯克的《反思》一書後，從起初支持法國革命，迅速轉向反革命陣營。[42]莫爾是一位傑出的積極行動分子，和改革家威廉・威伯福斯與他們的友人一起加入所謂的克拉朋聯盟*，他們帶領第二波的福音復興運動，並在一七八○和九○年代席捲全英。[43]在一七九五至一七九八年間，莫爾出版了「廉價小冊文叢」，一系列針對窮人出版的福音小冊，截至一七九五年底總計發行了超過一百萬冊，並在一八五○年代持續銷售。[44]這些小冊子是政治宣傳品，具有反革命、社會保守派和支持政府的基調，它們被描述為一個「野心勃勃、試圖改變世人思想的協力行動……是上流階級持續致力於改造和教化窮人的一部分」。[45]

莫爾的小冊子認為窮人有必要識字，但不是為了個人的進步或階級的提升，因為這些都不會使窮人變得良善或快樂。這麼做的目的是讓最愚拙的人能夠閱讀和理解神的話語，從而能獲得來自神的恩

*譯注：以威伯福斯為首的一群英格蘭聖公會福音派基督徒於一七九○年所組成，致力於廢除奴隸制度。

典和拯救。[46]透過寓言和道德說教，她不斷強調個人有責任展開學習和自我改善。心思卑劣的乞丐男孩們，「是不信任人的傻小子」，他們拒絕親切和善的中產階級的幫助，活該過窮苦日子。他們是背離上帝的罪人。他們的過犯肇因於「總是心不在焉……錯誤的邏輯推理……看似愚鈍……和麻木不仁」。[47]駑鈍的人有責任進行自我改善，她寫道，有太多天生缺陷絕不是藉口。對那些沒有負起改善本身思想道德水準責任的傻瓜，她的論調是施以懲罰與遭受報應。

莫爾倡導一種哲學觀，要求富人和有見識者教導窮人和頭腦駑鈍者，但也要求後者承擔同等的責任，接受教導以改善心智。對雙方而言，無法履行義務的後果是「下地獄」（damning），沒錯，就是字面的意思。頭腦駑鈍的人是可教育的，因此他們如果無法回應「大人物」們必須給予他們的道德教育和禮儀，那是他們的選擇。中產和上流階級根除愚昧心智的行動是一場偉大運動：「一種想要教育窮人、啟發無知者和感化惡人的渴望愈發強烈，並在我們當中蔓延擴散」，莫爾如此宣稱。[48]在莫爾所寫的小冊子《海絲特．威爾默特傳》裡，一個主日學老師解釋說，確保孩子們注意力的唯一方法，就是要求他們再三背誦所聽到的聖經經文，直到他們理解，「那些能力不足的學生肯定會去做，雖然不是很理想：但即使是吊車尾的學生，只要他們願意，都會有所回報。」[49]學習是出於意志的行動，只要他們願意，即使是最愚拙的人都能轉變其心智。因此，無法學習不再是一種不幸，而是一種罪過了。

在莫爾的寓言故事〈看門人帕里〉中，這個容易受騙上當的傻瓜帕里，負責看守偉大主人名下堅固的城堡和土地，因為放任「強盜」攻占城堡，而犯下了「燒殺擄掠」的罪行。[50]這件事之所以會發生，是因為帕里是個「容易受騙的傻瓜」，這呼應了在十八世紀法庭證人對白癡被告的描述。[51]在這個故事裡，主人代表了上帝、強盜代表邪惡勢力，帕里則代表了上帝的人類群羊中愚鈍的一群。帕里愚蠢的心智成了破口，讓罪惡得以毀壞人類。沒有人與帕里站在一起，而他的主人（上帝）「害怕他……更甚於其他人」。[52]如同書名所暗示的，他是個叛徒、一個無知的蓄意行為者，而不是一個茫然困惑的傻瓜。

在莫爾看來，愚拙不再是上帝所賜下的不幸，愚拙人置身在這種情況下必須要盡其所能，因為只要他們盡力而為，就得到上帝赦罪和救贖的應許。愚拙是道德世界核心思想的墮落威脅，是容許罪、毀壞和褻瀆上帝侵蝕基督徒信仰的管道。在莫爾和她的福音布道夥伴們為愚拙人和窮人所架構的道德世界裡，「眼睛最昏昧不清者也能看見，」[53]萬一他們做不到，他們和其他人將得要承擔後果。[54]

莫爾和她的福音布道夥伴們，把一種道德要求和宗教義務與閱讀的技藝連結在一起，並認為愚拙人要是無法精通閱讀，在道德上就是有罪的。這無異是把那些缺乏閱讀能力和學習者排除在救贖盼望之外，這又反過來把白癡族類塑造成人類的圈外人，他們缺乏意志或能力決定自己的命運。因缺乏讀寫能力（尤其是閱讀聖經）所能提供的知識和道德感，意志便無法運作。總之，這一切都是對無知者的輕蔑指控，不給無能為力者留下任何辯護的餘地。如果無知者不能回應教導，他們要不是為他們的任意而為下地獄，或因其無能而徹底置身於救贖範疇之外。

這種給無知者加諸道德責任、給無學問者加諸罪責，以及把道德美德等同於識字的框架，對十九世紀布爾喬亞階級的思維影響深遠。這在馬丁．塔珀富有詩意的講道中可見一斑，從一八三七年起定期出版的《箴言哲理》，享有二十五年「驚人的成功，廣受歡迎」。[55]《箴言哲理》向其數十萬計布爾喬亞讀者（一個快速擴增的識字大眾）反映了他們所相信的「道德常理」，而塔珀的廣大讀者群也予以回報，在一八四〇和五〇年代把他奉為智者。[56]在他的這群新識字讀者群中，塔珀不僅反映且形塑了布爾喬亞的觀點。和莫爾一樣，他把愚昧軟弱的心智視為一種敗壞道德的威脅。[57]他揣度是否有一個偉大的「共同智慧殿堂」，把全世界所有人類曾經獲致的學問匯集在一起。他認為，當代人並非生活在一個「孤立的社會」裡，而是「聚斂輻射，是一個宏偉整體的一部分」，由記憶和知識所匯聚，這無疑使他的新讀者們、富裕的識字讀者群感到歡欣。只有兩群人被排除在這個互聯的智慧圈裡：「一個野蠻人對此無知，一個傻瓜也無法理解這點」。[58]就和莫爾一樣，塔珀宣揚無法閱讀是一種直接的道德缺陷，無能不能當作是使人與上帝隔絕的藉口：

> 沒有書籍或閱讀能力，無異是：
> 從上帝的腳前被推開，祂從來不像人那樣說話，
> 除了迷信的昏暗通道，沒有通往天堂的道路。[59]

智能不足的人，由於他們的悖逆「弱點」，對道德構成了危險的威脅：他們屬於共同的人類記憶和知識庫的局外人，隔絕在神的救贖或拯救之外。如此說來，他們被逐出社會，亦即切斷他們與社群鏈的連結，幾乎就是全部的答案了。

道德家所鼓吹的是，必須要有意願且積極的投入自我改善，才能在現代社會中生存，並獲得救贖。他們的世俗激進主義反對者也鼓吹一種類似的信條，只是目標不同。社會保守派和激進左派都迫切想要改善的一般人的心智。一八二〇年代，威爾特郡一個被惹惱的鄉下教區牧師奧格斯特．海爾，向其偏鄉地區愚鈍的會眾講道時，說道：

一個人要從講道中獲益，就必須前來聽道；他必須仔細聆聽；他必須理解講道的內容；他必須在回家後自己思想所聽的道。只有極少數會眾會不厭其煩的這樣做。你們來，坐下、聆聽，而我希望你們能夠某種程度的遵守我在講台上布道的含意；然而，你們離理解和認識有多麼遠呢，透過理解和認識，恩惠和平安必然加倍給你們。60

消極的坐著，什麼都不想地聽道，已不再足夠。通往救贖的道路就是認識和學習。對激進人士而言，政治上的救贖在於改善心智，並影響心智愚昧者的意識。對宗教保守人士而言，救贖在於教化每個人的心智使其知道自己的位置，和認識上帝的話語。每一方都給予，無論是世俗的或是天上未來的幸福作為回報。但對那些無法參與改善過程的人來說，他們無路可進，唯有退出人類社群的舞台一途。於是，白癡開始漸漸從集體意識中消失，在他們不知道該如何航行的進步之洋中兀自漂流。

這樣的道路反映在憨賽門的命運上，他是個十八世紀深受人喜愛的傻瓜。他在十九世紀仍然存活，但面貌卻大相逕庭。一般而言，他從上個世紀那個下流淫穢的酒鬼，變身成一個笨小孩，正如同他至今為人所知的樣子。不過，在十九世紀初他在約翰．華萊士的劇作《憨賽門》（一八〇五）中，以成人化身出現。在這齣戲劇中，與其許多真實生活中的同胞一樣，賽門這個鄉下傻瓜已經城市化，但他應對得並不好。他住在倫敦，之前是個掃煙囪人，他被狡猾的「朋友們」和擁有「錢坑」和「拜金」這類名字的剝削者，從四面八方包夾。儘管犯罪，賽門卻倖免於死，不是來自家庭、朋友或社區的介入，純粹只是走運。儘管他避開了劊子手的絞刑繩，但他的天真無知毫無疑問的會再次使他陷入險境：而這不過是時間早晚的問題罷了。賽門關心他飢腸轆轆的肚子更甚於他的生命：「被絞死——沒晚餐可吃嗎？」[61]這是一個非常不同的賽門，遠離他的前輩們所熟知、更安全鄉下社區，他獨自在城市漂泊，被剝削者和敵意全面包圍，但他卻渾然不覺自己置身於危險中。在討喜的傻里傻氣之下，是一個日漸被遺忘的人。

功利主義

激進分子和第二波福音復興運動的傳道者都受到功利主義原則的影響，並在一個更廣泛的脈絡下著述，功利主義由傑里米．邊沁率先提出，並由約翰．史都華．彌爾發揚光大。邊沁在《道德與立法原則概論》（一七八九）一書中，提出了「最大多數人的最大幸福」原則。約在十九世紀中葉，彌爾則進一步發展邊沁的思想，主要聚焦於機能或能力和幸福之間的關聯性。在一個社會裡，心智能力創造了一個幸福（或者他更喜歡稱之為「滿足」）層級。具有較高能力者比能力較低者更努力獲得幸福，因為他們有更強烈的意識和敏感度：

能力較卓越的人需要更多的東西來讓自己快樂，他或許能夠承受更劇烈的痛苦，當然也比能力較差的人在更多方面蒙受痛苦；但儘管有這些不利條件，他絕不會真的想要讓自己淪落至他所認為的低等存在。[62]

彌爾解釋道，「沒有一個聰明人，會同意做個傻瓜，也沒有一個受過教育的人會是一個無知的人……即使他們應該要被說服去相信傻瓜、笨伯或無賴，比他們更容易滿足於自己的命運。」[63]為什麼會這樣？根據彌爾的解釋，這是因為智能稟賦較高者比智能不發達的人有更強烈的自尊心，因此他們更能自覺到自己的不足。擁有更優越的心智稟賦並不能讓他們比傻瓜更快樂，傻瓜因其無知，很容易就為一點點的東西感到開心。不過，那確實讓他們感到滿足。[64]彌爾對此有個著名的總結：

做一個不滿足的人，強過一頭滿足的豬；不滿足的蘇格拉底，強過滿足的傻瓜。如果傻瓜或豬有不同的看法，那是因為他們只知道自己個別的問題。作為比較的另一方，則對雙方問題都了然於胸。[65]

正是人能夠知道雙方的問題，因為人具有好奇心和探究能力，而擁有更優越的判斷力。要獲致滿

「弱智」雕凹版畫，亞歷山大·莫里森《精神疾病講座概論》（1826）插圖。在十九世紀，功利主義哲學家視弱智者為離群索居者，無法獲致真正的幸福。

意或滿足的首要條件，就是「培養心智」的能力。根據彌爾的觀點，有教養的心智不僅僅只是菁英哲學家或理論家的專利而已，而是「任何知識之泉已向其開啟，並已受教至一定程度，而能發揮心智能力者」。[66]「每一個出生在文明國家的人……皆已具備這種合宜的道德和智力要求」，所以是有可能達成這樣的「心智文化」程度。[67]

彌爾承認這並不是指所有的人：

> 不用說，這個原則僅適用於有成熟能力的人類……那些仍需要受其他人照顧者必須受到保護，不被自己的行為和外部傷害所傷。[68]

對彌爾而言，不具充分能力者只是一個被施予的慈善對象而已。試圖改善心智不可救藥者毫無意義，他們所需的只是照顧而已。在彌爾的設想中，那些感到滿足的傻瓜和豬只能被轉移養殖到一處，他們可以在那裡沉湎於自己愚蠢和要求不高的滿足感中。有教養且健全心智的社會並不適合他們。儘管彌爾厭惡政府對於人民自由的不必要干預，但他仍建議所有兒童參加公開考試，以便從早期階段就確定「他（或她）是否有閱讀能力。如果一個兒童被證實無法閱讀，除非有充分理由，否則兒童的父親可處以適度罰鍰。」[69]正如同在莫爾眼中，沒有能力學習閱讀成了一種罪行，但對彌爾而言，這現在成了一種犯罪。

這與功利主義思想出現之前的十八世紀思維大相逕庭，當時把白癡、半白癡、弱智者、愚人、性輕浮的人全都列入心智無感等級，而人類心智形成了一條存在巨鏈，既然是由上帝放置於此，想必理所當然。不完美被視為一種普遍的特質：白癡和頭腦愚鈍者位在這條長鏈的落點，只是恰好位在比其他人更低的位置而已。但功利主義對其公民的要求更多，不僅只是生下來被視為人而已，這進而威脅到前述的這種宿命論信條與其對社區的高容忍度。十九世紀的思想幾乎使終身愚鈍者無處容身。無論是作為宗教或存在於社會，智識和哲學的驅力是朝向人的完全性推進，因此長久處於不完全狀態者，尤其是心智有缺陷者的地位很快就會被動搖。肇因於一七八九年大動盪的革命運動和反革命運動，建構出了一個容不下癡呆的世界。這兩個敵對陣營的共通點比他們所以為的要多。每個陣營都要求自我改善，擺脫存在大量駑鈍者的困窘，以創造一個新世界，無論是在今世或是一個來世的國度裡。兩個陣營所提出的新世界都有嚴格的門檻，其中最主要的是要具備彌爾所謂的「有教養的心智」。

如同彌爾在一八五九和一八六一年所寫的，白癡族群正從社會中抽離並湧入機構。從一七八九年法國所發生的革命事件以降，所形成的宗教、政治、醫學和社會輿論的氛圍從四面八方襲來，讓他們幾乎在不受注意的狀況下自主流社會悄悄退場。他們既無法滿足新的福音傳道者的道德改善要求、激進分子的人類完全性要求，也無法滿足功利主義者有關個人和公眾幸福的先決條件。

流進收容所

一八〇八年，國會悄悄通過了《郡收容所法》，賦予各郡有權選擇是否要興建收容所，這項法案鋪平了白癡通往機構的道路，也結束英國社區對白癡的包容。這項法案的主要宗旨是把「瘋子」和其他被視為精神「有病」或無藥可醫者，從監獄和私立瘋人院轉移到更易於管理，並與社會隔離的建築物裡。該法案的影響是建立了第一個國立醫院網絡，專門提供給那些被視為精神異常者，先前的收容所和瘋人院不是慈善性質就是私人機構，總計只能收容幾百人。更重要的是，興建這些機構確立了一項原則，也就是對於這一類人，國家有責任干預他們的鑑定、治療和控制。

這項立法允准治安法官和教區當局，以每週付費的方式，把「危險的白癡和瘋子」送去接受專門的治療和照護。[70]這為處理不受歡迎和危險的人物，提供了方便性和安全性，正如同這項法案所指出的，「把應由所屬教區負責的這類瘋子和其他精神失常者（也就是白癡），關在監獄、濟貧院和勞動救濟院，是高度危險和不便的。」[71]在一八〇八年至一八三四年間，根據這個制度共建立了十二個郡立收容所。[72]儘管這些收容所主要是為了收容和治療瘋子而建立的，但有些白癡仍然流入了這些機構，因為監獄、濟貧院和根據《濟貧法》設立的教區監護人設法把他們從自己的責任範疇轉移出去。一八三四年《濟貧法修正案》通過後，流進機構的人數顯著增加，可以看出政策急劇轉向「室內」（意指機構）救濟，脫離「室外」（社區）救濟。貧困、懶惰、失業和孱弱者不再被忍可於自家中生活，而是被迫遷進濟貧院。這項立法於一八三四年通過後，英國各地大肆興建濟貧院，呈指數級的速度增長，這些新設立的濟貧院有意設計成具懲罰性、不舒適和限制行動的用途。對於那些似乎無法或不願接受其社會、道德或宗教責任，以歸屬於社會並為社會貢獻的人，這反映了公眾和政治變得更為嚴厲的態度。

這個系統刻意打造出嚴苛、舒適度最低的環境（例如，椅子做成沒有靠背，以免坐得舒適）、只供應基本的飲食和性別隔離。丈夫與妻子會分處而居，父母親與孩子也一樣。它的理論是懲罰懶惰者，因此只有真正的赤貧或無行為能力者才會接受救濟。在修正案通過後的五年當中，興建了約三百五十間濟貧院。在十九世紀末前，又再新建了兩百家。根據標準的模型計畫，濟貧院的設計排除了任何形式的鋪張浪費，且皆坐落在城鎮郊區以避免激怒市民，將目標設定低於一般工人小屋的標準，以免對窮人有太大吸引力。

在這裡，隔離嚴格、飲食粗陋，工作深具懲罰性。基本飲食由麥片粥、麵包和乳酪所構成，每個星期供應一次湯或肉和馬鈴薯。水是唯一的飲料（老人則享有喝茶的特殊待遇）。女人製作麻袋或在廚房和洗衣房工作。男人則要砍柴或磨玉米。[73]到後來，短時間內許多濟貧院所收容的不是身體健康的窮人，而是老人、病人、精神病人，還有那些被認為無法工作的身心障礙者。一八三五年，伯明罕

在一八三〇和四〇年代，許多白癡流入嚴苛的濟貧院系統，如同在這幅描繪一家濟貧院晚餐情景的插圖中所看到的，哈布羅特．奈特．布朗尼（又稱費茲）繪，出自詹姆士．葛蘭特著作《倫敦素描》（1838）。

濟貧院建立了專門收容「精神失常」住民的病房。萊斯特濟貧院將「白癡和瘋子」分開管理，還提供專門的護理人員。到了一八三七年，教區官員照顧了六千三百六十八名白癡。他們成了官方關注、照顧和控制的重要對象，也是英國快速增長中的機構人口的一部分。[74]

由羅伯特．皮爾爵士所執政的英國政府於一八四五年通過新版的《郡收容所法》，明顯不同於一八〇八年的舊法由各郡自行決定是否要興建收容所的放任態度，新版法案要求每個郡都必須設立一家收容所，為精神失常和心智癡呆的幼童提供醫療服務。[75]在這項立法的推動下，十九世紀末總計在英格蘭和威爾斯約有一百二十家國營收容所，收容人數超過了十萬人。根據哈斯拉姆於一八二三年所提出的醫療化定義，隨之而來的《精神失常法》把精神失常分成三大類，分別是「精神失常、白癡或心智不健全者」。[76]基於該法案，白癡族群明確被定義為國家的責任，也不過就在五十年前，國家對這個族群可說興趣缺缺。

不過，在新收容所的早期階段，白癡的收容率持續低迷，到了一八五〇年，大約只收容了一千人，只占總收容所人口的百分之六。[77]儘管理論上收容所開放給任何被認為是精神失常、白癡或心智不健全的人，但主要收容對象是那些可被治癒者，在治療後可以出院，或是那些被視為具有危險性之人，他們得被安置在機構高牆後面，以維護社會安全。至於那些無害、無藥可醫的白癡，都不屬於這兩個類別。他們只得繼續流進濟貧院，到了一八五〇年已累計到了一萬人左右。濟貧院察覺到自己不得不建立白癡和弱智者的專門病房，以收容這些流入的人。精神病事務管理委員會在一八五六年評論說，一些濟貧院裡的巨大病房「除了護理人員和設備……獲得適當治療的設施之外，各方面都是不折不扣的收容所」。[78]

將那些被認為無法應付生活，或是不適合社會的人送入機構的年代裡，白癡族群開始被拉進了機構化的生活，主要是濟貧院，但有一小部分人則住進了精神病院。然而，這兩種機構環境都不符合適合白癡的要求。無可救藥也無法改變的人，不適合早期瘋人院所承諾的、預計成為有可能治癒病患的院所。收容所也確實積極設法將他們排除在外，因為有可能會讓這個收治、治癒後出院的動態體系

「淤塞」。[79]濟貧院體系同樣也不適合他們，濟貧院的目標是透過嚴苛的懲罰性環境，使人漸漸擺脫對國家的經濟依賴。因此，白癡在無意間被偶然歸入了「精神失常者」這個一般類別，並且成了一個日益普遍、針對行為異常的窮人所實施一般監禁和臨床管理的一部分。白癡變成了這個新國家機構體系中的問題之一，他們被認為不適合在社區生活，但實際上也不適合精神病院。

改革家和慈善家們並未質疑白癡族群是否該被監禁在機構裡，或是考慮他們可以如何在社區裡生活，反之，他們所得出的結論是白癡待錯了機構，需要更能為他們量身定做的專門機構。一批關注白癡族群的英國收容所院長為了觀察謝根的工作而參訪了巴黎比塞特收容所，謝根開創了白癡的道德療法，設法透過教育而非倚賴身體約束或體罰，並反覆灌輸白癡收容人自我約束、從眾與服從的觀念。他們當中有來自漢威爾收容所的康諾利，他本身是對英國精神病院裡的精神失常病人施行道德約束的先驅。[80]康諾利注意到少數年輕白癡收容人置身於漢威爾的瘋癲病患中的不安困境。一八四五年，他效法謝根在比塞特醫院的工作，針對這個群體推行了一項計畫。[81]康諾利和其他幾位同受謝根啟發的醫生們，為要在英格蘭建立一個獨立的白癡收容所向政府施壓。[82]康諾利與一群富有的慈善資助者攜手合作，並於一八四八年與安德魯・里德密切合作，後者是不信奉英國國教的著名改革家暨慈善家，他們在北倫敦的海格德設立了一家小型白癡收容所，派克之家。（在一八五三年參訪派克之家後，狄更斯曾為《家庭箴言》寫了一篇文章〈白癡〉。）這個小型收容所起初只有八位住民，但不到兩年，候補名單上就長達一百七十人。為了滿足需求，理事會在科爾切斯特埃塞克斯廳承租了一個更大的場地，並從一位浸信會信徒慈善家暨鐵路大亨薩謬爾・莫頓・皮托得到了一筆一千英鎊的貸款資助。白癡收容人從一八五〇年起開始遷入，埃塞克斯廳於一八五三年即告額滿，總計收容了一百二十三名病人。

由於對白癡收容所名額的需求似乎呈指數式增長，里德決定有必要建立一個國家級的收容所。在募集到足夠的資金後，里德、康諾利與其贊助人選定了薩里郡雷德希爾市附近的厄爾斯伍德公有地中的一塊作為院址，一八五三年鋪設奠基石，由亞伯特親王主持破土典禮。[83]儘管建築物只有部分完工，但一八五五年第一批病人就已經從派克之家和艾塞克斯廳轉移至此。

這個附設五百個床位、全世界第一個白癡專門收容所終於在一八六三年完工。康諾利的門生，名不見經傳的約翰·朗頓·唐醫生於一八五八年被指派為厄爾斯伍德的院長。[84]在第一份報告裡，唐氏宣揚「另闢獨立機構照護和教育白癡兒童的優點」。[85]他實踐了開明的道德療法原則，並在一八六〇年義務性地前往巴黎比塞特醫院朝聖後，全心致力於研究在他照護下的白癡收容人。他於一八六六年宣布其研究「蒙古低能」的「發現」，我們已在前一章對此有相關探討，他的發現隔年刊登在《心智科學期刊》上。[86]在一八六八年，唐氏離開厄爾斯伍德，新創立了一家私人白癡收容所，即位在米德爾塞克斯郡特丁頓的諾曼斯菲爾德弱智訓練所。

埃塞克斯廳仍舊持續開放，並自一八五九年起改名為東部郡立白癡收容所。一八六四年，西部郡立白癡收容所於德文郡埃克塞特附近成立，而在蘭開斯特郊外設立的北部七郡皇家亞伯特白癡及弱智醫院於一八七〇年敞開院門。[87]規模相形較小的中部郡立白癡收容所於一八七二年在伯明罕附近的諾爾設立。因此，從派克之家於海格特開設起，僅僅二十四年間，白癡專門收容所相繼成立，形成了一

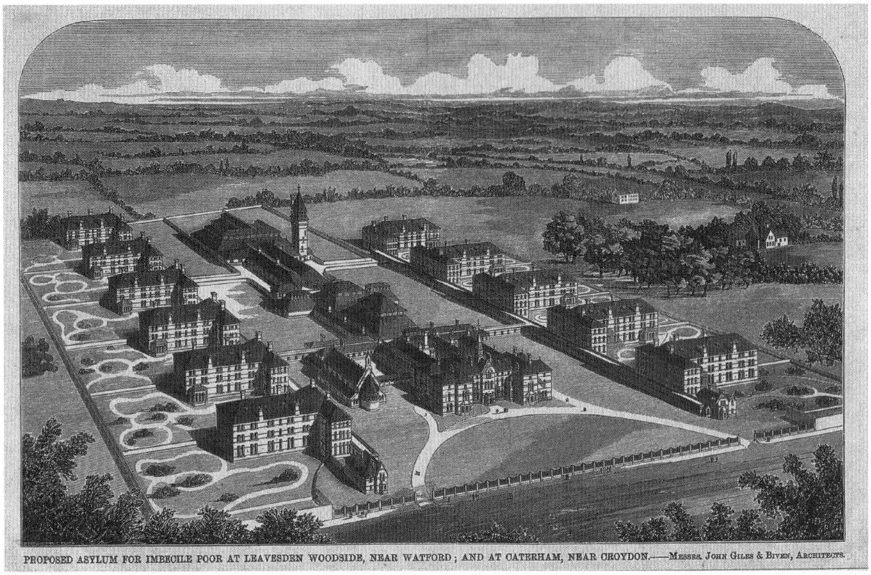

利維斯登弱智收容所鳥瞰圖，一八七〇年於赫特福德郡開幕，一八六八年七月二十五日發行的《建築者》雜誌內頁插圖。

個覆蓋全英格蘭的網絡。它們全是透過捐款而興建和贊助的慈善機構，收容對象主要是中產階級家庭癡呆的孩子。隨著收容所快速激增，安置收容白癡「貧民」的壓力也愈來愈大。根據一八六七年的《都會濟貧法》成立的都會庇護所委員會，於一八七〇年在薩里郡開設凱特勒姆弱智收容所、在赫特福德郡開設利維斯登收容所，各設置了一千五百六十張床位以收容倫敦窮苦的白癡和弱智者。

轉型現在終於大功告成。即使古怪，白癡和弱智者從十八世紀被接納為社區一分子，現在則成為機構生物了。醫學凌駕在他們之上，並取得了鑑定、控制和醫治他們的權力。社會已經背棄他們。一系列的因素，導致智力障礙者的社會地位發生了這種根本性的轉變，他們默默的從社會舞台上被迫退場，並在收容所的高牆後度過一生。

新的思維模式找不到他們可以立足的空間。激進的左派政治人物要的是積極、有貢獻的公民，他們的心智可以被轉化，以達成一個完善與和諧的社會狀態。保守派的傳教者想要的是安靜但能讀聖經、敬虔和有強烈道德感的窮人族群。人類學家在白癡不發達的頭腦裡，發現了蒙昧無知的線索，提醒我們那段野蠻的不文明的過去。小說家和詩人只看到了一個人的軀殼，一個令人憐憫或具有異國情調的淫慾對象。醫界則看到了一個得以在法庭上和機構裡行使其權威的新契機。整個社會看到了一群他們不願看到的人，這群人不再娛樂他們，但給他們的社區帶來一絲令人不安的危險，被安全的移至機構接受醫療照護，是對這群人最好的生活方式。他們同情這群人，有時則憎惡或害怕這群人，但無論是哪種，他們都不想接近。隨著十九世紀接近尾聲，白癡族群發現自己不僅生活在新興收容所的磚牆後頭，還被社會的譴責和排斥所形成的一道隱喻性的高牆所包圍。

第三部

從優生學到社區照護，一八七〇年至今

第八章　後達爾文時期：智能缺陷、優生學和心理學，一八七〇～一九三九

在思索一八七〇年代的白癡和弱智族群時，任何一位觀察家都會看到與一個世紀，甚至是半個世紀前所觀察到的現象大相逕庭的情景。雖然不是所有被貼上白癡標籤的人都會進入機構，但白癡已經被視為一種機構生物，是適合接受醫學照護、治療和控制的對象。這種醫學的支配地位是一種全新現象，白癡和弱智者在上個世紀尚未獲得醫學關注的眼神。但白癡和弱智族群不再棲身於社會，而是遠離社會、被安置在收容所這個新的醫學領地。他們被收容在機構的原因，都有其合理而正當的理由，表面上是為了保護他們不受自身脆弱所傷害，或是保護公眾利益不受他們的危害。甚至還出現了新的術語來形容他們，並表明了他們的新醫療化框架。癡呆（idiocy）仍然被當作一般術語來使用，但對醫生而言，白癡（idiots）現在是指「智能缺損者」或是「低智者」。照護地點已經明確的從家庭轉移到機構，並從起初的慈善機構轉移到國家機構。

機構化的過程持續不輟。一八八六年的《白癡法》是第一部專門針對癡呆相關「問題」的法案，這使得白癡與精神失常者在資格上有所分別，並允許地方把稅金用來建造專門的白癡或智能缺陷機

構。[1]到了一九〇五年，在厄爾斯伍德、蘭開斯特、科爾切斯特、德文和伯明罕等地的五個白癡慈善機構裡，僅收容不到二千個智能缺損者。但倫敦周圍的利維斯登、凱特勒姆和達倫斯公園的弱智者收容所，將收容超過三千個低下階層的白癡和弱智者。[2]還有許多人會被納入廣布全英、規模也更大的綜合收容所裡，如北倫敦的柯爾尼哈奇、約克夏郡的西騎精神病院，兩家精神病院都收容了大量的白癡族群。將智能缺損族群集中至機構裡，使得他們成為醫生、科學家、心理學家和人類學家研究、實驗、反思和理論化的對象。他們被視為神祕的、異國的，是另一個不同的物種，我們可以從中學習，正如同動、植物學可從研究動、植物物種中習得知識。

更廣泛的政治發展成了促成智能缺損者從社會隔離的催化劑。一八七〇年基礎教育的普及化，使得一群迄今身分不明、具有統計顯著性的學齡兒童成為焦點，這些兒童被認為需要加以專門訓練和介入。[3]一八七一年的人口普查，反映了社會上要求確認、控制和抑制心智異常者的迫切渴望，這是英國首次查問每個家戶中有多少人是盲人、聾啞人士、弱智或白癡，抑或精神失常。於前一年通過的英國《人口普查法》就已規定要搜集這方面的資訊。一八六七年和一八八四年至一八八五年通過的《改革法》則提升了選民的參與度，進而引發了中、上階層對於所謂低智者能力的疑懼，他們要成為公民選舉權所要求的那種積極而投入的參與者，而這似乎在新近獲得選舉權的低下階層中相當常見。這反映了激進派和保守派分子對於頭腦愚鈍者能否成為有貢獻力社會成員的長期憂慮，而這種恐懼的源頭乃是幾近一個世紀前法國大革命事件。一八九九年，據稱參加布爾戰爭的英國陸軍工人階級新兵身心不良，又更進一步加劇了這種階級焦慮，而一九一八年英國將選舉權幾乎全面擴展為普選一事上也是如此。[4]

兩種思維模式將反映這種升高的焦慮，並在公眾意識中排斥智能缺陷者，並將其視為危險或具有威脅的外來者，抑或頭腦不發達、堪稱是非人類的人。第一種是優生「科學」；第二種是演化心理學的出現，有時候被稱為比較心理學或動物心理學。這兩種思維模式有時重疊，但也有明顯的分野。在面對人類的退化，優生學乃鼓吹有必要介入以改善種族種群。演化心理學則指出非人類動物和人類的意識之間存在著一個漸進環節，試圖證明人類是演化過程的產物，他們把白癡心智當作一個象徵，表明人類和其他物種之間存在著狹幅的意識落差。這兩種思想都起源於達爾文在《物種起源》（一八五九）一書中所提出的天擇理論，但顯然這兩個理論沒有一個是達爾文本人所發展出來的。

優生學理論

法蘭西斯·高爾頓創立了優生學理論，他是達爾文的表弟，兩人的母親是同父異母的姊妹。受到達爾文演化論研究的影響，以及對長期貧窮與其對英國社會衝擊的憂心，使得他對於個體的差異和遺傳，與其造成的社會後果著迷不已。[5]他在《遺傳天才》（一八六九）一書中指出，造成人類差異的主要原因是遺傳而非環境。高爾頓揣想，如果農夫和植物學家可以透過精心挑選培育出強健的動物和植物，那麼「難道人種不能進行類似的改良嗎？難道不能把不合格者剔除，使合格者倍增嗎？」[6]他在後來的著作《人類能力與其發展探究》（一八八三）中，提出了「優生學」（eugenics）一詞。提倡國家推行一種社會工程政策，該政策將增加具有必要智能者的數量，以因應複雜的、新興的工業化及經濟全球化社會的挑戰。這涉及到了促進具不同遺傳特徵的群體的差別出生率。換言之，應該要鼓勵具有良好家世，尤其是中、上階級智力稟賦優越的年輕人結婚，且盡可能多生孩子，但不負責任的下層階級則應該勸阻或實際阻止他們的高出生率。[7]這將反轉目前的主流趨勢，即聰明的中產階級只組織小家庭，但新興工業城裡的流氓無產階級群眾（lumpenproletariat masses）似乎生出了無窮盡的子嗣。這引發了中產階級強烈的社會和種族焦慮，憂心文明社會最終會被無知、犯罪、道德淪喪和智能不足、占有絕對多數的下層階級成員所淹沒。

認為智能缺陷者是低下階層中最底層的優生學思想，開始成了大西洋兩岸公眾心態的一部分。美國社會學家理查．達格戴爾於一八七七年發表了他對於化名為「朱克」家族研究的著述，《朱克家族：犯罪、貧窮、疾病和遺傳研究》。這項研究追蹤一個家族七個世代的成員，包含了罪犯、妓女、精神病患，當然還有智能缺陷者。達格戴爾以虛有其表的科學分析支持優生學理論，這些理論指出低智者不僅智力低下、身心健康惡劣，也過著犯罪、貧窮和脫序的生活。儘管達格戴爾對於環境和遺傳是造成退化之因做了部分讓步，但他所得出結論仍認為：「世代相傳的貧窮主要是基於某種形式的疾病，且往往以絕種告終，這或許可以稱為社會學層面的身體退化。」[8]這類疾病的一個例子是先天性癡呆的「發育停滯」。他以一種冷漠、權威和科學化的形式，描述他的研究：

「案例八，第二十四行，第四代」。這是一個年輕女性，是個天生白癡，由於產前營養不足以及……雙親中有人罹患淋巴結核病或梅毒，造成她的大腦和神經系統發育停滯。[9]

達格戴爾猜測，在本書出版時她「可能已經死了」。在這段描述裡，白癡是一個掙扎中的垂死有機體，無法從遺傳而來的退化中存活，無法勝任演化的生存機制，最好是隔離起來，並且讓他們早死早超生。

達格戴爾的研究後來成了家族研究類型的範本，這些研究宣稱他們透過貧困、機能失調和不負責任的大家庭無節制的生育習性中找出了缺陷的傳播方式，這被視為是一種從內部侵蝕社會的劇毒。這些出版品敲響了警鐘、製造驚恐，他們透過詳述一對不負責任的夫妻可以在短短幾個世代內繁衍出數百個退化、有缺陷的後嗣，猶如一種蓼科雜草扼殺和破壞社會結構。奧斯卡．麥庫洛赫牧師在一八七七年，亦即朱克家族研究出版的那一年，對印第安納州貧窮的南部高地白人展開了一項超過十年的研究，他把他們與一個被叫作以實瑪利的機能失調家族連結在一起。他的研究成果在一八九一年出版成書《以實瑪利部落：社會退化研究》，麥庫洛赫在出版前的原始談話中，透露了他曾提出一份寬一公尺、高幾近三．七五公尺的圖表，圖中包含了一千七百二十個以實瑪利部落的人名，當然不可能複製於本書中。不過，對此特別熱中或感到憂慮的讀者可以花五十分錢，購得一個七十四乘一百六十八公分的縮小版。這些家族成員以一種演化競爭的方式呈現，其中社會階級較高者「在形式和功能上變得退化……因為某個久遠之前的老祖宗脫離了其獨立、部分有益的生活，而開始了一個寄生或貧窮的生活」。[10]這當中對退化最嚴重的白癡的生活有一種近乎色情、偷窺狂般的迷戀，在人們例行性呼籲對其實施監禁、絕育而最終走向滅絕之前，他們的生活就已被大肆渲染。麥庫洛赫認為，社會福利和錯誤的慈善施捨只會使蒙羞的生活和愚蠢的頭腦永存。

英國尚未出現這類特定的家族研究出版品，不過在一八八〇年代，社會改革家和調查家對於英國城市的「渣滓」表達同樣的憂心。這些社會渣滓涵蓋了不負責任的窮人，特徵是墮落、犯罪、賣淫、酗酒、遺傳疾病和不知節育。與努力工作、「值得尊敬的」工人階級截然不同，這些社會渣滓也被稱為「無望的階級」、「遜咖」、「深淵族」、「沼澤族」、「窮困的科學怪人」和「最底層的十分之一」。社會調查家查爾斯・布斯建議，把他們隔離到工業勞動移居地，與可敬的窮人隔開，也使後者得以自由。[11]這種策略已在他們弱智和白癡的後代身上施行，他們急遽增加，並被成群的打發到英國各地不斷增加的都市腹地中快速湧現的弱智收容所。

城市窮人以全新的方式變成了調查對象。亨利・梅休的巨著《倫敦勞工與倫敦貧民》的第四卷於一八六一年出版，主要聚焦在妓女、乞丐、小偷、詐騙犯和其他社會棄兒，布斯的著作《倫敦人民的生活與勞動》則在一八九〇年代分成九卷出版。就大多數窮人而言，他們的不幸不再被認為是咎由自取，如同一八三四年〈濟貧法修正案〉所暗示的那樣，他們成了超出其控制能力的社會和經濟環境的受害者，因此他們理當得到協助和支援以脫離困境。然而，不是所有窮人都值得幫助：他們當中那些被認為刻意擺爛或不可救藥的墮落窮人就不被看好。梅休描述了他在聖吉爾斯極度窮困的貧民區裡的（包住不包吃）出租公寓住宅區閒逛時所遇到一群弱智者的情景：

他們當中有許多人是中年男子……衣衫襤褸，有些甚至衣不蔽體。在這些可憐蟲身上，幾乎看不出半點男子氣概……視察員告訴我們他們大多是無業遊民，極度無知，難以脫離這般處境。[12]

他在街道上注意到一個特殊類型的「跛腳」乞丐：「這個看起來像白癡一樣的年輕人，『裝模作樣的站在墊子上』四肢顫抖，彷彿受到電擊。」他對於「沒有一個收容所或機構收留這一類殘障者」表示驚訝，「他們理應得到同情和協助，因為他們完全沒能力從事任何勞動工作」。機構是解決弱智和白癡人口的方法：改革者看不出有任何解決之道可以幫助他們脫離目前的處境，成為可敬勞工大眾的一分子。他們確實是那些值得幫助的窮人的希望的絆腳石，他們是進步的障礙，必須想辦法移除，最好是透過機構收容他們。

對於低智力會造成社會進步衝擊的焦慮，反映在更廣泛的文化中，尤其是H．G．威爾斯廣為流傳的科幻小說《時間機器》（一八九五）和《世界大戰》（一八九八）。在《時間機器》裡，不知名的時間旅人前進到了西元八〇二七〇一年的未來世界，發現地球上充滿稠密的愛洛伊人小社區，他們長得像兒童的成人，在一個花園天堂裡過著幸福快樂、無憂無慮生活。然後，他發現地底下還住著相對巨大的社區，由長得像猿類的野蠻莫洛克人所組成，他們只在夜間冒出地表活動，操作機器，執行繁重的工業任務，讓愛洛伊人得以過上悠閒的生活。未來的世界是一個退化論者的惡夢：「人類不再是同一物種，而是分化成兩種截然不同的動物。」[13]智能不足的野蠻莫洛克人，「白化的夜行動物」，人數遠超過嬌貴的愛洛伊人，身體也更強壯。他們只是震懾於某個依稀記得要為比他們更優秀的人效命的觀念而已，至少暫時是如此。但更糟糕的是，優雅、逗趣、咯咯笑的上層階級愛洛伊人也在退化中，度過了好幾代奢華安逸的生活卻日趨腐敗，「這些生物是傻瓜嗎？」時間旅人問了自己這個問題。[14]隨著弱智者的數量激增，以及智慧階級對於所面臨的滅亡威脅視而不見，都造成了人類智力處於流失當中。三年後，威爾斯在《世界大戰》一書中，想像出火星人入侵者，這種生物超越了有形有體的有機體，已進化成純智慧生靈，而且沒有情緒也沒有情感，像毀滅螞蟻一般毀滅人類。儘管在這本小說具有諷刺意味的結局中，一個始料未及的身體弱點阻止了火星人的入侵，但本書所要傳達的是智慧才是支配和生存的關鍵。威爾斯自認是個進步社會主義者，但就和許多左派人士一樣，他也熱情擁抱優生學理論以及對於智能缺陷者的擔憂。在威爾斯看來，為確保工人階級更加健全也更聰明，政府有義務和權利介入其中：「世人所帶到這個世界上的孩子，就像他們所傳播的病菌或一個人在薄地板上所製造出的噪音一樣，已經不再只是他們個人的私事。」[15]他的同道中人，進步主義知識分子哈夫洛克．艾利斯認為，如果社會容許「弱者、力不勝者和智能缺陷者，比強者、有能力者和心智健全者……更自由的參與生活」，[16]那麼，要改善社會無疑是天方夜譚。

演化心理學

在優生學理論滲入公眾意識的同時，達爾文的演化論還孕育出另一個思想領域，重新建構了人對智能缺陷的思維。這個新的思想領域就是比較或動物心理學，這個學說試圖以人類、非人類動物和嬰兒人類心智的比較研究，來詮釋心智的演化。達爾文在《物種起源》裡始終避談人類的演化，只聚焦於植物和動物物種的演化上，但他所要傳達的意涵卻是顯而易見的。如果物種經天擇而演化和適應的理論是正確的，那麼人類就是從低等生命形式演化而來的。而且，人類不僅只是身體演化了，心智也一定經過演化。而且，意識在某個時間點必然憑空出現。這是怎麼發生的，以及人類是在何時發展出一種意識水準，產生了自我意識和自知之明，使人類有別於其他動物物種？

因此，演化論者的任務是要證明兩個物種之間的連續性，證實人類可以從動物祖先演化而來，但也要證明存在某種適用於心智和身體組織上的發展過程。在《物種起源》出版十多年後，達爾文最終寫了《人類的由來》（一八七一）和《人類與動物的情感表達》（一八七二）兩本書，設法闡釋人類的心智發展。他寫這兩本書的主要目的，是縮小人類和動物之間的意識落差，以證明基本的情感、本能和反射為所有物種所共有，也是人類有意識思想的基礎。基於這樣的一個共有心智遺產，使得經天擇（適者生存）所進行的心智演化過程概念變得可行，並將人類物種置於他的總體理論中。

對達爾文而言，有個絕佳的說明機制能夠彌合高等動物和發展完全的人類二者意識間的鴻溝，那就是白癡的心智。他在上述兩本著作中都提到了白癡。在《人類的由來》中，他借鑑了人類學家卡爾・福格特一八六七年的著作《小頭人備忘錄》，把小頭白癡向上與「低等人類類型」（他指的是「野人」）相連結，並向下連結到低等動物。達爾文描述了他們較小的顱骨、較不複雜的腦迴路、凸出的額頭和結實、凸出的下巴。[17]當他把白癡描述為「強壯和異常活躍的、不停的歡鬧和跳躍，還做

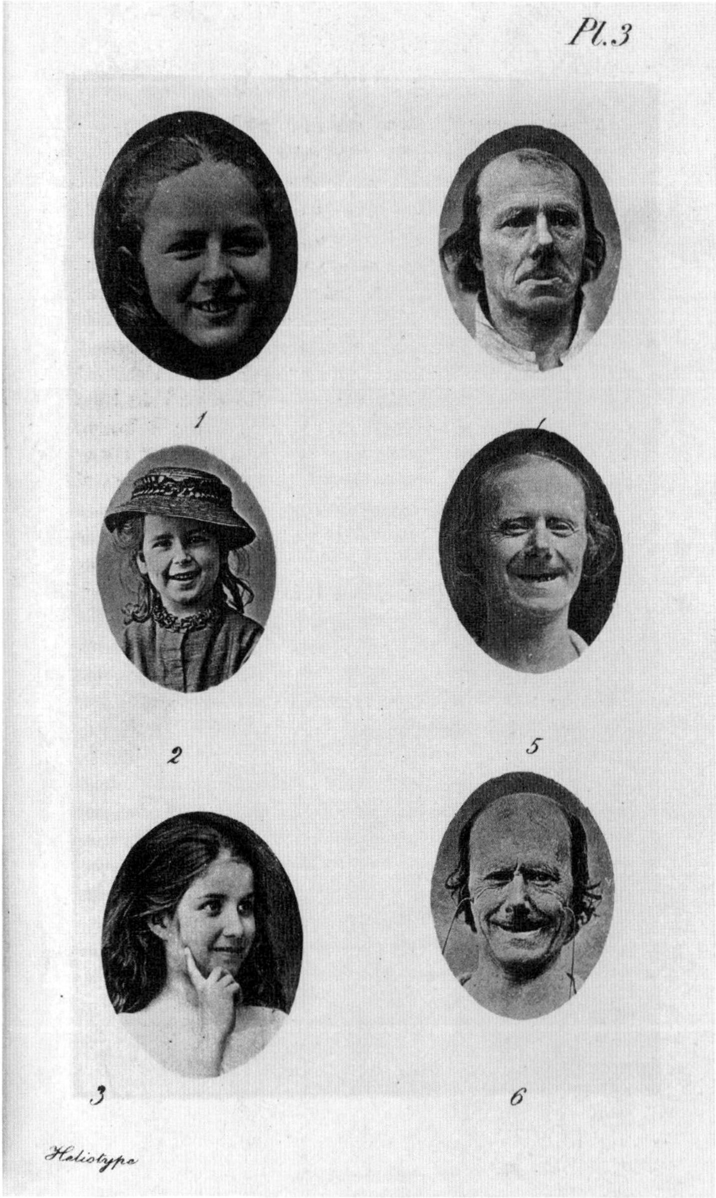

達爾文認為開心是一種本能反應，很容易在白癡身上被激發出來，如同這幅膠版畫所顯示的微笑的女孩與男人，出自《人類與動物的情感表達》（1872）。

鬼臉。他們經常手腳著地爬梯，出奇的愛攀爬家具或樹木」[18]時，他們與動物的連結就很明確了。這些都使達爾文想起了「阿爾卑斯山的原生動物，羔羊和小山羊，如何在小山丘上開心蹦跳，不管山丘多麼小。」他又繼續描述了其他白癡和動物在許多方面相似的行為：在吃每一口食物前，都要先聞一聞；像猿類一樣用嘴輔助手來抓蝨子；骯髒的習慣；缺乏禮貌；以及異常茂密的體毛等等。[19]

這種將動物般行為與白癡外表結合的建構，往往建立在來自二手資料的最稀薄「證據」基礎上，與深具科學優雅的《物種起源》相距甚遠（達爾文在其中展現出強而有力的直接觀察與嚴謹的推論），而此處的目的是證明一種「返祖（或隔代遺傳）」理論。返祖理論主張，高等物種成員身上出現發育停滯的構造，讓人得以如快照般略窺該物種演化的早期階段。因此，在白癡身上可以觀察到人類發展的早期階段：行為像靈長類，說話像鸚鵡（因為出於模仿，所以沒有意義）。[20]

在達爾文的年輕門生，喬治．羅曼斯的帶領下，一門新興的動物心理學「科學」由此誕生，達爾文在臨終前將自己尚未發表、有關本能的筆記傳予羅曼斯。羅曼斯全心致力於證明心智演化，其研究方法是比較人類和較低等動物的心智過程。和達爾文一樣，他以白癡為比較對象，在人類和非人類物種之間建立一座有用的橋樑。在《動物智力》（一八八二）、《動物心智演化》（一八八三）和《人類心智演化：人類能力起源》（一八八八）三本著作中，他發展出一種理論，認為心智演化是一個漸進過程，從反射（純粹是對外界刺激的無意識反應），經由本能（對特定刺激的學習性適應行為，透過整個物種傳遞，包含了有限的意識），再到出現在高等物種身上的有意識行為，以回應從未經驗過的全新刺激。[21]他認為，白癡基本上是一種反射性和本能性的人類類型，而不是具有意識的刻意為之，因此他們在許多方面更近似非人類動物，而非他們的人類同胞。他聲稱在白癡收容所中觀察到出於本能的工作怪癖，像是有節奏的「來回」動作，以及手部、四肢和五官的習慣性動作。[22]他把這些動作視為早期人類本能行為的返祖性殘遺，這些行為超越了原始目的，而在這些未演化的人類身上倖存下來，成了遠古的歷史快照。他把它們拿來與一隻被他稱為「白癡狗」的小狗的行為比較，牠在躺下之前要先旋轉二十次，羅曼斯認為，那是一種其祖先在長草堆中鋪床行為的殘餘。

演化心理學所提出的白癡概念，是一種反射性和本能性的生命存在，他們在發展出完全的意識階段之前就已停止發展，提供了人類過去的一個演化快照，並在人類動物和非人類動物之間形成一個連結，或者說是消失的環節。這種想法與優生學的核心原則恰成對比，優生學認為，人類面臨著從已進化狀態倒退的退化風險，乃肇因於不良的生育、遺傳和任由愚人繁殖興盛而干預了天擇。演化心理學則一開始就將智能缺陷者視為演化失敗的產物，並認為他們是演化過程中，前（或早期）人類階段的返祖現象。這兩種觀點並存，並且都強烈要求將白癡和弱智族群從社會中移除，因為他們的不可救藥，使得他們無法以社會人的身分立足於世。

對演化論者而言，白癡顯示了人類和動物我（animal self）之間的緊密關係。在理性、文明、已進化之人的心裡，潛藏著一頭來自遙遠過去的野獸，白癡頭腦中無法隱藏其原始起源，證明了這個論點。達爾文已經證明，人類比他們願意承認的更近似非人類，而智能缺陷者則被視為是對此論點一種令人不適且不受歡迎的提醒。威爾斯在小說《莫洛博士島》（一八九六）一書裡，再次挑動大眾的焦慮，他描繪了一個偏遠島嶼，在那裡有種經活體解剖所育種出來的人獸混種生物。這種令人不安的危

查爾斯．班內特，〈猴子的把戲〉，1863，木刻雕凹版畫，表現達爾文的演化論——在理性的、文明的、已進化之人的心裡，潛藏著一頭來自遙遠過去的野獸。

險生物，「不比白癡好多少」，擁有「侏儒的腦袋」，他們在島上遊蕩，滿腔是「想要傷害人類的渴望、本能和欲求，一個會突然爆裂的奇怪隱密水庫」。這些半人類過著一種「嘲弄理性的生活」，具備基本語言，而且比其原始動物狀態多了些許智力，受到本能的驅使，也受到心理學家認為是智能缺陷者所特有的相同返祖驅力所支配。他們最終結合了「人類特有的愚蠢與猴子天生的愚蠢」。[23]對威爾斯而言，莫洛島部分充滿異國情調的幻想：它也是個毫不含蓄的隱喻，即半進化的野蠻白癡人類的心智，在人類形式和動物本能的致命結合下，將對文明的安全和進步構成威脅。

道德弱智

演化心理學的理論也影響了心智科學工作者。傑出的醫學心理學專家亨利・莫茲利於一八八三年在《身體與意志》一書中概述了後來發展成為「道德弱智」的觀念。莫茲利接受了由羅曼斯等動物心理學家所提出的概念，也就是所有生物的有意識智能都是從反射和本能再發展到有意識的行為。他因此主張，有意識的智能在人類身上又經歷了兩個階段，首先是發展出理性，然後是產生道德感。白癡從未發展出超越本能的半意識狀態，因此無法發展出理性和道德。莫茲利將它們描述為一種人類的「歸謬法」。然而，弱智者也許會獲得某種形式的理性智能和有意識的意向性，但他們永遠無法再往前進入道德智能階段。這雖然讓他們看起來具有智力，但不受道德約束使他們成了危險人物。這種沒有道德的人會表現出精明的狡猾，「以滿足其邪惡傾向……一個道德上的白癡，但在追求自私自

愛倫．薩特克列夫，約克夏郡韋克菲爾德西騎精神病院的「弱智」病人，詹姆士．克里奇頓－布朗尼爵士拍攝，1869。

利的智能上不會是白癡」。[24]因此，這是一個危險人物，他們擁有一定程度的狡獪「頭腦」，但卻沒有任何道德框架可以引領他們的行為。在法國大革命的覺醒後，由福岱爾和讓．喬治所提出道德敗壞的「騙子和流氓」以來，這種看似聰明但毫無道德的白癡形式概念就已體現在醫學當中。然而，為了因應演化論的難題，莫茲利藉由將半進化的道德白癡納入其詮釋系統，他們的心智雖已發展出是非對錯的認知，但還不到在乎的程度。這種新的弱智類別後來不僅成為大眾關切的目標，也成了國家政策的重點對象。

如此一來，智能缺陷者遭到兩面夾攻，一方面被優生學理論妖魔化，成為退化族群中最低等者，侵蝕著人類的演化性進步，並且被早期心理學家貶抑至一個介於人類和動物之間的不穩定地位。自收容所體系發展壯大以來，智能缺陷者便受到醫學的嚴密關注，他們成了心理科學中心智發展理論的重要詮釋因子，也成了可能深受其苦的心智發展遲緩者和病人的象徵。從一百年前默默無聞的地位和被知識界漠視，到了一八九〇年代，智能缺陷者已被全然科學化和病理化，成為社會科學和醫學的重要研究對象。

智商的誕生

隨著阿爾弗雷德·比奈於二十世紀初在法國提出IQ（智力商數）這個概念，這個過程獲得了強化。比奈是巴黎索邦大學心理實驗室的主任，對智力測量深感興趣。和同代的心理學家和人類學家的慣常做法一樣，他從測量顱骨開始，並在一八九八年樂觀地寫道：「受測者的智力與其腦容量的關係……是非常真實的，而且已經獲得所有嚴謹的調查家的確認，沒有例外……（而且）一定被認為是無可辯駁的。」[25]到了一九〇〇年，他質疑起顱骨測量法的優點，他自己的研究發現，只要是嚴謹而非一廂情願的應用顱骨測量法，那麼聰明和不聰明的人之間的顱骨大小並沒有出現明顯或一致的差異性，包括白癡，只有小腦症患者除外。[26]

在放棄顱骨測量法並尋找新的方法後，法國公共教育部部長於一九〇四年委託比奈開發出新的技術，以識別在課堂上有學習困難的學童，以及誰需要接受某種形式的特殊教育。隨著普及教育的實施，這種現象日益嚴重。比奈將一系列日常解決問題的任務彙總在一起，像是數硬幣，他希望這些任務的範圍和內容夠多樣化，進而能夠評估出兒童的總體潛能。他在一九〇五年首先發行了第一套測試

阿爾弗雷德·比奈肖像畫，IQ之「父」，1898。

工具，一系列難易度由淺入深的任務，但到了一九〇八年，比奈為各項任務選定出年齡層，從此這便成了評估所謂的智商的基礎。兒童所能執行的最後任務顯示了他們的「心智年齡」；這種心智年齡與兒童實際年齡之間的差距，表明了他們的總體智力程度。德國心理學家威廉·斯特恩於一九一二年開始用心智年齡除以實際年齡，得出了現代的智商或ＩＱ程度。[27]

智商的概念將智能缺陷蓋上了科學隔離化的封印。在這個焦慮不安的年代，社會對於低智力者的影響感到恐懼和憂慮，智商概念似乎提供了一種無可爭辯、精確的科學方法，來測量出一種被稱為智力的東西，且不分民族和文化都一樣可靠。有鑑於這種方法的精確性和可測量性，智能缺陷的威脅變得更容易辨識，也不再那麼神祕，且更容易解決。智商觀念的力量，已遠超出了比奈當初的設想，即用智商大致表示一個人的智力潛能。隨著歐洲和美國熱烈接納，智力成了「一種東西」，一種心理學與其相關工作者能夠運用完美的測量形式，從人類的頭腦中將之提取出來的東西。有智能缺陷的人現在可以被辨識、被揭露，連那些狡詐的威脅者，也就是道德弱智者，面對科學也無所遁形。心理學家兜售IQ的熱情，反映了他們孤注一擲的決心，要讓自己被看作是一門精確科學（例如物理學）的工作者，而不是如同一些人所揶揄的那樣嘲笑心理學是哲學和一廂情願想法的混合物。IQ測驗的文化偏見、未能承認智能的多元類型，與其方法學的獨斷性，這些全都被忽略了，因為對此感到慶幸的教育、社會科學和醫學當局擁抱了IQ測驗的確定性與其功能效用。它的文化偏見確保了受教育的中、上層階級可以在IQ測驗上獲得好成績，但窮人和沒有接受教育的人則考得很差，這似乎確認了智能的遺傳性。即使在第一次世界大戰期間，在心理學家羅伯特．耶基斯的主持下，針對美國一百七十五萬陸軍新兵所展開的第一次大規模IQ測驗實驗，得出了令人難以置信的結果，美國白人成人的平均心智年齡是十三歲（也就是「半低能」的程度），而美國「黑人」的平均心智年齡是十點四歲（也就是「低能」的程度），但沒有人質疑IQ作為一種測量方法的科學有效性。反之，一場大規模的中產階級恐慌隨之而來。[28]

皇家委員會

如果像是心理學和優生科學所表明的那樣，智力低下主要來自遺傳而且難以改善，以致對社會的安定和進步構成威脅，那麼國家有責任採取某些手段介入和隔離這部分的人口族群。針對可敬的階級大眾長期以來的焦慮不安，顯然有必要以某種形式的國家行動來應對這類威脅。約瑟夫·康拉德在小說《密探》（一九〇七）裡，講述了史蒂夫的故事，他是密探阿道夫·維洛克智力低下的妹夫，受到無政府主義革命分子的操縱，在格林威治皇家天文台放置炸彈，蓄意造成公眾的傷亡（炸彈提早爆炸，把他自己炸死了）。小說並沒有把低智者的威脅描寫成某種抽象的擔憂，而是對社會及其公民構成了明顯而實際的危害。

為回應國內民眾的擔憂，由亞瑟·貝爾福所領導的保守黨政府於一九〇四年設立照護暨控制低智者皇家委員會，其成員包括了政治人物、律師、慈善代表和公務員。當中有自由黨黨魁狄金生，他也是全國低智者福利促進協會的會長；查爾斯·洛克隸屬於慈善組織協會，這個自願性組織倡導以激進的優生學手段解決貧窮、犯罪和種族世系心智衰退等問題。醫生則被指派協助有關定義和解釋智力低下的問題。[29]

皇家委員會在一九〇八年的報告中，建議要為三大類的人：白癡、弱智者和低智者，設立專門的機構照護系統。弱智類別也包含了莫茲利在一八八〇年代所指出的「道德弱智者」。其他群體諸如：癲癇患者、酒鬼、聾啞人士和盲人等族群，若同時也是智能缺陷者，也會被包含在內。報告指出，大量智能缺陷者被不當的安置在監獄和精神病院裡。這份報告雖不是一份全面的優生學文件，但它確認了遺傳是造成智能缺陷的主要原因，淡化了環境、訓練和教育的重要性。這導致了內政部和教育委員會之間的部門競爭，報告的調查結果削弱了後者欲擴大特殊學校系統的目標。這樣的競爭成了相關立法遭延宕五年，直至一九一三年才通過的原因之一。[30]

雖然無關立法過程，但類似的發展也在美國出現，其領導者為紐澤西州維蘭德低智男女培訓學校研究的主持人、心理學家亨利．戈達德。戈達德於一九〇八年赴倫敦和巴黎參訪當地的智力低下者收容所。在巴黎期間，有人向他介紹了現在所稱為的比西量表，這是由比奈和西奧多．西蒙共同設計出的一種智力測驗方式，較比奈早期的方法更精確。[31]戈達德在美國推廣比奈和西蒙的智力測驗方式，將比奈的出版品翻譯成英文，鼓吹應用於全美國不同族群，並傳播這些測驗的分數構成了某種可以被認定為先天實體的表現形式，也就是智力的觀念。他把智力測驗視為實踐優生學理論的機會，透過鑑識和隔離智力低下者，以防止孕育出低劣的後代。儘管這嚴重悖離了比奈創立智力測驗的初衷，且比奈雖繼續否認智力可以藉此方式具體化，但戈達德卻認同比奈所認為這些測驗在辨識智力低於「正常」區間者最有效的觀點。[32]戈達德於一九一〇年在美國低智者研究協會的年會上，提出了一種以ＩＱ來分類智能缺陷者的新系統。他把ＩＱ在〇至二十五的區間者歸類為白癡，二十六至五十區間者歸類為弱智者，在兩者之上，增加了一個由他發明和創造的新類別，「低能」（moron）其ＩＱ介於五十一至七十之間，這是他從希臘文中的愚蠢的詞語中所鎔鑄出的新術語。在美國，低能者的地位就和英國的道德弱智者類似，是看似「正常」實則不然，且具備一些智力，但沒有道德感的危險人物，有犯罪傾向且不受約束。戈達德主張，他們應該和白癡與弱智者一起被監禁或絕育。

戈達德於一九一二年出版了他惡名昭彰的單一家族優生學著作《卡利凱克家族：智力低下的遺傳研究》。受到達格戴爾一八七七年《朱克家族》一書的啟發，其中也包含了聾人聽聞的敘述，單一的不良育種行為可能導致智能缺陷者激增。在這個家族案例裡，在優生學上堪稱健全的美國獨立戰爭英雄，馬丁・卡利凱克，在一間小旅店裡一個智力低下的女人的身上播了種。戈達德為這個家族取了卡利凱克這個化名，這個字是希臘字「好」與「壞」的融合字，以闡釋這個肇因於旅店裡一個愚蠢行為所生出的後代，不僅人數繁多且都是不可救藥的低能兒，而卡利凱克「體面的」元配婚姻，依舊維持優生學上健全的後代。他寫道：

> 這一切令人感到詫異和毛骨悚然之處，在於不論我們追蹤他們到哪裡，是繁榮的鄉村地區、某些人流浪棲身的城市貧民窟，或是更偏遠的山區，抑或它是一個第二代或第六代的問題，到處都能看到驚人數量的智能缺陷者。[33]

儘管該書的研究方法、假設和結論後來都遭到了嚴重質疑（甚至有人指控書中照片遭到篡改），但戈達德的研究甫一出版，便迅速成了「優生學運動中的原始神話」。[34]兩個類似的研究也在同年出現：佛羅倫斯・丹尼爾森和查爾斯・戴文波特合著的《山民：關於一個鄉村社區的遺傳性缺陷報告》，以及亞瑟・伊斯塔布魯克與戴文波特的共同研究《南氏家族》。伊斯塔布魯克在美國優生學檔案室服務，還針對達格戴爾的原始研究寫了一本極度悲觀的補充著述《朱克家族一九一五》。上述幾本著作講述了無法控制的智能缺損者向美國各地的平原、山區、鄉鎮和城市成群結隊、無情的蔓延，造成人心惶惶的故事，它們製造並助長了社會對於種族衰退的焦慮不安。

推動立法

在照護暨控制低智者皇家委員會於一九〇八年發表報告後的幾年裡，優生學所引起的恐慌便因此在大西洋兩岸來到最高點。在英國，在得知相關立法將推遲後，那些對心智缺陷採取反制行動的支持者感到十分氣餒。他們開始採取主動。優生學教育學會（後來的優生學學會）和全國低智者照護協會起草了一項法案，提議對智能缺陷者實施拘留和長期監禁。在意氣相投議員的支持下，這兩個組織於一九一一年在威斯敏斯特召開會議，宣傳這項法案並敦促政府採取行動。雷吉納德·朗頓·唐醫生（約翰·朗頓·唐的兒子）也是與會者之一，他聲稱有鑑於智能缺陷者的威脅，該法案不過是可能的最低限度要求。[35]這場會議的主講人是阿爾弗雷德·特萊德戈德，他是英國智能缺陷領域頂尖的醫學「權威」之一。他只把人分為兩類：「人類可分成兩大族群：**正常人**和**智能缺陷者**。正常人的範圍從卓越出眾到遲鈍。而智能缺陷族群……又分成三等，亦即**癡呆**、**弱智**和**低智**。」[36]儘管他承認，在低智者，也就是「智能缺陷程度最輕微者」，和單純的頭腦遲鈍者交集之處的診斷上，出現了若干灰色地帶，但只要交由稱職的醫生判斷，這類問題並非無法克服。迅速診斷或監禁那些被診斷者則是當務之急，因為：「我們所要求的，就是確保能夠管控這一類人，換言之，放任他們自由反而會傷害他們自己或使其陷於悲慘境地，或是成為危害社區福祉的威脅。」[37]他們在晚宴上以大聲呼籲，得做些什麼以「阻卻日益高漲的退化潮流」作結。由於事態緊急，他們匆促起草了這項法案以確保至少有某些行動，儘管這遠非一個「完整的解決方案」。[38]

面對這樣的壓力，自由黨政府在兩年內向議會提交了一項法案，並獲得壓倒性通過。該法案規定由「政府機構對低智者進行強制性的永久隔離」。[39]英國於一九一三年通過的《智能缺陷法》引入了一個新的政府部門「控制委員會」，管轄全英心智健康照護事務，將負責拘留和監管智能缺陷族群的工作集中化為一項政府機能。這項立法有兩大核心內容：建立一個「隔離區」（colonies）網絡體系收容智能缺陷者，以及為那些未被送入機構者，設立一個由社區控制和監督的體系。

在跨黨派議員的強烈共識下，反對這項法案的力量顯得勢單力薄。對於執政的自由黨政府和四十二位社會主義工黨議員而言，該法案的通過代表了英國社福改革計畫向前邁進一步，把之前由慈善團體一肩扛起的工作交給了政府。對於反對的保守黨而言，優生學所引發的焦慮不安壓過了對國家干預的擔憂。不過，三黨都一致認為有必要以某種因應措施來「處理」退化族群。只有約西亞・韋奇伍德，這位自封為「最後的激進分子」的自由黨議員反對到底。他的反對倒不是出於他對那些被貼上智能缺陷標籤的人有特殊的責任，甚至是興趣，而是基於他對自由和民主責任理念的強烈堅持。在韋奇伍德看來，不論是誰，也不論被貼上了什麼標籤，所有公民都享有權利。他們不能僅僅因為未獲認可，就即刻被逐出社會或在社會中受到嚴密監控。他認為，這項法案是為優生學學會這類思想狹隘團體賦予權力的一種工具，也是對民主的威脅。他提出了一百二十個修正建議並發言了一百五十次，但都徒勞無功。反對無效：三百五十八名議員投下同意票，只有十五個人反對。[40]

諷刺的是，在法案通過後的隔年，因第一次世界大戰爆發而推遲了這項法案的實施。在一九一三年被視為是危險、沒有生產力和寄生蟲的成千上萬智能缺陷者，成了有價值的技術勞工，以填補男性上前線作戰所造成的勞力短缺。問題是，隨著戰爭結束在即、士兵從戰場返鄉，他們必須放棄現在的角色。中央智能缺損照護協會在一九一七年表達了他們的焦慮，「大量輕度智能不足，甚至是弱智者，現正從事有報酬的工作……但只要出現任何勞動力取代時，他們確定會離開目前的工作，因此我們急於制定保護和輔助他們的計畫。」[41]「保護和輔助」意謂著拘禁或監管，因為這項法案即將全面實施：沒有人會停下片刻，考慮一下那些被視為智能有缺陷的人在戰時證明了他們有能力工作，對社會毫無威脅。[42]

這項法案制定了三種稱之為「照護、監督和控制」的形式，分別是機構照護、監護人制度和社區監督。機構照護為隔離保護區。監護人制度允許有親權的監護人照護智能缺陷者。社區監督則是一種由法定的衛生訪視員、學校護理人員和社工所合力構成的網絡，並結合當地心智社福協會（主要是中央心智福利協會）的家訪志工。[43]這一切都在新成立的控制委員會監管之下。與機構提供的服務相比，社區監視、監督和控制體系同等重要，甚至是更重要。到了一九三九年，總計有近四萬四千名智能缺陷者受到法定監督或監護，有四萬六千人收容於機構中。[44]這些數字說明了政府當局在控制智能缺陷族群事務上預計達成的進度，以及公眾對這些控制的支持，或者至少是他們欣然默許的。[45]

對於那些發現自己被捲入了這樣的羅網裡的人而言，一九一三年這項法案的通過是一個分水嶺，智能缺陷的標籤為社會蒙上陰影。這個時刻標誌著，他們這一百多年旅程的最高潮，從被接納為社會一分子（不論蒙受何種艱難），轉變成政府明訂的社會棄兒，以及人所恐懼、憎惡和憐憫的對象。這也標誌著精神醫學和心理學的新「科學」成就，他們對此族群在鑑定、控制和醫療的主張，取得了最大的勝利。這項立法包羅萬象，年齡層涵蓋了兒童到老人，從重度智障到令人困惑的道德弱智者，以致在接下來的四十五年裡，幾乎未能再頒布任何與智能缺陷相關的進一步立法。《初等教育（智能缺陷和癲癇兒童）法》在一九一四年頒布實施，規定所有地方政府當局必須提供特殊學校。一九二五年的《智能缺陷修正案》允許擴大使用監護權制度以作為送進機構的替代方案。一九二七年通過的《智能缺陷法》修正案則擴充了機構條款，並要求地方政府提供某種形式的訓練和就業。除了這些少數例外，和一九二五年與一九二七年通過的法案修正內容外，直到一九五九年《精神健康法》通過前，一九一三年的原始法案仍舊是英國長期以來管理和理解智能缺陷者的主要法律框架。無論是被送進終身收容機構裡或是在自己家裡被監護，那些被視為智能有缺陷的人彷彿是可以遺忘的。

法案的實施

現有的收容所和濟貧院，例如柴郡的桑德爾布里奇隔離區，被改造成適合專門收容智能缺陷者的機構，在兩次大戰期間，它們成了現成的收容所來執行該法案規定的制度目標。「隔離區系統」被加進了這個機構組合中，而且全英各地都在租賃或興建新的建築物。這些建物的興建橫跨了整個戰間期*。利茲市明伍德公園隔離區從一九一九年起便由利茲公司承租；在哈特福德郡的塞爾巴恩斯醫

*戰間期指第一次世界大戰結束到第二次世界大戰爆發之間的這段期間。

院則興建於一九三三年；薩里郡的波特利公園智能缺損隔離區直到一九三九年才興建完成。這股推動監禁智能缺陷者的壓力未曾稍減。

在一九三一年智能缺損隔離區部門委員會所提出的〈赫德利報告〉裡，描述了這種機構系統的創新，這是一種與收容所系統大相逕庭的設計。每個所謂的隔離區通常是地處偏鄉、小型的自給自足世界。介於九百至一千五百人的住民，生活在一個典型的隔離區環境裡，中間是中央行政區域，外圍環繞著人數上限為六十人、各自獨立的「別墅」。這個中央的行政區在男子和女子別墅之間形成一道屏障，為要防止「生育」而隔離兩性來往，這被認為是必要措施，但最低等的白癡例外，因為他們被認定沒有性交能力。兒童和成人分開居住，也有專為「棘手個案」，也就是那些被視為行為需要控制者所開設的別墅。「低等白癡」和「棘手個案」的專屬別墅會盡可能遠離醫院通道，以免冒犯訪客。收容「有工作的優等病患類別」的別墅獲准離中央行政區最遠，而且有自己的烹飪設備和暖氣。病人群居在大型宿舍裡，床鋪緊密成排並列，幾乎沒有個人隱私或可以存放私人物品的空間。

從抽象層面而言，隔離區幾乎是一種田園詩般的構想。除了別墅之外，隔離區還設有一個兒童學校、成人工坊、廚房、麵包坊、洗衣房、娛樂廳（座位可容納七百五十位病人，兼作禮拜堂）、員工宿舍、運動場（特別是為了男性）和一個小型停屍間與墓地。許多隔離區都有自己的農地和供應市場的蔬果農場、馬廄、家禽、豬隻、牛群和溫室。除了護士，隔離區還僱用了農場管理員、消防員、工程師，當然還有警衛。[46]大多數病患在洗衣房和工坊或是在農場從事不支薪的工作。事實上，如同回顧這段時期的口述歷史所揭露的，隔離區的環境嚴苛、單調無趣，實施恪遵紀律的懲罰性管理，不會

一群皇家東郡機構裡智能有缺陷的女童軍，1929。

遷就於個別性，在擁擠的房間裡，傳染病快速傳播。[47]學校、停屍間和墓地的存在，既富有深刻的象徵意義也具有實用性：智能缺陷者的命運是從小就被送進隔離區，並在此度過餘生，不是在他們出生的世界，而是為他們建造的另一個世界裡。

在隔離區外，監護制度和法定或自願監督已經到位。在監護制度之下，智能缺損者住在家裡，由一個適當的監護人控管，監護人可以是父母之一、其他親戚或雇主。在監督制度之下，智能缺損者受到受薪官員、衛生訪員、校護、社工或地方心智福利協會（通常隸屬於中央心智福利協會）到府訪視監督。訪員都是中產階級，他們向地方智能缺陷委員會報告，若報告上指稱控制不當，則會由機構或監護制度接手。因此，在機構內外都有監督、管理和控制制度。這可以理解為具有社會救濟和保護主義的目的，也具有限制和抑制作用，可以提供財務援助、衣物和其他援助給那些沒有得到貧困救濟的人。[48]然而，機構和社區制度的首要目標是控制行為和防止繁衍。智能缺陷聯合委員會於一九二九年的報告，並未緩解大眾的焦慮和擔憂，該委員會在歷經五年的調查後宣布，在英格蘭和威爾斯地區的智能缺損者至少有三十萬人，是皇家委員會一九〇八年報告中預估人數的兩倍。這份報告把他們描述成一個「社會問題族群」，約占英格蘭和威爾斯總人口的百分之十。[49]有鑑於到了一九二六年，仍約有三萬六千名智能缺損者被收容在機構裡，或受到某種形式的監督，[50]對於這些智能缺陷者在這塊土地上成群出沒遊蕩、掠奪，還汙染了種族世系的焦慮，仍舊在狂熱的人種改良擁護者心中陰魂不散。

社會的普遍態度

在二十世紀上半葉，英國的意識形態光譜普遍存在著一個廣泛共識，就是智能缺陷在某種意義上是個需要「解決」的問題。這樣的共識不僅僅只是出於優生學理論所提出有關種族種群受到威脅和導致社會退化的論點，雖然這部分確實發揮了重要作用。不過，還有一種看法，就是在高度工業化、新興科技發達和高度城市化的西方社會裡，沒有足夠腦力的人根本無法應付現代化的需求。社會福利只會延續他們悲慘的處境，阻止他們免於如同天擇定律所指，理當步上凋零的命運。優生學政論家亞伯特．威格姆於一九三〇年在美國自然史博物館所舉辦的一場會議上表示：「文明正在為愚蠢創造一個安穩的世界。」[51]保護那些基本上被認為不具生產力的人，得要付出社會成本。在一九三一年所提出的〈赫德利報告〉，有部分原因是對於政府實施隔離區制度所需的成本感到咋舌，這點常常在探討缺陷的對話上被間接提及。動物學家、人道主義者暨優生學家朱利安．赫胥黎在一九三〇年寫道：

我們要怎麼做呢？每個智能有缺陷的男人、女人和兒童都是一個負擔。每一個智能缺陷者都是一個額外的個人，需要國家供應吃穿，但卻幾乎或完全無法產出任何東西作為回報。每個智能缺陷者都需要受到照顧，卻癱瘓了一定數量的能量和善心，它們本來可以得到很好的利用。[52]

他的弟弟，小說家暨評論家阿道斯．赫胥黎，在他的反烏托邦小說《美麗新世界》（一九三二）裡，便諷刺了優生學家的社會工程美夢。在這個世界裡，人類是被工廠用試管給培育出來的，每個智力和能力等級都有特定數量，以從事不同的社會職能。像是升降機操作員這類卑微的工作，就交給露齒微笑的「伊普西龍－負號半低能人」來執行。[53]這固然諷刺，但這本小說呈現了有關智能缺陷的觀念是如此深植於國家意識中，且在不自覺中就被採納了。「進步」政治的偉大與好處，舉凡社會學家也是費邊主義*的創始人西德尼和碧翠絲．韋伯夫婦、H．G．威爾斯、節育先驅瑪麗．史托普斯，

* 費邊主義是英國社會主義團體費邊社所倡導的學說，主張以和平建議的改革來追求社會正義。

牆板上顯示「優生學與其他科學的關聯性」，靈感來自哈利．羅格林在一九三二年八月三日至二十一日於紐約舉辦的第三屆國際優生學大會上發表的一篇論文。二十世紀上半葉，優生學理論形塑了全國性共識中關於智能缺陷的一部分。

以及所有主要政黨的成員，都簽署同意抑制、隔離和最終根除智能缺陷者。[54]與其說這是一種意識形態立場，不如說是一種共同的文化定見。[55]

智力測驗可以極為精準的鑑定一個人的能力，因此一個可量化、被稱為智力的東西，是唯一驅動人類價值和能力的因素的觀念，長久盤踞在英國的心理學實驗室和實驗裡。社會達爾文主義者卡爾・皮爾森在一九一一年成為倫敦大學學院第一屆高爾頓優生學講座教授，這是以高爾頓所捐贈的遺產所設立的講席。皮爾森形塑了英國的智力研究，還引進了統計學專業知識作為心理學的科學權威的指標。他以高爾頓的研究為基礎，導入常態分布曲線（或稱為鐘形曲線），將天才和心智有缺陷者區隔開來，並創造了一個指明社會歸屬的標準化智力區間。[56]一九三〇年，高齡七十三歲的皮爾森向控制委員會工作人員發表了一場名為〈論精神疾病的遺傳〉的演講，他理直氣壯的大力強調其遺傳主張，以一系列令人生畏的統計圖表支持自己的論點。為呼應達格戴爾的朱克家族與戈達德的卡利凱克家族研究，他提出了對一系列家族案例的歷史所做的「科學」統計分析，並對不良的生育後果提出了嚴厲警告：

> 案例九。一個低智女性嫁給了一個男人，他後來因為殘忍行徑依法被迫分居。他有兩個癱瘓的弱智兄弟，都死於白癡收容所。他自己後來也被確認罹患精神失常。這個瘋癲男人和智障女人有兩個兒子，老大是待在收容所裡的弱智；老二身體健康，但是個高度的道德缺陷者。[57]

隨著心理學家取得愈來愈多的公共權威，他們被視為能夠決定人類能力的構成要素為何，並據此裁定其歸屬的仲裁者。他們在描述人類生活時，把智力視為人類能力形成的原因，而智力程度則是一個人作為人類存有的應對能力的指標。他們把自己描述為懂得如何測量這個能夠揭示人的狀態的靈丹妙藥者，因此能夠管轄人的歸屬疆界。而隔離區的高牆，和在社區裡受到監督和監視的智能缺損者四周所築起的無形之牆成為了疆界的標記。

當西方世界在一九三〇年代末走向戰爭之際，智能缺陷相關事務的發展概況就是這樣。在上一次大戰爆發前夕通過的智能缺陷相關法案，現在似乎多所實現。約有九萬名智能缺損者或在機構或在社區裡，發現自己正處於英國政府的監控之下。優生學的鼓吹者可能滿意於自己的主張正在實現。然而，沒有人預見到，在德國納粹主義殺人的意識形態開始把自己深鎖在與優生「科學」的致命擁抱中。在智能缺陷的故事中，一個災難性新篇章即將展開。愚行確實在這世界裡逍遙來去，帶來毀滅性影響。但愚行並沒有在預期的地方被發現、在那些被貼上智能缺陷標籤者的頭腦裡。

第九章　回歸社區？一九三九年至今

即使是在優生學思想的鼎盛時期，有組織的大規模殺害智能障礙者似乎從來都不是一個可行的方案。在戰間期，優生學理論雖然在英國、美國和歐洲大部分地區大行其道，但並非沒有受到挑戰，而且在一定程度上受到了民主保護措施的制約，這意謂像是安樂死，甚至是對於智能缺陷者施行絕育手術的這類提案，從未獲得英國人的熱烈支持。英國優生學學會就自稱是溫和派，反對脅迫，與美國，尤其是德國恰成對比。他們只提倡自願絕育。基於道德和經濟上的理由，西方國家反對把所有的智能缺陷者送進機構當中。絕育手術受到了來自社會上的抗議行動和法律質疑，尤其是天主教會。這些抗議行動並非每次都成功，而且美國已經有合法的絕育計畫，但這些抗議行動足以阻止國家為防止「智能缺陷者」繁衍，而進行全面性的醫學干預，當然在英國也是一樣。

再者，英國在這段時期邁向普選，這意謂有必要在共同的意識形態抱負中納入工人階級和其後代，而不是將他們視為有瑕疵的遺傳產物而加以排斥。言論自由也意謂著極端的優生學觀點受到了挑戰，甚至是揶揄。在美國，社會工作者史丹利．戴維斯所著的《低智者的社會控制》（一九二三）一書，儘管書名令人震驚，但他在書中倡導社會福利和社會支援策略，並抨擊譴責優生學所造成的「恐慌時期」，他把這段時期定位在二十世紀的頭二十年。[1]新聞記者亞伯特·多伊奇在其巨著《美國的精神病患者》（一九三七）裡，用了兩章的篇幅來探討智能缺陷的問題，並譴責所謂優生學的「恐慌時期」，雖然不是全然反對優生學，但他呼籲要回歸至謝根「道德療法」的樂觀主義，以及重新定位機構的管理體制，他認為：「有許許多多……智能缺陷兒童……所需要的只是暫時性的機構照護和訓練，最終的目的是讓他們重返社區。」[2]

在這個優生學時代，無論它的用語多麼邪惡和輕蔑，在某種程度上都受到社會監管，並因此受到限制，沒有人預見到即將在德國發生的災難。國家社會主義黨（通稱納粹黨）於一九三三年掌權執政，其核心的意識形態是建立在最極端形式的優生學基礎上。德國優生學運動的一個納粹派別，以「種族衛生」之名取代了當初的「優生學」標籤，表達他們將全力透過肅清那些心智（或精神）、身體或種族退化者，對人類實行計畫性的種族淨化。受到了法律學者卡爾·賓丁，和心理學家阿爾弗雷德·侯賀研究工作的啟發，[3]安樂死被重新定義為不僅限於為飽受折磨的絕症患者減輕其最後時日的痛苦，也包括結束「不值得活著」之人的生命。[4]希特勒於一九三三年上台之後，旋即展開行動，同年便通過了「為杜絕患有遺傳性疾病的後代」的絕育法。這個法律列出了符合絕育條件的十類人，範圍包括了思覺失調到酗酒者，但天生智力低下者則高居榜首。目前，普遍公認約有四十萬人在納粹時期（一九三三年至一九四五年）被絕育。[5]以智力低下者為目標的事實，明確反映在一九三四年的數字上，在當年被絕育的人當中，這個類別的人便占了百分之五十三。對於殘疾人士的種族滅絕戰爭從這個時候開始加劇，從一九三九年起，開始在戰爭的掩護下實行滅絕。一九三九年十月，一項法令允

健康的父母與健康的孩子，表現了國家社會主義黨對抗遺傳性疾病政策的益處，1936，佛朗茲．維貝爾彩色石版畫。納粹的意識形態結合了優生學，向「精神疾病」開戰。

許對「垃圾兒童」施以安樂死。根據這項計畫，德國醫生、護士、衛生官員和助產士將可能患有遺傳性疾病（例如智能缺陷）的兒童，送往兒科殺害病房，由醫生執行死刑注射，或讓他們在專門的「飢餓屋」裡任由其挨餓，總計有五千至二萬五千名兒童在此計畫中被殺害。[6]

同年，一場針對殘疾成人所展開的更大規模行動，也同樣是透過頒布法令正式啟動。這項謀殺計畫就是著名的T－4行動，名稱乃源於這項計畫是在柏林的蒂爾加藤街四號所擬定的。根據T－4計畫，分別在布蘭登堡、格拉芬奈克、哈爾特海姆（位於奧地利）、佐恩施泰因、貝恩堡與哈達瑪爾等地，建立了六處滅絕設施。在實驗了若干殺人方法後，大規模的毒氣成為最受青睞的手段，因此所有六個中心都設置了毒氣室和火葬場。對殘疾者使用毒氣，不僅預示了不久後納粹將對猶太人和其他少數族群展開大屠殺，也為此大屠殺奠定了基礎。招募醫生、護士、科學家、警官和其他工作人員來負責執行這項殺人計畫，出人意表的是，事實證明這樣做根本不成問題，因為幾乎沒有人拒絕這個自願加入T－4計畫的機會。到了一九四一年，隨著這個消息揭露在大眾面前，而引發了宗教人士和家庭向納粹政權罕見的表達抗議後，希特勒終止了這項計畫，但已有約八萬名殘疾者遭到毒氣殺害。[7]被標記為低智的死者究竟占比多少已不得而知，但一九三四年的絕育統計數字顯示，這個比例可能超過一半。但滅絕的行動並未隨著毒氣計畫的讓步而終止。一九四一年之後，滅絕行動被分散至第三帝國不斷擴張的國土上的各種機構裡，以致命的藥物、飢餓終結；而在第三帝國之外則以大規模的槍擊結束了殘疾者的性命，這個過程被稱為「野生安樂死（wild euthanasia）」。在納粹主義戰敗後的幾個月裡，殺害行動甚至仍然在醫院和其他地方持續進行。[8]

隨著戰爭結束，對於智能缺陷方面的思考，這些暴行產生了卓著的影響，儘管殺害他們暴行的資訊出現得很慢，而且與納粹其他暴行的規模相比往往相形見絀。一九四六年至一九四七年間在德國紐倫堡舉行了所謂的「醫生審判」，這方面的謀殺細節首次受到公眾的廣泛關注。其中一部分令人震驚的是，這場大規模的滅絕行動竟然是由醫療專業人員負責執行，穿著白袍的醫生和穿著制服的護士以一種井然有序、有計畫的官僚作業方式執行其任務。對他們而言這是出於理性的行動，在醫生的審判中，他們辯稱縮短「這些可憐人的痛苦生命」是正當的，T－4的執行不是出自瘋狂的納粹黨衛軍的理論家之手，而是整個醫療體系共同合作的結果，從負責殺戮的實際執行者，到在機構和社會工作辦公室裡填寫表格把人送往死路的人。對其鼓吹者而言，優生學本身就是建立在理性的基礎上：將遺傳和天擇法則應用在人類族群上，以尋求實現更好的人類，和一個能夠讓他們過上更優質生活的社會。這是優生學之所以會吸引如此多知識分子的原因之一。在與納粹意識形態致命的碰撞中，優生學只是簡單地得出了合乎邏輯的結論。

在英國，戰爭對智能缺陷者的生活產生重大影響，但是卻與在第三帝國所發生的恐怖事件大相逕庭。自一九四二年起，軍隊採用了更多心智測驗。儘管擔心智力末段班的士兵更有可能無法適應環境或是行為不端，但也有人憂心若智力低下者免役，會引發其他士兵的不滿。因此，那些被視為頭腦遲鈍或有缺陷者往往被徵召進入輕工兵團（the Pioneer Corps），任務包括在戰區興建機場、橋樑和道路，以及抬運擔架和搬運物資。[9]如同發生於第一次世界大戰的現象，那些在承平時期被視為不具工作能力或對社會無用的人，在戰爭時期突然又被認為是有能力又稱職的。於此同時，智能缺陷者被迫離開隔離區，擠在狹小的空間裡或是被安置在臨時的附屬機構裡，為預期將大量湧現的傷亡士兵騰出空間。護理人員為了支援「醫院急診服務」（Emergency Hospital Service）和其他領域的戰時需要而離開，也影響了工作人員的配置。全英國的精神病院，包括智能缺陷者隔離區，總計撤離了二萬五千人，以容納傷亡的軍人。[10]

戰爭一結束，由於優生學思想與法西斯主義者暴行的關聯性，優生學基本上已經名譽掃地，把智能缺陷者徹底從社會中移除的優生學動力，在知識界和醫學界的重要性也隨之降低。在英國社會和政治上，優生學觀點的接受度急遽下降。早在一九三三年便公開與納粹「種族衛生」劃清界線的優生學學會，從一九三〇年代起其會員人數從未再回到鼎盛時期，也失去了戰前所享有公共知識分子的支持。該學會在一九六三年轉型為一個慈善機構，也停止其宣傳活動，以高爾頓研究院這個無足輕重的機構存活至今，支持人類遺傳領域與其社會影響的科學研究。

然而，在英國這種急於否認優生學和自身關係的現象，並未能立即改善那些被貼上智能缺陷標籤者的生活品質，或帶來重大的實質性轉變。機構化並未停止：無論是中央或地方政府當局，每當面對與智能缺陷兒童或成人相關的決策時，收容機構依舊是它們的預設選項。事實上，英國在一九四六年出現了有史以來最多的智能缺陷者通報人數，超過三萬五千人。相關工作人員短缺的現象依舊持續到戰後，勞動力、原料和資金也同樣短缺。[11]這一切造成了一個智能缺陷者受到忽視和隱身的時期。由於在已知的機構住民中，有很大比例的人是《智能缺陷法》實施所致，而且仍有大量人口繼續被轉介到機構，他們本身反倒默默的被人日漸遺忘，成為廣大人口中一個隱形的族群。儘管優生學在戰前大肆鼓吹的控制和預防措施已然瓦解，而最近也發現大多數優生學最堅定的支持者選擇在公開場合保持沉默，但醫界並沒有提出任何足以與之相抗衡的有力主張和新概念來取而代之。

在戰後由工黨政府所打造的「從搖籃到墳墓」新福利國家中，英國國民保健署（NHS）成了關鍵的基礎部門，它於一九四八年正式揭牌運作時廣受讚譽。收容智能缺陷者的隔離區和地方主管機關、慈善機構和私人醫院，如今全都移交給國民保健署統一管轄，為智能缺陷者建立了單一的國家體系。這項措施置入了一個普遍的智能缺陷醫學模式，一個由醫生治理，並配置有護士和護佐的機構體系。由於一般的綜合型醫院會被求職者優先考慮，導致收容智能缺陷者的專責醫院資源匱乏，許多都在努力招募員工。對於大多數人口的生活和健康有效的措施，只會惡化社會中最底層的外團體的生活。現代醫界面臨著一個驚人類似的困境，這樣的困境曾在十八世紀讓醫生們避免與「白癡」族群有任何牽連。醫學可以對這些人的生活發揮什麼作用呢？他們就是他們的本相，他們的智能碰巧比其他人低下，但對他們而言，沒有任何一種醫療干預可以醫治、改變或治癒他們。在一九四八年後，不同之處在於雖然十八世紀的醫生們可以選擇無視白癡族群，讓其融入自己的社區，但他們在二十世紀的同業卻發現，自己在一個封閉的機構裡工作，控制數以萬計被（根據他們自己的專業）貼上缺陷標籤的人的生活，並「治療」這些人。

隨之而來的是一個退化過程，因為這些人被困在一個對他們身為人幾乎沒興趣或不了解的醫療體系當中。但因國民保健署的國家主義官僚體制提供了所有食物和資源，儘管以往隔離區收容機構的農場和工坊起碼提供了住民工作和目的，即使是無酬且往往是非自願的，但如今也只得廢棄。國民保健署優先考量的是滿足一般人口從生到死的醫療需求，而不是那些無法符合預先商定，但智能定義模糊的人。二戰結束後，英國社會曾籠罩在重新燃起的樂觀主義和要求更多正義與平等的呼聲中，但卻沒有擴及到社區照護。一九三九年時，機構所收容的智能缺陷人口為四萬六千人，而一九五五年躍升到了六萬人。另有七萬九千人是受到社區或監護人監督的智能缺陷者。[12]他們確實稱得上是所有外團體中的外團體，是這片土地上最受到監視、控制和監禁的族群。

在國民保健署附屬醫院中，病人過著幾乎無止境的嚴苛生活。在一九八〇年代的訪談中，以前的病人回想起他們每天的生活，簡而言之就是枯燥沉悶的例行生活和細瑣的限制。如同一位來自北英格蘭的昔日病人所指出的：「必須在六點半或七點起床。我們不能穿自己的衣服。我們不准和任何男孩說話。工作人員常常會和你一起待在浴室裡。無論我們去哪裡，工作人員一定要跟在一旁。」[13]為了工作人員的方便，也為了配合換班，病人有時候會在清晨五點被叫醒。例行的衛生規定必須根據張貼在每間浴室的書面規範手冊照章行事，病人每週一次按照字母順序沐浴：

> 你絕不能自己獨自洗澡，必須讓工作人員跟我們在一起，必須排隊等候。你不准自己碰觸浴缸。水龍頭被拆掉，它們看起來就像是鎖頭式水龍頭，當你洗完澡後，他們就把它們拿走。否則，會有人殺了自己，把自己溺斃。[14]

一種壓迫式的規訓管理體制正在運作，以類似監獄般的規則來控制和規範行為。如果病人仍與

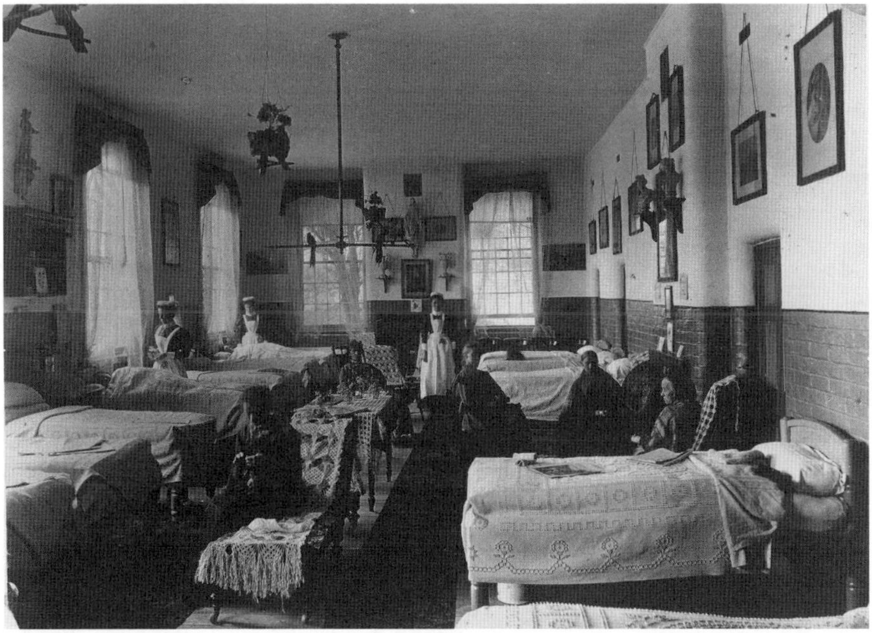

照片中是一個女病房，有護士和棲息在一根棲木上的鸚鵡，地點是英國一家資訊不明的精神病院。第二次世界大戰結束後，心智障礙醫院仍繼續實行嚴格的控制和隔離措施。

家人保持聯繫，那麼離院回家探訪被當作是種特權，可以拿來獎勵服從的病人，或是予以撤銷作為不服從的懲罰。病人回想昔日，那可是一連串冗長且枯燥的殘忍和虐待。拒絕擦地板，一盆冷水可能就澆在頭上；輕微的「違規」會被關在一個上鎖的邊室裡；出於羞辱，「冒犯者」會被迫穿著睡衣、內衣或是全身脫光光擦地板。更嚴重的「罪行」，像是潛逃或是設法發生性接觸，一定會被送到懲罰別墅，穿上束縛衣或是注射鎮靜劑，並關在一個僅有床墊但沒有床架的漆黑房間裡長達一個月。[15]無所不在的規定和殘暴的懲罰與處置，不僅反映了機構內部令人窒息的道德的腐敗，和對智能不足病人的非人化對待，還反映出對一個群族的憤怒，他們被視為不合格的人類，有必要以某種方式讓他們終生都待在猶如陰曹地府般的陰暗世界裡，過著無用、無目的的生活。即使是能夠為大多數人帶來歡樂和生活變化的休閒和社交活動，都被規定、紀律和對規範性社會習俗的奇怪顛覆所榨乾。在舞會和派對上，即使大家都在同一個場地，男女還是不准交際，院方會如此限制是擔心這些智能有缺陷的男女會生育出殘次品。星期五是「戶外」日，病人會進行規劃好的體能活動。會分成男童軍和女童軍，但他們是成年男女，而非男孩和女孩，會穿著制服拿著旗幟和鼓，列隊行進。[16]

醫生將生出智能缺陷的孩子，看作是一個不幸的失常，父母不可避免的會被勸告要把孩子送到機構，忘了他們，並設法謀求一個更好的結果。如同一位家長所描述的：「我在一九五五年生了一個兒子。我只是被告知他是一個『蒙古兒』，他們在那段時間就是這樣稱呼這些孩子的，他不會有未來，而且可能活不過五歲。他們說，對我們而言最好的辦法就是把他送進機構。」[17]這些父母回憶起那些來自醫學專業人士持續不斷的壓力，這種權威在一九五〇年代地位崇高、不容質疑，因此即使父母拚了命想要留住自己的孩子，也令人難以抗衡。在起初抗拒，但最後仍屈從於醫生們的甜言勸誘，把孩子送到機構後，一位母親描述了自己的徹底崩潰且飽受折磨：「『把他送走並忘了關於他的一切』——建議經常是這樣的——『把他送走，然後再生一個孩子』」。[18]如果父母選擇把孩子留在家裡，他們將會面臨一個重大挑戰。一九四四年的《教育法》規定，兩歲以上的兒童要做智能缺陷測驗，這個術語現在被重新標記為「成績落後」（educationally subnormal）或「失調」（maladjusted）。IQ測驗低於五十分的兒童被認定為「不可教育」，家長得為他們延請個人家教，或是得把孩子留在家裡。[19]不可教育的診斷結果會用信函通知：「我收到一封來自教育當局的通知信，告訴我他『不可教育』，應該無法上學。我到現在還保留那封非常傷人的信。不可教育。那是很可怕的打擊。我曾設法抗爭，但我知道自己毫無立足之地。」[20]

因此，在智能缺陷方面的醫學觀點，在戰後幾乎沒有什麼改變，對智能缺陷者的照護和醫療被交付給了一灘沉默的專業死水。但是，面對這種專業且仍然深受優生學影響（甚至是偽裝）的攻訐，對於醫生那種無情的傲慢，不把他們的孩子當人看待，家長團體的態度和回應出現了轉變，他們開始挺身反抗。在一份新發行的出版品《托兒所世界》裡，「智力遲鈍」兒童父母之間的通信，並在年輕母親茱蒂．佛萊德的領導下，促成了一九四六年全國智力遲鈍兒童父母協會的成立，且於一九五六年成為全國心智障礙兒童協會，隨著一九八一年在名稱中加入了成人，成為了今天 Mencap 的簡稱。對親權而言，對抗醫生們強大的權威是相當激進的一步，但他們實際上早已處於為自己孩子的生命和人類地位辯護的地位上。誠如其中一位活躍分子回憶道：

> （我們）努力獲得支持和認可，設法讓其他人在對待我們的親人時，彷彿他們至少一定程度上是正常的。他們也是人……我們也設法讓孩子們，雖然他們不全是兒童，能獲得作為人的認可。[21]

這些父母積極爭取一個新的社區支持系統，挑戰醫療機構這頭巨獸的霸權。他們鼓吹並在自己的努力下設立了托兒所、職業中心、青年俱樂部、喘息照護甚至是療養院。他們也在全國進行遊說，讓每個孩子都有上學受教的權利。[22]最重要的是，他們提供了一個對抗醫療權威的基地。

在更廣泛的社會中，新的自由主義態度開始出現，摒棄了戰前優生學、社會和道德對於退化的恐懼。一九四七年，一場自由主義運動由全國公民自由委員會（簡稱NCCL；現為Liberty〔自由〕）所領導，反對剝削和過度限制被收容在隔離區智能缺陷病患的自由。該運動反對永久延長隔離區對於智能缺陷病患的拘留許可，對於這樣的控訴，以及病人在有償工作上受到剝削，控制委員會無法做出回應。一九五一年，NCCL出版了《法律之外的五千人：檢視被認證的智能缺陷者》一書，將受虐個案加以編目分類。「奴工」的報導成了媒體的頭條新聞，並在一九五四年催生了「精神疾病暨智能缺陷相關法律皇家委員會」。醫界顯然未能支持這場運動或是其改革目標，雖然這部分隨後做了若干微幅修改，但範圍有限，且《智能缺陷法》與其隔離區和監護人制度中最主要的不公平規定仍然存在。然而，在不斷變化的輿論氛圍中，這些被遺忘的智能缺陷者們，引起了大眾的關注，他們成了需要正義的族群，而非會帶來威脅而需要隔離的次群體，這一點意義重大。

對於社會控訴和虐待所謂的智能缺損族群，家長的運動和NCCL運動是第一波抗爭行動的兩個指標。類似的過程也出現在美國，和在英國一樣，優生學在戰後失去了那些最公開力挺的死忠支持者，不過優生學的假設仍繼續存在。數以千計「低能者」和其他「智能遲滯者」繼續在國營大型機構裡逐漸凋零。醫生和心理學家仍然建議父母把他們的智能遲緩的孩子送進機構，並加以遺忘。[23]但有少數父母拒絕這樣的建議，選擇把孩子留在家裡，在社會名流公開談論他們自己孩子的情況後，這樣做的理由獲得推廣，進而引發了公眾態度的轉變。其中最著名的是女演員、歌手也是作曲家的黛兒・伊凡絲（Dale Evans）和她的丈夫「牛仔歌手」羅伊・羅傑斯（Roy Rogers），後者因一九五一年至一九五七年的電視節目《羅伊・羅傑斯秀》而家喻戶曉，他在節目中帶著他養的馬「板機」與狗「子彈」。他們的女兒羅蘋是個只活到兩歲的唐氏兒。這對夫妻不顧醫療建議，選擇將她留在家裡，伊凡絲於一九五三年寫了一本有關羅蘋的書《天使不知道》，甫一出版立刻躍居暢銷書。對於「弱智者威脅」論，這個長達半個世紀、牢不可破的優生學觀點，虔誠的基督徒伊凡絲和羅傑斯持反對立場。[24]伊凡絲復興了「聖嬰孩」這個幾世紀以來的古老觀念，她把她的孩子描述為上帝差派給這個家庭的天使，使他們可以更親近上帝：「我衷心相信，上帝差派她到我們家展開一個為期兩年的使命，以堅固我們的靈命，並使我們在對上帝的認識、愛和團契中，變得更加親密。」[25]儘管這在二十一世紀的人耳中，顯得流於感性且帶有福音色彩，並如同理論家沃爾夫・沃爾芬斯伯格所描述的，把殘疾兒童賦予「活聖人」的角色，[26]對於優生學論述中那種普遍存在的惡意，這是一個勇敢而重要的反擊。拜名人父母的身分所賜，他們能以一種熱心鼓吹者所不及的方式觸及到普羅大眾，而提升了這個議題的重要性，伊凡絲和羅傑斯也干冒損及其大眾好感度的風險，堅持自己的原則，向主流的專業意見說不。

在這種正面宣傳的幫助下，一九四〇和五〇年代，激進的家長團體開始於全美各地湧現。全國智能遲緩兒家長暨朋友協會於一九五〇年成立，並在一九五二年成為全國智能遲緩兒協會。他們的孩子無一例外地被拒於主流學校教育體系之外，並且被送進機構的威脅總是陰魂不散，這些家長團體組織了另類的教育系統，開辦夏令營和育樂設施，並在「給每個孩子一個公平的機會」這類口號下，展開積極爭取特殊教育的運動。[27] 對於優生學針對智能缺損族群與其原生家庭的惡意中傷，這一切都形成了強大威脅，尤其是在一九五〇年代，這又獲得了親權這個強大道德權威的支持，這幾乎是屬於中產階級的運動。

菁英制的焦慮

戰後，由於民主化、富裕程度的提升，和農工科技日益純熟等原因，導致社會瀰漫著一股焦慮，也就是憂心社會是否還能為所謂駑鈍和不聰明的人保留一席之地。在英國，不僅只是擔心那些被明確診斷為智能有缺陷或弱智的人，也為所有在某種程度上的心智能力遲鈍者感到憂心。現代社會的發展似乎變得高度複雜，因此唯有心智敏捷、資質聰穎者才能在社會中找到可用武之地。在一九五七年所出版的《可預見的未來》一書中，面對日益擴大的機械化現象和控制論迫在眉睫的威脅下，諾貝爾物理學獎得主喬治．湯姆森爵士對他自己所描述的「傻瓜的未來」處境感到憂心忡忡。在「最文明的社會裡」，常規性工作的消失、顧客可以自行採買所需雜貨的超市出現，以及機器正在取代任何不需要具備「完整的人類能力」就能勝任的工作，這都迫使他提出了這樣的疑問：「在那些貨真價實的傻瓜，甚或只是資質勉強算為平庸的人身上，會發生什麼事呢？」[28] 對於如何避開逼近眼前的災難，湯姆森幾乎沒有什麼可建議的，他預估會有百分之八十的人口受到影響，他們的智商上不了文法學校。在國家透過補貼的支持下來照顧老人是一種選項，但除此之外，他還預見了社會持續的分層＊，和根據智力分配資源的現象，無異會讓未來的政治人物傷透腦筋。在小說《時間機器》裡，威爾斯在十九世紀末所虛構出來、某物種分裂出了一個由奢華的愛洛伊人所組成的小社區，遭到憤恨不平、缺乏技術的種族莫洛克人所威脅，這樣的虛構情境似乎正發生在現實生活中。

社會學家，也是開放大學的創始人邁可．楊，遇見了類似的問題。他在一九五八年的一本反諷小說裡，首創了「英才制」（meritocracy）一詞，來表示在一個獨尊智力成就的社會裡，智力的價值決定了社會地位和特權。《英才制的崛起》一書的視角，是在講述西元二〇三四年的英國（距離當時七十六年），以民粹黨的形式所表現的駑鈍階級，起來反抗資質聰穎的菁英階級，造成社會動盪不安。無論英才制聽起來有多麼誘人，楊氏試圖闡釋英才制理想所衍生出的兩個問題。首先，一個獨尊智力價值的制度不過是創造了一個新的階級制度，來取代舊有的種姓制度，同樣不公平，同樣排擠和抑制下層階級，在這個制度裡指的就是智力遲鈍者。第二點，種姓制度的幽魂仍存在於新的英才制中，因為這些在舊有制度中享有特權的人，能夠找到方法在新的階級制度中獲致顯赫地位。這確實會比舊制度來得更糟糕，因為那些在英才制裡占據權力地位者會以為其地位乃是全憑自己的功績，而他們當中有許多人其實是靠著長期存在但隱蔽的財富和地位世襲制度才有今日的地位。這會帶給菁英階級一種過分自負的權力感和自我價值感。[29]

許多人，尤其是那些被楊氏諷刺為沒有讀過其著作的人，把《英才制的崛起》詮釋為英才制的代

＊譯注：一種社會學概念，意指「依照共通的社會經濟財富狀況，而將人們區分為不同群體」的分類方式。

言人，他們的理由是因為，比起不論其天賦或智力如何，只因出生於一個擁有特權的種姓家族，就能獲致顯赫地位，而透過個人的智力優勢而獲致其特權地位的方式要公平多了。然而，英才制仍然是與生俱來的特權，而且它的基本運作信念是：比起少數高智商天選之人，腦筋差的人所當得就應該比較少。誠如楊氏的評論所言：

> 即使可以證明一般凡夫俗子與生俱來的能力，遜於那些被拔擢而位居要津者，但那並不表示他們所得的少是理所當然的。身為「幸運精子俱樂部」的一員，並未被賦予任何道德權利上的優勢。一個人天生所擁有的或是缺乏的，不是他本身所造成的。30

湯姆森和楊氏所搏鬥的困境，事實上是過去七十年來將智能缺損者妖魔化和隔離所導致的一個重要後果。一個愈來愈顯著的事實是，一個社會一旦開始只依據智能分配特權、地位和職位，隔離心智遲鈍者的過程便會逐漸向外擴及進而影響到全體人口。英才制的哲學因使用了一種傳達公平、功績，甚至是平等的語言而受到支持，但實際上，英才制反而製造了深嵌於社會中新的不平等分層。根據《智能缺陷法》的規定，那些被診斷為智能缺陷或弱智的人，他們大多不是被遷至機構收容、完全脫離社會，就是身處於監督和監護權制度下，至少被剝奪了任何可以有意義參與社會的權利。這種把最明顯的外團體發配到一個被遺忘且基本上不為人知的地方，創造了一個新的外團體，也就是被留下的人當中頭腦最笨的那群人。因此，湯姆森提出了這個問題：「在他們的新世界裡，我們的後代子孫要如何因應那些更愚笨的人」。[31]他在這裡所指的並不是那些已經根據《智能缺陷法》所處置的智能缺損者；他指的是在他們離開後填補空缺的頭腦遲鈍者。楊氏談到「一個英才制社會將會多麼悲哀和脆弱」，並警告在一個富人和有權勢者相信他們全然配得自己所擁有的一切的社會裡，「他們可以變得多麼傲慢，而如果他們深信這都是為了共同的利益，那麼他們在追求自己的利益時會有多麼無情」。[32]對於受惠於遺傳來的聰穎天賦者所擁有的那種想當然耳的支配地位，至少在某些部分，楊氏和湯姆森都反映了他們日益不安的情緒，這表明了他們對於自十九世紀以來便盛行以惡毒言語攻訐駑鈍之人現象的質疑。

父母的抗爭、公民自由團體的擔憂和對優生學遺害的普遍不安，導致了要求政策和法律變革的聲音。不過，專家的態度並未出現根本性的轉變，大多數執業醫生的態度更是如此。許多在戰間期倡導優生學的人，在一九五〇年代仍然在精神健康與智能缺陷領域擔任深具影響力的職務，他們的觀點基本上並沒有改變，只是表達方式略為收斂。優生學對於智能缺陷者的疑慮依舊活躍，只是以一種新的形式出現。從對於英才制和「資優」工人階級之子機會的樂觀言論中，可以清楚看見優生學的幽靈。隨著語彙的使用出現變化，優生學的明確焦慮現在轉變成一種更柔和的措詞，傳達了一種社會學對於「問題家庭」和「社會問題群體」的憂心。[33]

改革

與精神疾病暨智能缺陷相關的法律皇家委員會於一九五四年成立，亦即著名的珀西委員會。它的職責是審查現有關於管理精神病和智能缺陷者的收容和照護的立法框架。這兩個族群，也就是精神病患和智能缺陷者，自一九一三年《智能缺陷法》頒布實施而分開後，如今在同一個政策保護傘下再次合體，一如他們在十九世紀期間多數時候的情況。在一九五七年的報告結論中，該委員會提到「應修改法律，以便在可以為精神障礙患者提供適合的照護時，比起患有其他類型的疾病、殘障或社交困難而需要照護者的手續，其法律手續不會有更多限制。」[34]報告中還建議，盡可能在社區而非大型醫院進行治療，把更多精神相關疾病的治療納進國民保健署體系裡，並由地方主管機關提供更多收容設施。一九五九年通過的《精神健康法》，[35]涵蓋了精神疾病和智能缺陷，便廣泛依循該報告的建議，不僅廢除了《智能缺陷法》，也廢除了更早之前的《精神失常與精神治療法》。《精神健康法》試圖為精神障礙的住院治療建立一個和治療身體疾病類似的法律框架。而那些不需要住院治療的人，則由地方主管機關負責其社會照護。治療的規範變成自願治療而非法律認證，這與國民保健署對於其他疾病治療的開放態度一致。

當精神疾病和心智障礙被視為一體，由人數更多、更有可能治癒的精神病患的利害關係便主導了立法過程。於是，在馬修·湯姆森所稱的「給可醫治者高優先順序和資源充裕的服務，以及給不可醫治的慢性病患提供持續衰減和忽視的服務」之間，開始出現了鴻溝。[36]《精神健康法》是自一九

喬治·愛德華·沙特爾沃思，〈蒙古低能兒——最輕度〉，1902。照片。道德弱智者的觀念直到一九五九年才告一段落。

一三年以來第一個關於這個族群的重要立法，根據該法，智能缺陷者有了一個新名稱「心智低下」，這個用語無疑根源於對ＩＱ的盲目崇拜。「低智」（feeble-minded）、「白癡」（idiot）和「弱智」（imbecile）等用語也一併被廢除，至少在官方詞典裡是如此，並且規定一個人不能再「只因為濫交或其他不道德行為」而被認定為罹患精神疾病。這項立法試圖終結那種僅基於不道德行為就監禁「道德弱智者」的做法。「社區照護」雖然取代了「監督」一詞，但卻沒有制定任何能夠清空心智障礙醫院和隔離區收容人的重大立法措施，心智低下者繼續在這些地方逐漸凋零，除了空有新的名稱，他們的生活沒有任何改變，依舊被排除在公民權觀念與伴隨而來的相關權利之外。什麼問題都沒有解決，他們繼續虛度人生。停滯、冷漠和忽視，加上資源稀缺，依舊是我們現在所稱為的低下或心智障礙醫院的特色。

一連串眾所周知的醜聞爆發，通常來自於媒體的揭發，光照進了這些被遺忘的苦難之島黑暗的角落，而約翰．朗頓．唐所創辦的諾曼斯菲爾德醫院也包含在其中。《世界新聞報》在一九六七年揭發了加的夫市伊利醫院中的一連串虐待事件。其中包含了六個被點名的工作人員凌虐四個特定病患、對病人進行不人道的脅迫行為，以及偷竊病人的食物、衣服和其他物品。一個調查委員會於焉成立，並在一九六九年的調查報告中，講述了罄竹難書的殘忍行徑、辱罵、毆打病患和缺乏醫療照護等種種惡行。這份報告由傑佛瑞．賀維執筆，他後來成為保守黨內位高權重的政治人物，此報告超越了伊利醫院的範圍，檢視了在國民保健署制度下對於心智障礙者的系統性虐待。[37]隨後，在一九七一年一份名為〈為心智障礙者提供更好服務〉的政府白皮書裡，提出了一項改變措施，提議從醫院轉向社區中的非醫療服務，並鎖定在旅館、學校和訓練中心等處。[38]家長拒絕把被歸類為「不可教育」的孩子排除在教育系統之外，迫於多年以來他們所施加的壓力，政府在前一年通過了《一九七〇年教育法》，把重度智障兒童的教育責任，從衛生當局轉移給地方政府，並把所有兒童皆有權受教的原則正式入法。

因此，排擠與隔離智能缺陷者的論點和時代基礎，開始瓦解，但進程緩慢。對於新生的遲緩兒與其父母而言，已不再無路可走，一個剛出爐的新制度，提供了一個機構之外的方案。一九七八年，針

米德爾塞克斯郡特丁頓諾曼斯菲爾德醫院的一名病人，一九七九年二月十二日。該院是約翰·朗頓·唐於一八六八年創辦，在一九七〇年代因為虐待和疏忽醜聞而受到關注。

對「特殊教育需求」所提出的〈瓦諾克報告〉中，建議把一些（不是全部）有殘疾的兒童進行整合。但仍有許多年輕人和成人被困在機構系統當中，隨著社會上的注意力從機構進一步轉移到將要取代它們的方案上時，對於其中的住民而言，機構成了一個致命的居所。在一九八一年的紀錄片《沉默的少數》[39]當中，突顯了英國兩家心智障礙醫院的景況，分別是位在薩里郡凱特勒姆的聖羅倫斯醫院（其前身為大都會長期弱智者收容所），和在伯克郡的波羅考特醫院。這部電影的製片曾接受兩家醫院管理者的邀請，他們相信電影將會呈現醫院資金捉襟見肘、需要投資的功效，但電影卻呈現了令人不安的場景。其中包含了一個「調皮搗蛋」的年輕病人被綁在柱子上、一個被關在隔離室裡遭人遺忘的人，以及在一個極其特別的片段中，一群病人在一個大熱天裡被留在一個戶外圍欄裡，那裡沒有食物和水，也沒有遮蔽的地方（四周被高聳的鐵絲網所環繞，網子是醫院的友人所捐贈的），他們正努力要挖出一條出來的地道。電影呈現了醫院的孤立無援，以及把這種對待住民的方式看為正常，而管理者以為拍攝院內日常生活會促使大家渴望能夠建立更好的智障病院。

這似乎是公眾對於不斷出現的殘酷無情、忽視和非人化實例回應的一個引爆點，從一九六〇年代起，這類案例便不時從有如地獄般的心智障礙機構傳出來，引發大眾極大的關注。兩年前，〈心智障礙醫護調查委員會報告〉（即〈傑伊報告〉）提出了一個激進方案，建議採取一種社會模式的社群照護，而非醫療模式的長期性醫院「照護」，不論其智障程度有多嚴重。[40]這份報告指出：

> 心智障礙者有權在社區中享有正常的生活模式，（但是）這樣的情況太常發生……「盡可能過一個正常生活」的觀念，往往將問題嚴重者排除在外。令人遺憾的是，社會上仍然認為一個心智障礙者若還有其他身障或嚴重的脫序行為，就一定要住院。

〈傑伊報告〉是一個清楚的信號，顯示白癡收容所、智能缺陷隔離區、心智障礙醫院的日子已經結束了。「國王基金」這個健康智庫在一九八〇年出版了《一個普通人的生活》一書，書中提出充分理由闡釋心智障礙者不應與其社區隔離，而是應該要和社區其他人一樣，在相同的街道上生活、在同類型的房屋裡居住，並使用相同的健康、交通與其他社會設施。要提出這樣的論點，居然必須給出令人信服的理由來闡明智障者有權過一種普通的生活，這顯示了社會公民和心智障礙機構這個平行世界裡的住民之間，存在著多麼深的鴻溝。

一九八一年，也就是在〈傑伊報告〉發表後的兩年，當《沉默的少數》片中的恐怖場景，在黃金時段於驚恐不安大眾的電視螢幕上閃爍之時，政府發表了一份名為〈社區照護〉的綠皮書，建議把資金和照護責任從國民保健署轉移到地方議會和志願組織。[41]這意謂心智障礙醫院將全部關閉，取而代之的將是一個新的社區照護制度，這涉及了數以萬計醫院病患必須重新安置，使其能在機構之外重新生活。對於這些起初以智能缺陷者身分住進醫院，如今又將以心智障礙者身分離開的人而言，時任首相的瑪格麗特．柴契爾夫人本來不太可能是解放他們的人選，因為她從來都不以支持受壓迫的少數族群著稱，但過去三十年來所累積的爭議論點，她終究被其邏輯所說服。一開始是那些被貼上智能缺陷標籤者，然後是心智障礙者，接著很快就會是那些被稱為有學習障礙的人，國家在這些人生命中所造成的重大破壞，事實上反而有利於柴契爾的經濟自由主義信條，以及國家應該盡可能不介入個人生活的信念。

在一九八〇和九〇年代，數以萬計的人搬出了心智障礙醫院，回到他們的社區重新展開生活。過去一百四十年來，這些老醫院曾是為人熟悉的英國地景，終於宣告死亡。有許多被改造為（經常是豪宅形式）住宅，或者因更新都市住宅而被拆除。有時候，老醫院有一小部分殘餘得以留存並有全新用途，甚或偶爾被改建為「專門」的保健設施，用來服務那些被認為有最複雜需求的人。這些前病人們遷入了由地方當局或志願組織所提供的較小住房或是集體住宅，並在由社區日間中心、社區心智障礙團隊、學校和大專院校特殊教育，以及社交俱樂部所組成的社區基礎設施中得到支援。

醫療模式被宣告結束了，社會模式如今占了上風。隨著這種生活安排上的轉變，公眾的認知也需要被改變，因此一如既往，需要一個名稱上的改變。從一九九〇年代開始，「心智障礙（mentally handicapped）」一詞就被認為是一種虛假不實的術語。障礙（handicap）被定義為非個人天生固有的殘疾，而是社會施加在他們日常生活中的一系列障礙，目的是為了阻止他們過上一種普通的生活，例如機構、閉塞的環境、社會的敵意等等。殘障（disability）則是天生的固有殘疾，造成一個人在學習、適應和發展能力上有困難。社區的適當支援可將這些困難減至最小，使得殘障人士能夠克服日常世界裡的限制性障礙。而首要之務是應將殘障人士視為人，而且是有權利的個人。人才是最重要的，而非身心上的殘障。因此，在新社區的時代，他們不再是心智障礙者：他們是有學習障礙*的人。

一如既往，英美兩地在政策的制定與實施上，再次緊密的同步並進。隨著一系列類似英國所發生的機構醜聞曝光，揭發美國由來已久的系統性沉痾，去機構化和建立社區服務的措施也隨之展開。這個過程在美國被樂觀的稱為「全面重新定位社會對智能遲滯者的照護和治療」。[42]在美國，由家庭宣傳運動所領導的支持社區重安置運動，在甘迺迪家族的積極參與下取得了巨大進展。羅絲瑪麗・甘迺迪生於一九一八年，七歲時被評估為「智能缺陷」，他的兄長約翰將在一九六一年成為美國總統。富有的甘迺迪家族有能力把她留在家裡，而不必送進收容機構。一九四一年，當她二十三歲時接受了一場災難性的前額葉切除手術，使她的殘疾更加嚴重，並從一九四九年起住進機構。她的妹妹尤妮絲·甘迺迪（後來的施萊佛）成了這場宣傳運動的主要推手，並在約翰·甘迺迪成為總統後，隨即施壓要求他採取行動，使得智能遲滯族群與收容他們的機構受到大眾的關注。在媒體和攝影師的隨行下，甘迺迪總統數度參訪人滿為患的收容機構，揭露了裡面正在發生的殘忍漠視和虐待病患事件。[43]而施萊佛繼續推動和領導特殊奧林匹克運動會，第一屆特奧於一九六八年舉行。

甘迺迪家族對羅絲瑪麗·甘迺迪的開放態度激勵了宣傳運動，也減少了社會的汙名。在這種新的氛圍中，民權運動者發起了一系列立法行動，使得智能遲滯者和美國公民一樣獲得法律的保障。懷亞特訴史蒂克尼案（一九七二）確定了他們應當在最少設限的環境中（包括社區）得到服務。賀德曼訴潘赫斯特州立學校和醫院案（一九七七）則規定不准把智能遲滯當作送入機構的唯一正當理由，並將社區確立為服務智能遲滯者的主要場所。[44]遷出機構、回歸到在一個世紀前他們曾被認為不適合生活於其中的社區之旅，於焉展開。

＊譯注：原文是 learning disabilities，本書翻譯仍沿用台灣通稱的「學習障礙」。

一名參加特殊奧林匹克運動會的選手，2019。

理論化

智能遲滯者逐漸重新獲得某種社會能見度，這個情形吸引了理論學家的關注，他們設法詮釋這部分的人在一種惡毒的社會指控氛圍中被非人化，以致被逐出社會的原因為何。德裔美國學者沃爾夫．沃爾芬斯伯格在一九六八年表示，非智障者對智能遲滯者的看法，決定了機構環境（從機構的概念到其設計，再到日常運作）的非人化虐待，他的批判猶如一道光暴露了機構的黑暗。他標示出了智能遲滯者被非人化的三種明顯方式：他們被認為是病態的、是低於人類（或類人類）的有機體，或是一種威脅。不過，他後來又指出了導致非人化發生的三種更微妙且隱晦的方式：智能遲滯者被看作是令人憐憫的對象、慈善的負擔或是聖嬰孩。這些當然是有關「白癡」的長期普遍看法，至少從中世紀起就清楚可辨。對沃爾芬斯伯格而言，這種表面上對於智能遲滯者表示仁慈的概念，在某些方面比起那些公然敵對的概念更加危險。憐憫使那些被憐憫的對象被視為是孩子，並與類人類模式產生加乘效應，因為這種模式認為智能遲滯者是一種毋須認真看待（或重視）的人類形式。而聖嬰孩的概念則認為，智能遲滯者沒有能力作惡，因此是如同孩童一般無害的，也因此他們在其他人眼中不具完整的人類地位。至於「慈善的負擔」這個概念，則透過勉為其難的支持智能遲滯者，使他們能夠與其不幸共存，根本是以一種冷漠且經常充滿輕蔑的態度物化了智能遲滯者，而他們的不幸往往被認為是天意。除了洞悉機構制度的殘酷無情之外，沃爾芬斯伯格的理論方法之重要性在於其論點，亦即智能遲滯者（或是其他任何他們自古以來被貼上的標籤）是在其他人的頭腦中被建構出來的，而不是代表某種普遍的、不變的、可知的人類類型。正是這些認知導致他們被送進機構而受到凌虐，而不是因為他們與生俱來便喪失了作為被接納的人類社會成員而生活的行為能力。[45]

人類學家羅伯特·埃格頓在一九六七年出版了《能力的斗篷》一書，這本書根據一對一的訪談，描述一百位被貼上智能遲滯標籤者的生活，他們全都於一九六一年離開加州的某個收容機構。他把他們描述為因智能不足的汙名，而在精神上被禁錮的人：

由於這些智能遲滯者的無能在「這些智力領域」裡表現得最為顯著，導致了這個結論，即他們的缺陷確實是一種局部和有限的缺陷——是缺乏智能，而非缺乏社會能力。然而事實上，對本研究中的前機構病患而言，任何「智力」和「社交」能力之間的區別都是人為所營造出來的。在這些前病患的日常生活中，智力和社交這兩種能力是密不可分的。[46]

在他看來，這個族群陷入了一場持續不斷的戰鬥中，為了自己的尊嚴和其他人的尊重而戰，他們穿上了透明的破爛「能力斗篷」，試圖讓自己看起來「像」是正常人，但通常都不成功。一旦被認定為「異類」，他們會為了維護自己在社會裡的地位而奮戰，要存活下來，便只能生活在「一個被劃定的隔離區……他們獲准在這裡過無能的生活，只要他們在期間不要成為製造麻煩的棘手人物」。[47]他的論點是，即使回歸社區，智能遲滯的汙名仍然如影隨形，換言之，要成為社會成員是有條件的，而不是一種權利，而且取決於社區多數人的善意。埃格頓的研究反映了社會學家厄文·高夫曼的研究，他的著作《精神病院》（一九六一）和《汙名》（一九六三）探討了機構對於個人認同的不當影響，以及被貼上異類標籤的階級是如何盡其所能讓自己看起來像個「正常人」，以鞏固其社會認同。埃格頓的研究本身與其方法論同等重要，就其結論而言，他將其研究對象，也就是智能遲滯者看成是人類個體，因此他們的想法和感受是有效且值得考慮的。

沃爾芬斯伯格還提出了「製造死亡」的概念，認為這是對智能遲滯的一種服務功能和專業態度。醫療服務之所以對這類人無能為力，是因為他們的生命被認為是低品質和低價值的：「智能障礙者被給予大量精神藥物，造成他們死於藥物作用──儘管死亡證明上只會列出併發症，例如心臟驟停和肺炎。」[48]英國精神分析學家瓦萊莉．辛納森則進一步闡釋這個想法，她寫道：「這種期望醫學能夠根除智能障礙的普遍願望，是如何意謂著那些天生如此並與之『共存』的人，在情感上既不受歡迎也不被包容。」生活在這樣的一個世界裡，如果他們在母親子宮中就被診斷出有缺陷，他們將無法出生，母親此時會因為懷上有缺陷的孩子而受到責難。[49]正是在對一個構成完整的正常人的期望，和「有缺陷」者出現之間所形成的落差當中，給了製造死亡存在的空間。

瑞典理論學家本特．尼爾傑於一九六九年提出了一個「正常化」理論，強調被界定為智能障礙者（或者任何其他諸如此類的專門術語）有權享受與非智能障礙者相同的生活品質，以及充分參與社會的權利。一個正常的人生進程，應當發生在正常的環境中，而非在大型機構裡。沃爾芬斯伯格發展了這個理論，並將其命名為「活化社會角色」。他所持的論點是，唯有改變對於智能障礙者人生價值的認知，才能改善他們的社會地位，消除他們通常被置於其中的致命毒害。要對抗這種貶低他們價值的現象，可以用「社會活化」來裝備他們，即透過教導實際的個人技能、培訓具有高度價值的工作，並鼓勵他們與非智能障礙者來往。[50]美國倡導者約翰．歐布萊恩，以社會角色的活化為基礎，提出了一系列能力和權利組合來實現社會融合：有權融入社區、有權與非智殘人士建立具有價值的關係，以及有權做選擇，同時獲得支持以發展出做這些事情的能力，以及有權作為一個人獲得社區的充分尊重。雖然這種融合主義者的方法，代表了對於盛行於本世紀的孤立主義及醫學模式的欣然摒棄，但這種觀點最近因其與「有條件接納」的觀念相近而遭到批判，亦即要求智能障礙者必須設法像其他人一樣，以便能夠完全參與社區生活。此後，社區包容的擁護者認為，社會有責任展現充分的彈性和適應力以包容所有成員，而非堅持遵行一套規定的標準。[51]

大回歸

這種理論學家突如其來的關注，意謂一個族群即將回歸社區，他們從一八四〇年代開始受到社會排擠而被隔離，而隔離在一八六〇年代加速進行，並持續到一九七〇年代。伴隨著來自學界、政策制定者和公眾的重新關注，他們返回其前輩在一百三十年前首次被逐出的社區。一般而言，比起他們在優生學和演化心理學盛行的後達爾文時代，面對著來自優生學家、心理學家、知識分子和政治人物的集體責難，這回要正面的多。這也代表了在第二次世界大戰以後，社會對他們的集體遺忘走向了終結，他們在受到凌虐和漠視的病院裡度過漫漫長日，在他們隱身其後的高牆之外，卻是一個富裕和健康都獲得改善的世界。當「大回歸」始於一九八〇年代，並持續到一九九〇年代，它取得了出人意表的成功。數以萬計的人搬回到他們出生的社區，其中有許多人數十年來第一次重回出生地，甚至是第一次回「家」。他們的遷移大致上堪稱成功，在他們的四周發展出了一個新的社區服務網。從醫療模式轉換到社會模式是個決定性的一步。許多人過著圓滿的新生活，做著他們之前不允許被做的事情：簡單的像是睡在自己的臥室裡、有自己的衣服，以及可以自己選擇想要吃什麼，或是看什麼電視節目。他們也可以做些更重大的選擇，選擇想怎樣過自己的生活、與家人團聚、工作和擁有個人的人際關係。

這類大規模轉型沒有一個是完美無缺的，長達一百三十年的機構化和詆毀不會在一夜之間消失。有人憂心，即使是在小型的社區服務裡，機構化也會以某些無形的形式發生——換言之，他們可以在他們的社區「裡」生活，但不「屬於」它們。至於大多數人是否完全覺得他們是自己社區的一分子，這個問題仍有待商榷。有時候服務性組織會露露口風，像是他們在談論「進入社區的機會」、生活在一個「社區的學習障礙環境裡」，或是「重新安置在社區提供的服務中」和「文化適應」時，諸如此類。當以這種方式談論社區時，那麼「它指的是一個空間，『我們』，即非智能障礙者，屬於這裡，而『他們』，即智能障礙者，則獲得支持『進入』這裡，而這是一個透過一系列生活品質評估、風險概況、資助決策和個人化計畫，進行管理和協商的過程。」[52]

這可以看成是一個「禮物性」的包容模式，換言之，只有符合某些特定條件，他們才能獲准成為社區的一分子。真正融入的人，根本不需要「進入」他們的社區，他們本就是社區的一分子。十

這個世界已經向前邁進，而且有數千人已經掌控了自己的生活。

八世紀，普遍被想像成一個遠為野蠻和殘暴的時代，當時的「白癡」受到他們社區的包容，以一種二十一世紀這個高度科技化、控制化、規避風險和官僚化的社會都難以想像的方式。在二十一世紀，出現了一個令人憂心的趨勢：機構以一種新的形式捲土重來，即私營或附屬於國民保健署的「評估和治療單位」（ATUS）。在這些醫療化設施裡，數以千計有學習障礙的人因為「挑釁行為」，而被依《精神健康法》無限期拘留。在ATUS發生的虐待事件，發生了一籮筐漠視和限制他們的驚悚故事，有些甚至造成死亡。難道機構這頭謀殺人的野獸又再次來襲了嗎？儘管這樣的威脅始終徘徊不去或再次出現，但發生在二十世紀最後二十五年的轉變，和舊有的醫院機構系統的終結仍值得額手稱慶。有許多成功的故事和成千上萬的人已經能夠過著「普通的生活」，不可思議的是，這在一九八〇年代似乎是不可能實現的烏托邦夢想。一場個人化運動已經促成成千上萬的人能夠掌控自己的生活，以及他們所需的資助。有學習障礙的演員出現在黃金時段的電視節目上和電影裡；自我倡導者在議會和聯合國發表演講。自我倡導運動已經在世界各地發展壯大。

不論繼續存在的問題是什麼，不論需要防範什麼樣的新危險，這個世界已超越了一九〇四年馬丁．巴爾的那些話，他是賓州低智兒童訓練學校校長，也是美國低智研究協會會長。他曾說：「就智力而言，白癡什麼都看不見、什麼都無感、什麼都聽不見、什麼都做不了。」[53]這個世界已經繼續向前邁進。不論社會選擇了什麼術語來給他們貼上標籤——白癡、弱智、智能缺損、低能、心智障礙、低常、學習障礙或智能障礙——即使在最黑暗的時刻，這些人仍持續不斷的展示他們能看到什麼、感受和聽到什麼，最重要的是他們所做的事。當今社會的任務，即社區的職責，是適應其全體人類成員，而且決不容許機構的黑暗，或納粹T－4的恐怖噩夢再次使人類蒙羞。

參考文獻

除非另有說明，否則引述材料中的所有粗體字均為原文。

前言

1 Anne Digby, ‘Contexts and Perspectives’, in *From Idiocy to Mental Deficiency: Historical Perspectives on People with Learning Disabilities*, ed. Anne Digby and David Wright (London, 1996), p. 1.

2 Roy Porter, ‘Mother Says It Done Me Good’, *London Review of Books* (16 April 1997), p. 6.

3 Martin W. Barr, *Mental Defectives: Their History, Treatment and Training* (Philadelphia, pa, 1904). Leo Kanner, *A History of the Care and Study of the Mentally Retarded* (Springfield, il, 1964); Kathleen Jones, *A History of the Mental Health Services* (London, 1972); O. Conor Ward, *John Langdon Down, 1828–1896: A Caring Pioneer* (London, 1998).

4 Jones, *History of the Mental Health Services*, pp. xi–xii.

5 James W. Trent, Jr, *Inventing the Feeble Mind: A History of Mental Retardation in the United States* (Berkeley, CA, 1994). Richard Neugebauer, ‘Mental Handicap in Medieval and Early Modern England: Criteria, Measurement and Care’, pp. 22–43; Peter Rushton, ‘Idiocy, the Family and the Community in Early Modern North-east England’, pp. 44–64; and Jonathan Andrews, ‘Identifying and Providing for the Mentally Disabled in Early Modern London’, pp. 65–92, all in *From Idiocy to Mental Deficiency*, ed. Digby and Wright; Irina Mezler, *Fools and Idiots? Intellectual Disability in the Middle Ages* (Manchester, 2016). S. Noll and J. W. Trent, Jr, eds, *Mental Retardation in America: A Historical Reader* (New York, 2004), p. 8.

6 D. Atkinson, M. Jackson and J. Walmsley, *Forgotten Lives: Exploring the History of Learning Disability* (Kidderminster, 1997);

D. Atkinson et al., *Good Times, Bad Times: Women with Learning Difficulties Tell Their Stories* (Kidderminster, 2000); S. Rolph et al., *Witnesses to Change: Families, Learning Difficulties and History* (Kidderminster, 2005); Jan Walmsley, Dorothy Atkinson and Sheena Rolph, 'Community Care and Mental Deficiency, 1913–1945', in *Outside the Walls of the Asylum: The History of Care in the Community, 1750–2000*, ed. Peter Bartlett and David Wright (London, 1999), pp. 181–203; M. Potts and R. Fido, *A Fit Person to Be Removed: Personal Accounts of Life in a Mental Deficiency Institution* (Plymouth, 1991); Mark Jackson, *The Borderland of Imbecility: Medicine, Society and the Fabrication of the Feeble Mind in Late-Victorian and Edwardian England* (Manchester, 2000); Mathew Thomson, *The Problem of Mental Deficiency: Eugenics, Democracy and Social Policy in Britain, c. 1870–1959* (Oxford, 1998); David Wright, *Mental Disability in Victorian England: The Earlswood Asylum, 1847–1901* (Oxford, 2001); David Wright, *Downs: The History of a Disability* (Oxford, 2011).

7 C. F. Goodey, 'What Is Developmental Disability? The Origin and Nature of Our Conceptual Models', *Journal on Developmental Disabilities*, VIII/2 (2001), pp. 1–18. C. F. Goodey, *A History of Intelligence and Intellectual Disability: The Shaping of Psychology in Early Modern Europe* (Farnham, 2011); Patrick McDonagh, *Idiocy: A Cultural History* (Liverpool, 2008); Patrick McDonagh, C. F. Goodey, T. Stainton, eds, *Intellectual Disability: A Conceptual History, 1200–1900* (Manchester, 2018).

8 更多的全球性視角，可參 Jan Walmsley and Simon Jarrett, eds, *Intellectual Disability in the Twentieth Century: Transnational Perspectives on People, Policy and Practice* (Bristol, 2019).

第一章

1 John Cowell, *A Law Dictionary; or, The Interpreter of Words and Terms Used Either in the Common or Statute Laws of Great Britain and in Tenures and Jocular Customs* [1607] (London, 1727).

2 C. F. Goodey, *A History of Intelligence and Intellectual Disability: The Shaping of Psychology in Early Modern Europe* (Farnham, 2011), p. 141.

3 Margaret McGlynn,'Idiots, Lunatics and the Royal Prerogative in Early Tudor England', *Journal of Legal History*, XXVI/1 (2005), pp. 5–6.

4 Richard Neugebauer, 'Mental Handicap in Medieval and Early Modern England: Criteria, Measurement and Care', in *From Idiocy to Mental Deficiency: Historical Perspectives on People with Learning Disabilities*, ed. Anne Digby and David Wright (London, 1996),

pp. 25–6.

5 Anthony Fitzherbert, *The New Natura Brevium* (London, 1652), pp. 580–83.

6 John Rastell, *Les Termes de la Ley; or, Certaine Difficult and Obscure Words and Termes...* [1527] (London, 1636), pp. 201–2.

7 Cowell, *Law Dictionary.*

8 *Court of King's Wards*, 32 Henry VIII; c. 46, 33 Henry VIII, c. 22.

9 H. E. Bell, *An Introduction to the History and Records of the Court of Wards and Liveries* (Cambridge, 1953), pp. 85–6.

10 同前。

11 同前，p. 163.

12 Richard Neugebauer, 'Treatment of the Mentally Ill in Medieval and Early Modern England: A Reappraisal', *Journal of the History of the Behavioural Sciences*, XIV/2 (1978), pp. 164–6.

13 Sir Edward Coke, *Institutes of the Laws of England* [1628], 引述在 George Dale Collinson, *A Treatise on the Law concerning Idiots, Lunatics, and Other Persons Non Compotes Mentis* (London, 1812), pp. 57–8.

14 Collinson, *Treatise*, p. 59.

15 John Brydall, *Non Compos Mentis; or, The Law Relating to Natural Fools, Mad Folks and Lunatick Persons Inquisited and Explained for the Common Benefit* (London, 1700).

16 同前，pp. 8, 10, 12–16, preface a2.

17 同前，pp. 5, 8, 10, 38.

18 同前，p. 38.

19 同前，pp. 3, 6, 8–9.

20 同前，p. 6.

21 同前，pp. 35–6.

22 William Hicks, *Oxford Jests* [1671], in *A Nest of Ninnies and Other English Jestbooks of the Seventeenth Century*, ed. P. M. Zall (Lincoln, NE, 1970).

23 Brydall, *Non Compos Mentis,* pp. 36–8.

24 Tobias Smollett, *The Adventures of Roderick Random* [1748] (London, 1975), p. 253.

25 老貝利訴訟程序（以下簡稱ＯＢＰ），線上網址 www.oldbaileyonline.org, July 1723, Thomas Allen (t17230710-39) 訴訟案；和 OBP, July 1775 Joseph Muggleton, William Jackling, James Lewis (t17750712-49) 訴訟案。

26 In B. E., Gent., *A New Dictionary of the Terms Ancient and Modern of the Canting Crew in its Several Tribes, of Gypsies, Beggars, Thieves, Cheats &c.* (London, 1699); Francis Grose, *A Classical Dictionary of the Vulgar Tongue* (London, 1788).

27 Johann Wilhelm von Archenholz, *A Picture of England: Containing a Description of the Laws, Customs, and Manners of England* (London, 1789), vol. I, p. 31.

28 The National Archives（國家檔案館，以下簡稱ＴＮＡ），*Bennet v. Vade*, 1742, TNA PROB 18/54/18.

29 *Bennet v. Vade*, 1739, TNA PROB 18/51/5.

30 同前。

31 同前。

32 *Bennet v. Vade*, Deposition, 1740, TNA PROB 18/52/11.

33 *Bennet v. Vade*, 1739, TNA PROB 18/51/5.

34 同前。

35 Collinson, *Treatise*, pp. 60–61.

36 Brydall, *Non Compos Mentis*, p. 6.

37 *Bennet v. Vade*, 1739, TNA PROB 18/51/5.

38 Anon., *The Case of Henry Roberts, Esq., a Gentleman Who by Unparalleled Cruelty Was Deprived of His Estate under the Pretence of Idiocy* (London,1767).

39 同前，pp. 4–12.

40 Richard Sharp, 'Lynch, John (1697–1760)', *Oxford Dictionary of National Biography*, www.oxforddnb.com, May 2009.

41 Anon., *The Case of Henry Roberts*, p. 12.

42 TNA C211/22/R34.

43 Anon., *The Case of Henry Roberts*, pp. 13–14.

44 *Birkbeck v. Birkbeck*, 1750/51, TNA E 134/24/GEO 2/MICH 9.

45 *Bowerman v. Fust*, 1789, TNA DEL 1/644.

46 同前，pp. 132–9.
47 同前，pp. 369, 147–81, 259–69.
48 同前，pp. 195–214, 295–329, 311, 333–5, 348–9, 365.
49 'Westminster Hall', *The Times*（《泰晤士報》），22 April 1790, p. 3,《泰晤士報》數位檔案，18 June 2014 登錄。
50 *Bowerman v. Fust*, 1789, TNA DEL 1/644, pp. 67, 164, 203, 212.
51 OBP, December 1710, Mary Bradshaw 化名 Seymour (t1701206-22) 訴訟案。
52 OBP, September 1719, Mary Tame (t17190903-33) 訴訟案。
53 OBP, February 1748, Robert Left (t17480224-48) 訴訟案。
54 OBP, October 1804, Charles Viton (t18041024-20) 訴訟案。
55 OBP, February 1804, John Smith (t18040215-50) 訴訟案：和 OBP, July 1804, Charles Witholme (t18040704-23) 訴訟案。
56 Allyson N. May, *The Bar and the Old Bailey, 1750–1850* (Chapel Hill, NC, and London, 2003), pp. 15, 17.
57 同前，p. 7.
58 黃銅砝碼：OBP, February 1748, Robert Left (t17480224-48) 訴訟案：大衣：OBP, February 1759, Peter Cunniford (t17590228-10) 訴訟案：緞帶：OBP, January 1762, Ann Wildman (t17620114-11) 訴訟案：馬褲：OBP, February 1804, John Smith (t18040215-50) 訴訟案：鋸子：OBP, December 1807, Conrad Frederic (t18071202-46) 訴訟案：連衣裙：OBP, July 1819, Charlotte Lawrence (t18190707-154) 訴訟案。
59 May, *The Bar and the Old Bailey*, p. 13.
60 OBP, July 1723, Thomas Allen (t17230710-39) 訴訟案。
61 B. E., *New Dictionary*; Grose, *Classical Dictionary of the Vulgar Tongue*.
62 OBP, September 1716, Richard Price (t17160906-2) 訴訟案：OBP,May 1740, Arthur Bethell (t17400522-9) 訴訟案：OBP, July 1775, William Jackling (t17750712-49) 訴訟案。
63 OBP, May 1732, John Longmore (t17320525-6) 訴訟案。
64 OBP, February 1759, Peter Cunniford (t17590228-10) 訴訟案：OBP,December 1807, Conrad Frederic (t18071202-46) 訴訟案。
65 OBP, February 1743, Elizabeth Camell (t17430223-8) 訴訟案。
66 OBP, May 1732, John Longmore (t17320525-6) 訴訟案。

67 OBP, February 1759, Peter Cunniford (t17590228-10) 訴訟案。
68 OBP, June 1780, Thomas Baggott (t17800628-113) 訴訟案。
69 George Rudé, *The Crowd in History* [1964] (London, 2005), pp. 57–9.
70 OBP, January 1762, Ann Wildman (t17620114-11) 訴訟案。
71 OBP, September 1716, John Love, Thomas Bean, George Purchase, Richard Price, William Price (t17160906-2) 訴訟案。
72 OBP, January 1723, Mary Radford (t17230116-38) 訴訟案。
73 OBP, May 1732, John Longmore (t17320525-6) 訴訟案；OBP, January 1734, James Belford (t17340116-25) 訴訟案。
74 S. Deveraux, 'The City and the Sessions Paper: "Public Justice" in London, 1770–1800', *Journal of British Studies*, XXXV/4 (1996), p. 480.
75 James Beattie, 'Scales of Justice: Defence Counsel and the English Criminal Trial in the 18th and 19th Centuries', *Law and History Review*, IX/2 (1991), p. 221.
76 May, *The Bar and the Old Bailey*, p. 21.
77 Beattie, 'Scales of Justice', p. 223.
78 May, *The Bar and the Old Bailey*, p. 3.
79 John H. Langbein, *The Origins of Adversary Criminal Trial* (Oxford,2003), p. 36.
80 引述在 John H. Langbein, 'The Criminal Trial before the Lawyers',*University of Chicago Law Review*, XLV/2 (1978), p. 311.
81 Nicola Lacey, 'Historicising Criminalisation: Conceptual and Empirical Issues', *Modern Law Review*, LXXII/6 (2009), p. 955.
82 A. Highmore, *A Treatise on the Law of Idiocy and Lunacy* (London, 1807).
83 Collinson, *Treatise*.
84 同前，p. 58；粗體字為原文。
85 同前，p. 65.
86 同前，p. 100.
87 同前，p. 65.
88 同前，pp. 43–6.
89 Highmore, *Treatise,* pp. vi, xii.

第11章

1 Jonathan Andrews, 'Begging the Question of Idiocy: The Definition and Socio-cultural Meaning of Idiocy in Early Modern Britain', Part 1, *History of Psychiatry*, IX/33 (1998), pp. 65–95; and Part 2, IX/34 (1998), pp. 179–200.

2 Johann Wilhelm von Archenholz, *A Picture of England: Containing a Description of the Laws, Customs, and Manners of England* (London, 1789), vol. I.

3 Simon Dickie, *Cruelty and Laughter: Forgotten Comic Literature and the Unsentimental Eighteenth Century* (Chicago, IL, 2011).

4 同前，pp. 21, 30.

5 同前，pp. 32–3.

6 Julie Coleman, *A History of Cant and Slang Dictionaries*, vol. I: *1567–1784* (Oxford, 2004), p. 4.

7 Lee Beier, 'Anti-language or Jargon? Canting in the English Underworld in the Sixteenth and Seventeenth Centuries', in *Languages and Jargons: Contributions to a Social History of Language*, ed. P. Burke and R. Porter (Cambridge, 1995), p. 81.

8 Piers Egan, *Grose's Classical Dictionary of the Vulgar Tongue, Revised and Corrected* (London, 1823), pp. xxxvi–xxxvii.

9 Julie Coleman, *A History of Cant and Slang Dictionaries*, vol. II: *1785–1858* (Oxford, 2004), p. 1.

10 Beier, 'Anti-language or Jargon?', p. 81.

11 John Taylor, *Wit and Mirth* (London, 1630), 笑話 256.

12 Anon., *England's Merry Jester* (London, 1694), p. 31, 笑話 36.

13 Anon., *Pinkethman's Jests; or, Wit Refined* (London, 1721), p. 24.

14 Anon., *The Merry Medley; or, A Christmas-box, for Gay Gallants and Good Companions* (London 1750), p. 57; Anthony Copley, *Wits, Fits and Fancies* (London, 1607), 笑話 852.

15 Simon Jarrett, '"A Welshman Coming to London and Seeing a Jackanapes...": How Jokes and Slang Differentiated Eighteenth-century Londoners from the Rest of Britain', *London Journal*, XLIII/2 (2018), pp. 120–36.

16 除非另有說明，這些及隨後的俚語參考資料均來自以下俚語詞典：B. E., Gent., *A New Dictionary of the Terms Ancient and Modern of the Canting Crew in Its Several Tribes, of Gypsies, Beggars, Thieves, Cheats &c.* (London, 1699); *A New Canting Dictionary* (London, 1725); *An Apology for the Life of Mr Bampfylde-Moore Carew* (London, 1750); John Shirley, *The Scoundrel's Dictionary* (London, 1754); Humphry Tristram Potter, *A New Dictionary of All the Cant and Flash Languages* (London, 1787); Francis

Grose, *A Classical Dictionary of the Vulgar Tongue*, 第二版 (London, 1788); James Caulfield, *Blackguardiana; or, A Dictionary of Rogues, Bawds, Pimps, Whores... &.* (London 1795).

17 Jarrett, '"A Welshman"', pp. 127–9.

18 Thomas Doggett, *Hob; or, The Country Wake: A Farce* (London 1715), pp. 26–7.

19 Fanny Burney, *Camilla; or, A Picture of Youth* [1796] (Oxford, 1972), pp. 184, 534.

20 同前，pp. 212, 225, 500, 505.

21 Isaac Cruikshank, *Paddy Whack's First Ride in a Sedan*, 1800, 根據 Ferdinando Foot's *The Nut-cracker* (London, 1751), p. 61; Isaac Cruikshank, *The Buck and the Goose*, 1801, based on Joe Miller, *Joe Miller's Jests* (London, 1740), p. 28, joke 124.

22 Patrick McDonagh, *Idiocy: A Cultural History* (Liverpool, 2008), p. 15.

23 老貝利訴訟程序（以下簡稱ＯＢＰ），April 1690, trial of Edward Munden (t169000430-28).

24 C. F. Goodey, *A History of Intelligence and 'Intellectual Disability': The Shaping of Psychology in Early Modern Europe* (Farnham, 2011).

25 下面的這個論點在以下論述中獲得了更充分的反覆詳述和發展，S. Jarrett and C. F. Goodey, 'Learning Difficulties: Intellectual Disability in the Long Eighteenth Century'，摘自 *A Cultural History of Disability in the Long Eighteenth Century*, ed. D. Christopher Gabbard and Susannah B. Mintz (London, 2020), 尤其是 pp. 125–33.

26 *The Jests of Beau Nash* (London, 1763), pp. 40–42.

27 'Tom Fool', *The History of Tom Fool* (London, 1760), p. 72.

28 Hurlo Thrumbo, *The Merry Thought; or, The Glass-window and Boghouse Miscellany* (London, 1731), p. 69.

29 Daniel Defoe, *Mere Nature Delineated; or, A Body without a Soul* (London, 1726), p. 37.

30 Anon., *The Complete London Jester* (London, 1781), Epigrams, p. 139.

31 Anon., *Pinkethman's Jests*, p. 91.

32 同前，pp. 74–5, 笑話 100.

33 Burney, *Camilla*, p. 39.

34 Robert Darnton, 'Peasants Tell Tales', in *The Great Cat Massacre and Other Episodes in French Cultural History* (Philadelphia, PA, 1984), p. 43.

35 Grose, *Classical Dictionary*.
36 同前，參「cripple（瘸子）」詞條。
37 Iona and Peter Opie, eds, *The Oxford Dictionary of Nursery Rhymes* (Oxford, 1987), p. 459.
38 Anon., *A Pleasant Song, of Many More Sad Misfortunes of Poor Simon: With an Account of His Drinking a Bottle of Sack to Poison Himself, Being Weary of His Life* (London, 1775), pp. 21–4.
39 同前，pp. 21–2.
40 同前，p. 24.
41 Anon., *Simple Simon's Misfortunes and His Wife Margery's Cruelty, Which Began the Very Next Morning after Their Marriage* (London, 1775), pp. 4–6.
42 同前，pp. 6, 8, 15, 19.
43 同前，p. 17.
44 Darnton, 'Peasants Tell Tales', p. 43.
45 'The History of Joseph Jollyboy', in Anon., *Entertaining Memoirs of Little Personages; or, Moral Amusements for Young Gentlemen* (London, 1790), p. 14.
46 'Simple Simon's History', in Anon., *Entertaining Memoirs*, p. 68.
47 同前，pp. 75, 83.
48 Grose, *Classical Dictionary* (原文中的星號).
49 Anon., *Coffee House Jests* (London, 1686), p. 130, 笑話 220.
50 'Simple Simon', in Anon., *The Muse in Good Humour* (London, 1745), comic tale xii, pp. 86–7.
51 John Cleland, *Fanny Hill; or, Memoirs of a Woman of Pleasure* [1748–9] (London, 1994), pp. 91–3.
52 同前，p. 94.
53 同前，p. 192.
54 同前，pp. 191–2.
55 Grose, *Classical Dictionary*.
56 'Tom Fool', p. 3.

57 同前，p. 26.
58 Cleland, *Fanny Hill*, p. 190.
59 同前，p. 192.
60 Julia V. Douthwaite, *The Wild Girl, Natural Man, and the Monster: Dangerous Experiments in the Age of Enlightenment* (Chicago, IL, 2002), p. 21.
61 同前，p. 68.
62 Keith Thomas, 'The Place of Laughter in Tudor and Stuart England', *Times Literary Supplement*, 21 January 1977, p. 80.
63 Jean-Baptiste de La Salle, *Les Règles de la bienséance et de la civilité chrétienne* (Rouen, 1729), p. 44, cited in Norbert Elias, *The Civilizing Process* [1939] (Oxford, 200o), pp. 112–13.
64 Anon., *Coffee House Jests, Being a Merry Companion* (London, 1760), pp. 109–10, joke 203.
65 La Salle, *Les Règles*, p. 24, cited in Elias, *The Civilizing Process*, p. 113.
66 Elias, *The Civilizing Process*, pp. 50, 57.
67 Anon., *Coffee House Jests* (1760), p. 65, joke 119.
68 Dickie, *Cruelty and Laughter*, pp. 3, 6.
69 John Brewer, *The Pleasures of the Imagination: English Culture in the Eighteenth Century* (London, 1997), p. 102.
70 Anon., *An Essay on Polite Behaviour* (London, 1740), cited in Brewer, *Pleasures of the Imagination*, p. 110.
71 引述在 Brewer, *Pleasures of the Imagination*, p. 110.
72 *A New Canting Dictionary*.
73 John Bee, *Sportsman's Slang* (London, 1825).
74 'J. S.', *England's Merry Jester* (London, 1694), p. 31, 笑話 36.
75 同前，pp. 84–5，笑話 112.
76 同前，pp. 74–5，笑話 100.
77 'Robert Nixon', in *A True Copy of Nixon's Cheshire Prophecy* (London, 1715), pp. 3, 5.
78 同前，p. 3.
79 同前，pp. 14–15.

80 Burney, *Camilla*, pp. 306, 308.

81 同前，p. 309.

82 同前，p. 311.

83 'The Handsome Idiot', in 'Luke Lively', *The Merry Fellow; or, Jovial Companion* (Dublin, 1757), p. 29.

84 La Salle, *Les Règles*, p. 35, cited in Elias, *The Civilizing Process*, p. 131.

85 Mary Cowling, *The Artist as Anthropologist: The Representation of Type and Character in Victorian Art* (Cambridge, 1989), p. 9.

86 同前，pp. xvii–xix, 1.

87 Joanna Bourke, *What It Means to Be Human: Reflections from 1791 to the Present* (London, 2013), p. 208.

88 Cowling, *The Artist as Anthropologist*, p. 19.

89 L. P. Curtis, *Apes and Angels: The Irishman in Victorian Caricature* (Washington, dc, 1997), p. xxx.

90 James Gillray, *Doublures of Caricature* (London, 1798).

91 Curtis, *Apes and Angels*, pp. 2, 7.

92 Cowling, *The Artist as Anthropologist*, p. 42.

93 同前，pp. 79–80.

94 François E. Fodéré, *Traité de médecine légale et d'hygiène publique, ou de police de santé: tome premier* [1792]，第二版 (Paris, 1813), p. 203; Étienne-Jean Georget, *De la folie: considérations sur cette maladie* (Paris, 1820), pp. 103–5.

95 Cowling, *The Artist as Anthropologist*, p. 124.

96 Georget, *De la folie*, p. 131.

97 OBP, November 1762, Ann Wildman (t17620114-11) 訴訟案；OBP, January 1723, Mary Radford (t17230116-38) 訴訟案。

98 Innes Herdan and Gustav Herdan, trans., *Lichtenberg's Commentaries on Hogarth's Engravings* [1784–96] (London, 1966), pp. 143–5.

99 N.A.M. Roger, *The Wooden World: An Anatomy of the Georgian Navy* (London, 1988), p. 214.

100 Roger Lund, 'Laughing at Cripples: Ridicule, Deformity，和來自 Design', *Eighteenth Century Studies*, XXXIX/1 (2005) 的論點，p. 111。

101 Dickie, *Cruelty and Laughter*, p. 18.

102 Burney, *Camilla*, p. 780.

103 OBP, February 1723, John Thomas (t17230227) 訴訟案；OBP, May 1723, John Smith (t17230530-44) 訴訟案。
104 OBP, May 1798, Sarah Holloway (t17980523-23) 訴訟案。
105 OBP, January 1723, Mary Radford (t17230116-38) 訴訟案。
106 OBP, May 1744, Ann Terry (t17440510-8) 訴訟案。
107 John Thomas Smith, *Vagabondiana; or, Anecdotes of Mendicant Wanderers through the Streets of London* (London, 1818).
108 OBP, May 1748, Robert Miller (t17480526-15) 訴訟案。
109 OBP, February 1759, Peter Cunniford (t17590228-10) 訴訟案。
110 OBP, July 1737, John Bullock (t17370706-4) 訴訟案。
111 OBP, December 1732, Richard Albridge (t17321206-5) 訴訟案；OBP, June 1825, John Battle (t18250630-67) 訴訟案；OBP, January 1828, Caleb Brookes (t18280110-71) 訴訟案。
112 B. Williams, *The Whig Supremacy, 1714–1760*, 第二版 (Oxford 1960), p. 95.
113 同前 p. 36.
114 Samuel Price, 'Sermon iv: The Moral Perfection of God', in Isaac Watts, *Sermons on the Principal Heads of the Christian Religion Preached at Bury Street* (London, 1733), p. 62.
115 Isaac Watts, 'Sermon viii: A Hopeful Youth Falling Short of Heaven', part 2, in Watts, *The Works of the Reverend and Learned Isaac Watts* [1753] (London, 1810), vol. II, pp. 85–96.
116 Watts, 'The Strength and Weakness of Human Reason'，同前，p. 391.
117 Watts, 'Sermon vii: A Hopeful Youth', part 1，同前，p. 79.
118 John Wesley, 'The First Fruits of the Spirit', in Wesley, *Complete Sermons* ebook (2016).
119 Wesley, 'Awake Thou That Sleepest, April 4 1742'，同前。
120 Wesley, 'First Fruits of the Spirit'，同前。
121 Wesley, 'Christian Perfection'，同前。

第三章

1 Richard Hough, *Captain James Cook: A Biography* (London, 1994), p. 139.

2 同前，pp. 139–40.
3 Joseph Banks, *The Endeavour Journal of Joseph Banks, 1768–1771*, ed. J. C. Beaglehole, vol. II (Sydney, 1962), p. 54.
4 同前。
5 Gilbert White, *The Natural History of Selborne* [1789], ed. Ann Secord (Oxford, 2013), Letter 27, 12 December 1775, p. 161.
6 同前。
7 同前。
8 Tobias Menely, 'Traveling in Place: Gilbert White's Cosmopolitan Parochialism', *Eighteenth-century Life*, XXVIII/3 (2004), p. 53.
9 Ann Secord, 'Introduction', in White, *Natural History of Selborne*, p. xiii.
10 Menely, 'Traveling in Place', p. 53.
11 N.J.B. Plomley, *The Baudin Expedition and the Tasmanian Aborigines, 1802* (Hobart, 1983), p. 6.
12 Menely, 'Traveling in Place', p. 55.
13 同前。
14 Francis Place, *The Autobiography of Francis Place (1771–1854)*, ed. Mary Thrale (Cambridge, 1972), p. 90.
15 F. E. Fodéré, *Traité du goitre et du crétinisme* (Paris, 1799 [Germinal viii]), p. 121 (author's translation).
16 Phillipe Pinel, *Medico-philosophical Treatise on Mental Alienation* (Paris, 1800), trans. G. Hickish, D. Healy and L. Charland (Chichester, 2008).
17 William Dampier, *A New Voyage around the World: The Journal of an English Buccaneer* [1697] (London, 1998), p. 221.
18 Louis Hennepin, *A New Discovery of a Vast Country in America* [1698] (Toronto, 1974), p. 552.
19 Jemima Kindersley, *Letters from the Island of Tenerife, Brazil, the Cape of Good Hope and the East Indies* (London, 1777), p. 181.
20 Watkin Tench, *Sydney's First Four Years* [1793], ed. L. F. Fitzhardinge (Sydney, 1979), pp. 52–3.
21 Charles Grant, *Observations on the State of Society among the Asiatic Subjects of Great Britain* (London, 1797), p. 50.
22 Banks, *Endeavour Journal*, vol. II, p. 70.
23 Plomley, *The Baudin Expedition*, p. 19.
24 John Lawson, *A New Voyage to Carolina* [1709], ed. Hugh T. Lafler (Chapel Hill, NC, 1967), p. 27.
25 Edward Bancroft, *An Essay on the Natural History of Guiana in South America* (London, 1769), p. 328.

26 Sydney Parkinson, *A Journal of a Voyage to the South Seas in His Majesty's Ship the Endeavour* (London, 1773), p. 14.
27 Dampier, *New Voyage*, p. 427.
28 Parkinson, *Journal of a Voyage*, p. 7.
29 Plomley, *The Baudin Expedition*, p. 83.
30 James Lackington, *Memoirs of the First Forty-five Years of the Life of James Lackington, the Present Bookseller in Chiswell-Street, Moorfields, London* (London, 1794), pp. 57–8.
31 Dampier, *New Voyage*, p. 219.
32 James Isham, *James Isham's Observations on Hudsons Bay* [1743] (London, 1949), p. 101.
33 國家檔案館（以下簡稱ＴＮＡ），*Ingram v. Wyatt*, 1/725, 1828, pp. 486 and 495.
34 James Bruce, 'Travels between the Years 1768 and 1773, through Parts of Africa, Syria, Egypt and Arabia into Abyssinia, to Discover the Source of the Nile' [1790], in *Travel Writing, 1700–1830: An Anthology*, ed. Elizabeth Bohls and Ian Duncan (Oxford, 2005), pp. 222–3, 233.
35 Hennepin, *New Discovery*, p. 469.
36 Peter Kolben, *The Present State of the Cape of Good Hope* (London, 1731), p. 201.
37 Isham, *Observations on Hudsons Bay*, p. 77.
38 Edward Long, *The History of Jamaica* (London, 1774), p. 383.
39 TNA, *Ingram v. Wyatt*, 1/725, 1828, p. 506.
40 同前，pp. 477, 486.
41 同前，*Bowerman v. Fust*, del 1/644, p. 141.
42 Plomley, *The Baudin Expedition*, pp. 19, 124.
43 同前，p. 125.
44 Lackington, *Memoirs*, pp. 412–13, 420.
45 Elizabeth Bohls and Ian Duncan, 'Introduction', in *Travel Writing*, p. xviii.
46 John Harris, *Navigantium atque itinerantium biblioteca; or, A Compleat Collection of Voyages and Travels* (London, 1744), Preface.
47 Frances Trollope, *Domestic Manners of the Americans* [1832], ed. Elsie B. Michell (Oxford, 2014), p. 14.

48 大英圖書館收藏的 Harris 著作 *Navigantium* 副本最初由 Banks 所擁有 (BI C.115.i.5. [1-2]).
49 James Burney, *A Chronological History of the Discoveries in the South Sea or Pacific Ocean* (London, 1803), p. 178.
50 Menely, 'Traveling in Place', p. 53.
51 Secord, 'Introduction', in White, *Natural History of Selborne*, p. xxvii.
52 David Hall, 'Introduction', in Hugo Grotius, *The Rights of War and Peace* [1625], ed. A. C. Campbell (London, 1901), p. 2.
53 Grotius, *Rights of War and Peace*, pp. 18–19.
54 同前，p. 18.
55 同前，p. 135.
56 同前，p. 269.
57 同前。
58 同前。
59 Samuel von Pufendorf, *The Whole Duty of Man According to the Law of Nations* [1673], 二版 (London, 1698), p. 2.
60 同前，p. 118.
61 同前，p. 150.
62 John Locke, *Two Treatises of Government* [1690], ed. P. Laslett (Cambridge, 2014), pp. 280, 289.
63 同前，p. 291.
64 同前，pp. 296–7.
65 同前，p. 306.
66 Dampier, *New Voyage*, pp. 13, 219, 227.
67 Hennepin, *New Discovery*, pp. 455, 462.
68 同前，p. 462.
69 John Brydall, *Non Compos Mentis; or, The Law Relating to Natural Fools, Mad Folks and Lunatic Persons Inquisited and Explained for the Common Benefit* (London, 1700), p. 2.
70 同前，p. 3.
71 Alexander Hamilton, *British Sea Captain Alexander Hamilton's 'A New Account of the East Indies' from the Year 1723*, ed. J. Corfield

and I. Merson (Lampeter, 2002), p. 19.
72 Kolben, *Present State of the Cape*, vol. I, pp. 46–7.
73 Isham, *Observations on Hudsons Bay*, p. 112; Harris, *Navigantium*, p. 310.
74 Dampier, *New Voyage*, p. 148; Lawson, *New Voyage to Carolina*, p. 38; Isham, *Observations on Hudsons Bay*, p. 80.
75 F. E. Fodéré, *Traité de médecine légale*, 第二版 (Paris, 1813), p. 203 (作者的譯文).
76 Emer de Vattel, *The Law of Nations; or, Principles of the Law of Nature, Applied to the Conduct and Affairs of Nations and Sovereigns* [1758] (Indianapolis, IN, 2008), p. xii.
77 同前，p. 71.
78 同前，p. 73.
79 同前，p. 213.
80 同前，p. 129.
81 同前，p. 216.
82 Thomas Munck, *The Enlightenment: A Comparative Social History, 1721–1724* (London, 2000), p. 14.
83 同前。
84 Hough, *Captain James Cook*, p. 193.
85 Johann Reinhold Forster, *Observations Made during a Voyage around the World on Physical Geography, Natural History and Ethic Philosophy* (London, 1778), Preface, p. ii.
86 Antoine-Nicholas de Condorcet, *Sketch for a Historical Picture of the Progress of the Human Mind* [1795], trans. Jane Barraclough (London, 1955), p. 8.
87 Charles de Secondat, Baron de Montesquieu, *The Spirit of Laws* [1748], 第七版 , trans. Thomas Nugent (Edinburgh, 1778), p. 345.
88 同前，p. 281.
89 同前，p. 333.
90 George W. Stocking Jr, *Victorian Anthropology* (New York, 1991), p. 14.
91 Anne Robert Jacques Turgot, 'A Philosophical Review of the Successive Stages of the Human Mind' [1750], in *Turgot on Progress, Sociology and Economics*, trans. Ronald L. Meek (Cambridge, 1973), p. 41.

92 同前，p. 42.
93 同前。
94 Fodéré, *Traité de médecine légale*, p. 186（作者的譯文）.
95 同前，p. 203.
96 Dampier, *New Voyage*, p. 219.
97 Hennepin, *New Discovery*, p. 462.
98 Turgot, 'Philosophical Review', p. 42.
99 同前。
100 Dampier, *New Voyage*, p. 218.
101 Kolben, *Present State of the Cape*, p. 37.
102 Forster, *Observations*, p. 251.
103 同前，pp. 231, 286.
104 同前，p. 287.
105 John Adams, *Curious Thoughts on the History of Man, Chiefly Abridged from the Celebrated Works of Lord Kaimes, Lord Monboddo, Dr Dunbar, and the Immortal Montesquieu* [1789] (Bristol, 1995), p. 30.
106 同前，p. 4.
107 Forster, *Observations*, pp. 303–4.
108 同前，p. 304.
109 同前，pp. 303–4.
110 同前，p. 304.
111 同前。
112 Fodéré, *Traité du goitre at du crétinisme*, p. 20（作者譯文）.

第四章

1 David Wright, *Mental Disability in Victorian England: The Earlswood Asylum, 1847–1901* (Oxford 2001), p. 19.

2 F.-E. Fodéré, *Traité de médecine légale et d'hygiène publique, ou de police de santé: tome premier* [1792], 二版 (Paris, 1813), Preface, p. xii.

3 Deborah B. Weiner, 'Foreword', in Philipe Pinel, *Medico-philosophical Treatise on Mental Alienation* [1800], trans. Gordon Hickish, David Henly and Louis C. Charland (Chichester, 2008).

4 Pinel, *Treatise*, p. 72.

5 同前。

6 Fodéré, *Traité de médecine*, pp. v, ix.

7 同前，p. xxxiv.

8 同前。

9 同前，pp. 192–3（作者譯文）.

10 同前，p. 186.

11 同前（作者譯文）。

12 同前，p. 202.

13 同前，p. 203.

14 同前。

15 同前，p. 184.

16 Hurlo Thrumbo, *The Merry Thought; or, The Glass-window and Boghouse Miscellany* (London, 1731), pp. 43–4.

17 Fodéré, *Traité de médecine*, p. 202.

18 Jan Goldstein, *Console and Classify: The French Psychiatric Profession in the Nineteenth Century* (Chicago, IL, 2001), p. 78.

19 Fodéré, *Traité de médecine*, p. 285.

20 同前，p. 203.

21 Étienne-Jean Georget, *De la folie: considérations sur cette maladie* (Paris, 1820); Étienne-Jean Georget, *Discussion médico-légale sur la folie, ou aliénation mentale* (Paris, 1826).

22 Georget, *De la folie*, pp. 103–4.

23 同前，pp. 104–5.

24 Georget, *Discussion médico-légale*, p. 1.
25 同前，p. 132.
26 同前，p. 134.
27 同前，pp. 132, 139.
28 同前，pp. 135–6.
29 同前，p. 136.
30 同前，pp. 136–7（作者譯文）.
31 同前，p. 138.
32 同前，「Niaiserie」將在二十世紀初獲得「低能」的含義。
33 同前，p. 141.
34 同前，p. 140.
35 同前，pp. 175–6.
36 John Haslam, *Medical Jurisprudence as It Relates to Insanity According to the Law of England* (London, 1817).
37 同前，pp. ii–iii.
38 Andrew Scull, Charlotte Mackenzie and Nicholas Harvey, *Masters of Bedlam: The Transformation of the Mad-doctoring Trade* (Princeton, NJ, 1996), pp. 31–7.
39 Haslam, *Medical Jurisprudence*, pp. 3, 97–8.
40 同前，p. 98.
41 同前。
42 同前。
43 同前，pp. 8–9.
44 同前，pp. 4, 8.
45 同前，p. 3.
46 同前，pp. 94–6.
47 同前，p. 103.

48 同前，pp. 10, 42.

49 Thomas S. Legg, 'Amos, Andrew (1791–1860)', *Oxford Dictionary of National Biography* (Oxford, 2004), www.oxforddnb.com.

50 Professor Amos, 'Lectures in Medical Jurisprudence Delivered in the University of London: On Insanity', *London Medical Gazette*, 8 (1831), pp. 418–20.

51 Leonard Shelford, *A Practical Treatise on the Law concerning Lunatics, Idiots and Persons of Unsound Mind* (London, 1833). 關於薛福德參 E. I. Carlyle, 'Shelford, Leonard (1795–1864)', revd Jonathan Harris, *Oxford Dictionary of National Biography* (Oxford, 2004), www.oxforddnb.com.

52 Shelford, *Practical Treatise*, pp. 45–6.

53 同前。

54 同前，p. 4.

55 同前，p. 5.

56 同前。

57 同前。

58 J. Chitty, *A Practical Treatise on Medical Jurisprudence* (London, 1834), p. 344.

59 同前，p. 345.

60 同前，pp. 341–2, 344.

61 Theodric Beck, *Elements of Medical Jurisprudence* (London, 1836), p. 402.

62 Isaac Ray, *A Treatise on the Medical Jurisprudence of Insanity* (London, 1839).

63 同前，p. xxviii.

64 同前，pp. 24, 49.

65 同前，pp. 54–5.

66 同前，p. 71.

67 同前，pp. 115–17.

68 John Peter Eigen, *Witnessing Insanity: Madness and Mad Doctors in the English Court* (New Haven, CT, 1995), p. 112.

69 Sabine Arnaud, *On Hysteria: The Invention of a Medical Category between 1670 and 1820* (Chicago, IL, 2015), pp. 207–25.

70 相關例子可參 William Guy, *Principles of Forensic Medicine*, 二版 (London, 1861).

71 James Beattie, 'Scales of Justice: Defence Counsel and the English Criminal Trial in the Eighteenth and Nineteenth Centuries', *Law and History Review*, IX/2 (1991), p. 229.

72 Allyson N. May, *The Bar and the Old Bailey, 1750–1850* (Chapel Hill, NC, 2003), p. 1.

73 同前，p. 77.

74 老貝利訴訟程序（以下簡稱 OBP), June 1789, John Glover (t17890603-90) 訴訟案。

75 OBP, July 1800, John Leck (t18000709-21) 訴訟案。

76 同前。

77 OBP, December 1807, Conrad Frederic (t18071202-46) 訴訟案。

78 OBP, July 1819, Charlotte Lawrence (t18190707-154) 訴訟案。

79 OBP, June 1825, John Battle (t18250630-67) 訴訟案。

80 完整的審判記述可參 Mark Jackson, '"It Begins with the Goose and Ends with the Goose": Medical, Legal and Lay Understandings of Imbecility in *Ingram v. Wyatt*, 1824–1832', *Social History of Medicine*, XI/3 (1998), pp. 361–80.

81 同前，pp. 361–7.

82 同前，pp. 375–7.

83 同前，p. 377.

84 同前，p. 378.

85 國家檔案館（以下簡稱 TNA），*Ingram v. Wyatt*, 1828, DEL 1/725, p. 441.

86 同前，pp. 478, 488, 490, 502.

87 同前，p. 484.

88 同前，p. 502.

89 同前，pp. 512–13.

90 同前，pp. 478, 509.

91 同前，p. 484.

92 同前，p. 487.

93 同前，p. 513.
94 Jackson, "'It Begins with the Goose'", pp. 370–71.
95 同前，pp. 373–4.
96 Shelford, *Practical Treatise*, p. 5.
97 Jackson, "'It Begins with the Goose'", p. 377.
98 'Commission of Lunacy, Bagster v. Newton', *London Medical Gazette*, 10 (21 July 1832), pp. 520–22.
99 同前，pp. 519–28.
100 Scull, Mackenzie and Harvey, *Masters of Bedlam*, p. 149.
101 同前。（有時候也稱呼他為 Munro 或 Munroe）。
102 同前，pp. 123, 143, 149.
103 'Commission of Lunacy, Bagster v. Newton', pp. 520, 522.
104 同前，p. 525.
105 同前，p. 523.
106 Scull, Mackenzie and Harvey, *Masters of Bedlam*, pp. 36–7.
107 'Commission of Lunacy, Bagster v. Newton', pp. 526–7.
108 同前，pp. 520–22.
109 同前。
110 'Editorial', *London Medical Gazette*, 10 (28 July 1832), pp. 556–7.
111 同前，p. 527.
112 同前，p. 528.
113 同前，p. 554.
114 同前，p. 556.
115 同前，pp. 553, 558.
116 同前，p. 554.
117 'Vice Chancellor's Courts, Dec 4', *The Times*, 5 December 1861, p. 8,《泰晤士報》數位檔案（以下簡稱ＴＤＡ）。

118 TNA, *Windham v. Windham*, J77/60/W 128/1; J77/60/W 128/2; J77/60/W 128/11; J77/60/W 128/12; J77/60/W 128/25; J77/60/W 128/29.

119 An Eastern Counties Traveller, ‘Amateur Railway Drivers’, *The Times*, 14 December 1861, p. 8, TDA.

120 ‘The Case of Mr W. F. Windham’, *The Times*, 17 December 1861, p. 3, TDA.

121 一八六一年十二月十五日至一八六二年一月三十一日期間，亞伯特親王之死得到了十三萬二千九百零二個字的報導，而溫德姆的案件在同一時期得到了十四萬八千六百零六個字的報導。（來源：ＴＤＡ）

122 ‘The Jury Have at Last Found That Mr windham’, *The Times*, 31 January 1862, p. 6, TDA.

123 同前。

124 ‘The Late Mr W. F. Windham,–On Saturday’, *The Times*, 5 February 1866, p. 11, TDA.

125 John Langdon Down, *On Some of the Mental Afflictions of Childhood and Youth, Being the Lettsomian Lectures Delivered before the Medical Society of London in 1887* (London, 1887), pp. 28–9.

126 John Langdon Down, ‘On the Condition of the Mouth in Idiocy’, *The Lancet*, 1 (1862), pp. 65–8.

127 Down, *Mental Afflictions,* p. 29.

128 Down, ‘Condition of the Mouth’, pp. 65–8.

129 Down, *Mental Afflictions*, p. 29.

130 同前。

131 同前。

132 ‘Commission of Lunacy, Bagster v. Newton’, p. 520.

133 viator, ‘The Great Eastern Railway’, *The Times*, 6 December 1862, p. 12, TDA.

第五章

1 William Wordsworth, ‘The Idiot Boy’ [1798], *Selected Poetry* (Oxford, 1998), pp. 36–49.

2 同前，p. 48, ll. 407–8.

3 同前，p. 40, l. 122.

4 William Wordsworth, ‘Preface’, *Lyrical Ballads* [1800], 引述在 Patrick McDonagh, *Idiocy: A Cultural History* (Liverpool, 2008), p.

27.

5 Samuel Taylor Coleridge, *Biographia Literaria* [1817] (London, 1827), p. 166.

6 同前。

7 引述在 McDonagh, *Idiocy*, pp. 25–6.

8 S. Jarrett and C. F. Goodey, 'Learning Difficulties: Intellectual Disability in the Long Eighteenth Century', in *A Cultural History of Disability in the Long Eighteenth Century*, ed. D. Christopher Gabbard and Susannah B. Mintz (London, 2020), p. 134.

9 Frances Burney, *Camilla; or, A Picture of Youth* [1786] (Oxford, 1999), p. 309.

10 Julie Colman, *A History of Cant and Slang Dictionaries*, vol. II: *1785–1858* (Oxford, 2004), p. 259.

11 同前，p. 260.

12 Piers Egan, *Grose's Classical Dictionary of the Vulgar Tongue, Revised and Corrected* (London, 1823).

13 Piers Egan, *Life in London* (London, 1821).

14 Egan, *Grose's Classical Dictionary*, p. xi.

15 Colman, *Slang Dictionaries*, vol. II, pp. 171–2.

16 Egan, *Grose's Classical Dictionary*.

17 John Bee, *Sportsman's Slang* (London, 1825).

18 同前。

19 一本在一八〇三年出版的大學俚語詞典，其中許多詞條受經典啟發：*Gradus ad Cantabrigium; or, A Dictionary of Terms, Academical and Colloquial, or Cant, Which Are Used at the University of Cambridge* (London, 1803).

20 James Hardy Vaux, *A New and Comprehensive Dictionary of the Flash Language* (Newcastle, NSW, 1812); *The Flash Dictionary* (London, 1821); Bee, *Sportsman's Slang*; George Kent, *The Modern Flash Dictionary* (London, 1835).

21 Anon., *The Sailor's Jester; or, Merry Lad's Companion* (London, 1790), p. 3; 'Joe Miller', *Joe Miller's Complete Jest Book* (London, 1832), joke 583, p. 178.

22 'Christopher Grin', *The New Loyal and Patriotic Jester; or, Complete Library of Fun*, 第二版 (London, 1800), p. 17.

23 Anon., *The Lively Jester; or, Complete Museum of Fun* (London, 1800), p. 33.

24 Anon., *Pinkethman's Jests; or, Wit Refined* (London, 1721), p. 91; 'Miller', *Joe Miller's Complete Jest Book*, p. 35.

25 'Mark Lemon', *The Jest Book: The Choicest Anecdotes and Sayings Selected and Arranged by Mark Lemon* (London, 1865).
26 Anon., *Lively Jester*, p. 62; 'Grin', *Loyal and Patriotic Jester*, pp. 49–50.
27 'Grin', *Loyal and Patriotic Jester,* p. 47.
28 'Miller', *Complete Jest Book*, p. 471.
29 Vic Gatrell, *City of Laughter: Sex and Satire in Eighteenth-century London* (London, 2006), p. 547.
30 同前，p. 425.
31 同前，pp. 419–21.
32 同前，p. 432.
33 石版畫約莫在一八三〇年取代了蝕刻版畫，因為圖像變得柔和，很適合新竄起的石版畫漫畫家們「普遍放棄諷刺性的野蠻」。John Wardroper, *The Caricatures of George Cruikshank* (London, 1977), p. 23.
34 William Thackeray, 'Review', *Westminster Review* (June 1840), p. 6.
35 Ronald Paulson, *Popular and Polite Art in the Age of Hogarth and Fielding* (Notre Dame, IN, 1979), p. 102.
36 Simon Dickie, *Cruelty and Laughter: Forgotten Comic Literature and the Unsentimental Eighteenth Century* (Chicago, IL, 2014), p. 22.
37 'Miller', *Complete Jest Book*, Preface.
38 *William Wordsworth, Lyrical Ballads [1800],* 引述在*Ian Watt, The Rise of the Novel: Studies in Defoe, Richardson and Fielding* [1957] (London, 1974), p. 342.
39 'Lemon', *Jest Book.*
40 Stuart M. Tave, *The Amiable Humorist: A Study in the Comic Theory and Criticism of the Eighteenth and Early Nineteenth Centuries* (Chicago, IL, 1960), p. viii.
41 同前。
42 'The Comic Blackstone', *Punch*, 13 January 1844, p. 25.
43 'Punch's Essence of Parliament', *Punch*, 24 February 1866, p. 78.
44 'The Temperate Temperance League', *Punch*, 11 May 1867, p. 190.
45 David Wright, '"Mongols in Our Midst": John Langdon Down and the Ethnic Classification of Idiocy, 1858–1924', in *Mental*

Retardation in America: A Historical Reader, ed. Steven Noll and James W. Trent, Jr (New York, 2004), p. 96.

46 'Mitchell at Home', *Punch* [1847?], p. 110; 'A Palpable Advertisement', *Punch*, 10 September 1859, p. 103.

47 'Rampant Idiots', *Punch*, 27 December 1856, p. 251.

48 'Extraordinary Flight of Geese', *Punch*, 14 February 1857, p. 70.

49 'Work for Weak Intellects', *Punch*, 23 April 1859, p. 169.

50 'Appropriate Airs', *Punch*, 24 March 1860, p. 119.

51 'Punch's Essence of Parliament', *Punch*, 12 April 1862, p. 143.

52 'Fashionable Entertainments for the Week', *Punch*, 23 June 1877.

53 Ronald Pearsall, *Collapse of Stout Party: Victorian Wit and Humour* (London, 1975), p. 149.

54 Gatrell, *City of Laughter*, p. 547.

55 Mark Ford, 'Introduction'to Charles Dickens, *Nicholas Nickleby* [1839] (London, 1986), p. xiii.

56 Dickens, *Nicholas Nickleby*, p. 156.

57 同前，p. 147.

58 同前，pp. 267, 423.

59 同前，p. 463.

60 同前。

61 同前，p. 746.

62 同前。

63 Charles Dickens, 'Idiots', *Household Words*, VII/167 (4 June 1853), p. 313.

64 同前。

65 同前。

66 同前。

67 Dickens, *Nicholas Nickleby*, p. 90.

68 Dickens, 'Idiots', p. 315.

69 同前，pp. 314–15.

70 McDonagh, *Idiocy*, p. 15.
71 Dickens, 'Idiots', p. 314.
72 同前，p. 315.
73 Charles Dickens, *Barnaby Rudge: A Tale of the Riots of 'Eighty* [1841] (Oxford, 2003), p. 52.
74 同前，p. 37.
75 同前，p. 202.
76 Tobias Smollett, *Roderick Random* [1748] (London, 1975), pp. 66–8.
77 Dickens, 'Idiots', p. 317.
78 George Eliot, *Brother Jacob* [1860] ebook (Gearhart, or, 2013).
79 Elizabeth Gaskell, *Half a Lifetime Ago* [1855], ebook (Milton Keynes, 2013).
80 Mary Cowling, *The Artist as Anthropologist: The Representation of Type and Character in Victorian Art* (Cambridge, 1989), p. 125.
81 同前，p. 126.
82 同前。
83 L. P. Curtis, *Apes and Angels: The Irishman in Victorian Caricature* (Washington, DC, 1997), p. xiii.
84 M. Dorothy George, *Catalogue of Political and Personal Satires Preserved in the Department of Prints and Drawings in the British Museum*, vol. XI (London, 1954), www.britishmuseum.org/collection, bm Satires 16163.
85 Thomas Webster, engraved W. Ridgway, *Going to School*, *Art Journal* (June 1862), p. 138.
86 同前。
87 Dickens,'Idiots', pp. 315–16.
88 同前，p. 315.
89 Isaac Newton Kerlin, *The Mind Unveiled; or, A Brief History of Twenty-two Imbecile Children* (Philadelphia, PA, 1858).
90 同前，p. ix.
91 同前，p. 2.
92 同前，p. 16.
93 同前，p. 25.

94 同前。
95 Thackeray, 'Review', p. 6.
96 Gatrell, *City of Laughter*, p. 432.
97 Coleridge, *Biographia Literaria*, p. 167.
98 Karen Halttunen, 'Humanitarianism and the Pornography of Pain in Anglo-American Culture', *American Historical Review*, C/2 (1995), p. 304.
99 Pieter Verstraete, 'Savage Solitude: The Problematisation of Disability at the Turn of the Eighteenth Century', *Paedagogica Historica*, XLV/3 (2009), p. 279.

第六章

1 Joanna Bourke, *What It Means to Be Human: Reflections from 1791 to the Present* (London, 2013), p. 3.
2 Antony Wild, *The East India Company: Trade and Conquest from 1600* (London, 1999), p. 108.
3 Edward Bancroft, *An Essay on the Natural History of Guiana in South America* (London, 1769), p. 326.
4 Watkin Tench, *Sydney's First Four Years* [1793], ed. L. F. Fitzhardinge (Sydney, 1979), pp. 283–5.
5 James K. Tuckey, 'Narrative of an Expedition to Explore the River Zaire, Usually Called the Congo, in 1816', in *Travel Writing, 1700–1830: An Anthology*, ed. E. Bohls and I. Duncan (Oxford, 2005), p. 246.
6 同前。
7 John West, *The Substance of a Journal during a Residence at the Red River Colony in the Years 1820, 1821,1822, 1823* [1824] (New York, 1966), Preface, pp. v, 3.
8 Paul Du Chaillu, *Explorations and Adventures in Equatorial Guinea* (New York, 1861), p. 150.
9 Isaac Ray, *A Treatise on the Medical Jurisprudence of Insanity* (London, 1839), p. 68.
10 同前，p. 72.
11 同前，pp. 66–8.
12 同前，p. 69.
13 Maria Nugent, *A Journal of a Voyage to, and Residence in, the Island of Jamaica from 1801–1805*, vol. I (London, 1839), p. 145.

14 Harriet Beecher Stowe, *Uncle Tom's Cabin; or, Life among the Lowly* [1852] (London 1955), pp. 235–6.
15 F.-E. Fodéré, *Traité de medécine légale et d'hygiène publique, ou de police de santé: tome premier* [1792] (Paris, 1813), p. 186（作者譯文）.
16 West, *Substance of a Journal*, p. 154.
17 同前。
18 John West, *The History of Tasmania* [1852], ed. A.G.L. Shaw (Sydney, 1971), p. 333.
19 Étienne-Jean Georget, *Discussion médico-légale sur la folie, ou alienation mentale* (Paris, 1826), p. 140（作者譯文）.
20 Ray, *Treatise,* pp. 75–6, 80, 95.
21 同前，p. 91.
22 Theodric Beck, *Elements of Medical Jurisprudence*, 第五版 (London, 1836), p. 402.
23 James Mill, *The History of British India*, vol. I[1817] (New Delhi, 1972), p. 32.
24 同前。
25 Ray, *Treatise*, p. 71.
26 Mill, *British India*, p. 288.
27 同前，pp. 459–60.
28 Ray, *Treatise*, p. 71.
29 同前。
30 Fodéré, *Traité de médecine légale*, p. 203（作者譯文）.
31 同前，p. 71.
32 Ray, *Treatise*, p. 69.
33 Reginald Heber, *Narrative of a Journey through the Upper Provinces of India from Calcutta to Bombay, 1824–1825*, vol. I (London, 1828), pp. 49–50.
34 Mill, *British India*, p. 340.
35 同前。
36 E. W. Landor, *The Bushman; or, Life in a New Country* (London, 1847), pp. 186–7.

37 Anon., *Some Account of the Conduct of the Religious Society of Friends towards the Indian Tribes in the Settlement of the Colonies of East and West Jersey and Pennsylvania* (London, 1844), pp. 176, 143.

38 Georget, *Discussion médico-légale,* p. 140.

39 Ray, *Treatise,* pp. 71, 80.

40 Bedford Pim, *The Negro and Jamaica* (London, 1866), pp. 6–7.

41 John Langdon Down,'On the Condition of the Mouth in Idiocy', *The Lancet*, i (1862), p. 65.

42 同前。

43 Samuel Tuke, *Description of the Retreat, an Institution near York for Insane Persons of the Society of Friends* (York, 1813), p. 23.

44 同前，pp. 23, 134.

45 同前，pp. 23, 135, 141.

46 Murray Simpson, 'The Moral Government of Idiots: Moral Treatment in the Work of Seguin', *History of Psychiatry*, x (1999), pp. 227–43.

47 Frances Trollope, *Domestic Manners of the Americans* [1832], ed. Elsie B. Mitchell (Oxford, 2014), p. 165 (author's italics).

48 Nugent, *Journal of a Voyage*, p. 30.

49 同前。

50 John Philip, *Researches in South Africa, Illustrating the Civil, Moral and Religious Condition of the Native Tribes*, vol. II (London, 1828), p. 9.

51 James M. Phillippo, *Jamaica: Its Past and Present State* [1843] (London, 1969), p. 191.

52 同前。

53 同前，pp. 211–12.

54 Du Chaillu, *Explorations and Adventures*, pp. 28–9.

55 Édouard Séguin, *Traitement moral, hygiène et éducation des idiots et des autres enfants arrières* [1846] (Paris, 1906), p. 462（作者譯文）.

56 同前。

57 同前。

58 Simpson, 'Moral Government of Idiots', p. 230.
59 Séguin, *Traitement moral*, p. 461（作者譯文）.
60 Simpson, 'Moral Government of Idiots', p. 241.
61 Anon., *Some Account of the Conduct of the Religious Society of Friends*, pp. 176, 143.
62 同前，p. 143.
63 George Wilson Bridges, *The Annals of Jamaica*, vol. I (London, 1858), p. 479.
64 William Buyers, *Travels in India* (London, 1852), p. 418.
65 *The Times*, 10 December 1840, p. 6, cited in Andrew Scull, Charlotte Mackenzie and Nicholas Harvey, *Masters of Bedlam: The Transformation of the Mad-doctoring Trade* (Princeton, NJ, 1996), p. 66.
66 J. G. Millingen, *Aphorisms on the Treatment and Management of the Insane* (London, 1840), p. 106, cited 同前。
67 West, *Substance of a Journal*, p. 117.
68 West, *History of Tasmania*, p. 331.
69 同前。
70 同前。
71 Henry Reynolds, *Dispossession: Black Australians and White Invaders* (St Leonards, NSW, 1989), pp. 67–70.
72 同前，pp. 71–2.
73 Philip, *Researches in South Africa*, p. 277.
74 Julia V. Douthwaite, *The Wild Girl, Natural Man and the Monster: Dangerous Experiments in the Age of Enlightenment* (Chicago, IL, 2002), p. 53.
75 同前。
76 同前。
77 J.M.G. Itard, *An Historical Account of the Discovery and Education of a Savage Man* [1800] (London, 1802), p. 23.
78 同前，p. 11.
79 同前，pp. 17, 21.
80 同前，pp. 26, 30, 45, 57.

81 同前，p. 32.
82 同前，p. 33.
83 Douthwaite, *The Wild Girl*, pp. 61–2.
84 同前，p. 62.
85 James Cowles Prichard, *Researches into the Physical History of Man* [1813] (London, 1826), p. 548.
86 同前，p. 9.
87 James Cowles Prichard, *On the Different Forms of Insanity* (London, 1842), pp. 208, 215.
88 Robert Knox, *The Races of Men: A Fragment* (Philadelphia, PA, 1850), p. 149.
89 同前，pp. 156–7.
90 同前。
91 同前，p. 185.
92 Arthur de Gobineau, *The Inequality of Human Races*, trans. Adrian Collins [1853] (London, 1915), p. 140.
93 同前，pp. 205–6.
94 Charles Dickens,'The Lost Arctic Voyagers', *Household Words*, 245 (2 December 1854), p. 362.
95 Charles Dickens, 'The Noble Savage', *Household Words*, 168 (11 June 1853), p. 337.
96 同前，pp. 337–9.
97 Charles Dickens, 'Idiots', *Household Words*, 167 (4 June 1858), p. 313.
98 George W. Stocking Jr, *Victorian Anthropology* (New York, 1987), pp. 244–5.
99 同前。
100 同前，pp. 245–6.
101 Benjamin Collins Brodie, *Address to the Ethnological Society of London* (London, 1854), p. 4.
102 參 Royal Anthropological Institute, *Fellows Database*, 2015.
103 Robert Dunn, 'Some Observations on the Varying Forms of the Human Cranium', *Journal of the Ethnological Society*, iv (1856), p. 34.
104 James Clark, 'Obituary Notice of Dr Conolly', *Transactions of the Ethnological Society of London*, v (1867), pp. 325–40.
105 James Clark, *A Memoir of John Conolly, md, dcl, Comprising a Sketch of the Treatment of the Insane in Europe and America* (London,

1869), p. 111.
106 同前。
107 同前，p. 112.
108 'Pedro Velasquez', *Memoirs of an Eventful Expedition in Central America* (New York, 1850).
109 John Conolly, *The Ethnological Exhibitions of London* (London, 1855), pp. 13–14.
110 同前，p. 12.
111 同前，p. 16.
112 John Conolly, *Address to the Ethnological Society of London Delivered at the Annual General Meeting on the 26 May 1855* (London, 1855), p. 5.
113 同前。
114 W. H. Brock, 'Hunt, James (1833–1869)', *Oxford Dictionary of National Biography* (Oxford, 2004)
115 James Hunt, 'On the Study of Anthropology', *Anthropological Review*, I (1863), pp. 2, 4, 8, 17.
116 Stocking, *Victorian Anthropology*, pp. 25–7, 245–8.
117 分別為：'Proceedings of the Anthropological Society of Paris', *Anthropological Review*, I/3 (1863), p. 377; N. T. Gore, 'Notice of a Case of Micro-cephaly', *Anthropological Review*, I/1 (1863), pp. 168–71; H. G. Atkinson, 'On the Idiotic Family of Downham, in Norfolk', *Journal of the Anthropological Society of London*, iv (1866), p. xxxii; 'Anthropological News', *Anthropological Review*, VI/22 (June 1868), pp. 323–8; 'Reports of the Meetings of the Anthropological Society', *Anthropological Review*, I/1 (1863), pp. 187–91.
118 David Wright, 'Mongols in Our Midst: John Langdon Down and the Ethnic Classification of Idiocy, 1858–1924', in *Mental Retardation in America: A Historical Reader*, ed. S. Noll and J. W. Trent Jnr (New York, 2004), pp. 92–119, p. 104.
119 Stocking, *Victorian Anthropology*, pp. 25–7, 248.
120 E. Dally, 'An Enquiry into Consanguineous Marriages and Pure Races', *Anthropological Review*, II/5 (1864).
121 Walter C. Dendy, 'The Anatomy of Intellect', *Journal of the Anthropological Society of London*, vi (1868), pp. xxvii–xxxix (read to the society on 3 December 1867).
122 John Langdon Down, 'An Account of a Second Case in Which the Corpus Callosum Was Defective', *Journal of Mental Science*, xiii

(1867), p. 120.
123 Karl Vogt, *Lectures on Man*, ed. James Hunt (London, 1864), p. 170.
124 See Wright, 'Mongols in Our Midst', p. 104, and Stephen Jay Gould, *The Panda's Thumb* (London, 1990), p. 137.
125 Stocking, *Victorian Anthropology*, pp. 25–7, 252.
126 Dendy, 'Anatomy of Intellect', p. xxxviii.
127 James Hunt, 'On the Negro's Place in Nature', *Memoirs Read before the Anthropological Society of London*, I (1863–4), pp. 16–17, 51.
128 Gad Heuman, *'The Killing Time': The Morant Bay Rebellion in Jamaica* (Knoxville, TN, 1994), pp. xiii–xiv.
129 皇家人類學學院檔案（Royal Anthropological Institute Archive, London，以下簡稱ＲＡＩ），A5, letter 273.
130 Bedford Pim, *The Negro and Jamaica (Read before the Anthropological Society of London, Feb 1, 1866)* (London 1866), p. 7.
131 同前，p. 20.
132 同前，pp. 69–71.
133 RAI, A/5/59, 2 February 1866; A/5/100, 23 February 1866; A/5/147 9 March 1866; A/5/67, 29 June 1866; A/5/168, 5 February 1866; A/5/169, 6 February 1866; A/5/170, 26 February 1866.
134 Earlswood Annual Report, 1859; Surrey History Centre, Woking, 392/1/1.
135 John Langdon Down, 'Observations on an Ethnic Classification of Idiots', *Journal of Mental Science*, xiii (1867), pp. 121–2.
136 同前。
137 同前，p. 122.
138 同前，p. 123.
139 Gould, *The Panda's Thumb*, pp. 135–6.
140 'Reports of the Meetings of the Anthropological Society', p. 191.
141 O. Conor Ward, *John Langdon Down, 1828–1896: A Caring Pioneer* (London, 1998), p. 182.
142 Down, 'Observations on an Ethnic Classification', p. 123.
143 Gould, *The Panda's Thumb*, pp. 138–9.
144 Daniel Kelves, *In the Name of Eugenics: Genetics and the Uses of Human Heredity* (Cambridge, MA, 1985), pp. 245–9.

145 Fanny Parks, *Wanderings of a Pilgrim in Search of the Picturesque during Four-and-twenty Years in the East* (London, 1850), pp. 361–2.
146 Phillippo, *Jamaica*, p. 200.
147 Earlswood Annual Report, 1862, Surrey History Centre, 392 1/1.
148 Earlswood Annual Report, 1881, Surrey History Centre, 392 1/2/3.
149 Earlswood Annual Report, 1859, Surrey History Centre, 392 1/1; Earlswood Annual Report, 1867, Surrey History Centre, 392 1/1.
150 Earlswood Annual Report, 1863, Surrey History Centre, 392 1/1.
151 Earlswood Annual Report, 1871, Surrey History Centre, 392 1/1.

第七章

1 William Parry-Jones, *The Trade in Lunacy: A Study of Private Madhouses in England in the Eighteenth and Nineteenth Centuries* (London, 1972).
2 David Wright, *Mental Disability in Victorian England: The Earlswood Asylum, 1847–1901* (Oxford, 2001), p. 21.
3 同前，pp. 12–15.
4 同前，pp. 42–3.
5 同前，p. 41.
6 Edward Vallance, *A Radical History of Britain* (London, 2009), pp. 205–82, 363–432.
7 Roger Knight, *Britain against Napoleon: The Organisation of Victory, 1793–1815* (London, 2014), pp. 62–3.
8 同前，pp. 125–6.
9 Vic Gatrell, *City of Laughter: Sex and Satire in Eighteenth-century London* (London, 2006), pp. 283–4.
10 同前，p. 487.
11 同前，pp. 530–46.
12 同前，pp. 453–5.
13 Thomas Paine, *Rights of Man* [1790] (London, 1985), p. 59.
14 同前。

15 同前，p. 60.
16 同前，p. 172.
17 同前。
18 同前，pp. 173–4.
19 同前，p. 174.
20 同前，p. 68.
21 John Carson, *The Measure of Merit: Talents, Intelligence and Inequality in the French and American Republics, 1750–1940* (Princeton, nj, 2007), p. xiii.
22 同前，pp. 22, 26.
23 Paine, *Rights of Man*, p. 70.
24 同前。
25 同前。
26 同前，p. 163.
27 William Godwin, *Enquiry concerning Political Justice and Its Influence on Morals and Happiness*, 第三版 (London, 1798), p. 449.
28 同前，p. 93.
29 同前。
30 同前，pp. 94–5.
31 同前，p. 95.
32 Francis Grose, *A Classical Dictionary of the Vulgar Tongue*, 第二版 (London, 1788).
33 Godwin, *Enquiry*, p. 528.
34 同前，p. 457.
35 同前，pp. xxvii, 457.
36 同前，p. 157.
37 同前，p. 93.
38 S. Jarrett and C. F. Goodey, 'Learning Difficulties: Intellectual Disability in the Long Eighteenth Century', in *A Cultural History of*

Disability in the Long Eighteenth Century, ed. D. Christopher Gabbard and Susannah B. Mintz (London, 2020), pp. 133–4.

39 Edmund Burke, *Reflections on the Revolution in France and on the Proceedings in Certain Societies in London Relative to That Event* [1790] (London, 1986), p. 132.

40 同前，p. 133.

41 同前，p. 174.

42 Anne Stott, *Hannah More: The First Victorian* (Oxford, 2003), pp. 128–9.

43 同前，p. 82.

44 同前，pp. 169–76, 208.

45 Susan Pedersen, 'Hannah More Meets Simple Simon: Tracts, Chapbooks and Popular Culture in Late Eighteenth-century England', *Journal of British Studies*, XXV/1 (1986), p. 107.

46 Hannah More, 'The Shepherd of Salisbury Plain', in *Cheap Repository Tracts Published in the Year 1795* (London, 1795), pp. 28–9.

47 Hannah More, 'The Beggarly Boy: A Parable', in *Cheap Repository Tracts*, pp. 3–10.

48 Hannah More, *Thoughts on the Importance of the Manners of the Great to the General Society*, 第八版 (London, 1790), p. 34.

49 Hannah More, *The History of Hester Wilmot* [1795–8] (London, 1810), pp. 10–11.

50 Hannah More, *Parley the Porter; or, Robbers Without Cannot Ruin the Castle, Unless There Are Traitors Within* [1795–8] (Manchester, 1870), pp. 1–6.

51 同前，pp. 11–12.

52 同前，p. 1.

53 Hannah More, 'The Grand Assizes; or, General Gaol Delivery' [1795–8], in *Works of Hannah More*, vol. II (London, 1834), p. 148.

54 Jarrett and Goodey, 'Learning Difficulties', pp. 134–5.

55 Robert Dingley, 'Tupper, Martin Farquhar (1810–1889)', *Oxford Dictionary of National Biography*, www.oxforddnb.com.

56 同前。

57 Martin Tupper, 'In Anticipation', in *Proverbial Philosophy: A Book of Thoughts and Arguments* (London, 1853), p. 16.

58 Tupper, 'Of Memory', in *Proverbial Philosophy*, p. 39.

59 Tupper, 'Of Reading', in *Proverbial Philosophy*, p. 159.

60 Reverend A. W. Hare, *Sermons to a Country Congregation* (London, 1838), p. 35.
61 John Wallace, *Simple Simon: A Farce in Two Acts* (Madras, 1805), pp. 2–11.
62 J. S. Mill, 'Utilitarianism' [1861], in John Stuart Mill and Jeremy Bentham, *Utilitarianism and Other Essays*, ed. Alan Ryan (London, 2004), p. 280.
63 同前。
64 同前。
65 同前，p. 281.
66 同前，p. 285.
67 同前，pp. 285–6.
68 同前，p. 69.
69 J. S. Mill, *On Liberty* [1859] (London, 1974), p. 177.
70 Wright, *Mental Disability*, p. 13.
71 County Asylums Act, 1808, 48 George 3 c. 96.
72 Wright, *Mental Disability*, p. 13.
73 David Englander, *Poverty and Poor Law Reform in 19th Century Britain, 1834–1914* (London, 1998); Trevor May, *The Victorian Workhouse* (Oxford, 2011); Kathryn Morrison, *The Workhouse: A Study of Poor-law Buildings in England* (London, 1999).
74 Wright, *Mental Disability*, pp. 19–21.
75 County Asylums Act 1845, 8+9 Victoria c. 126.
76 Lunacy Act 1845, 8+9 Victoria, c. 100.
77 Wright, *Mental Disability*, p. 19.
78 同前，pp. 19–20.
79 同前，p. 15.
80 Andrew Scull, Charlotte Mackenzie and Nicholas Harvey, *Masters of Bedlam: The Transformation of the Mad-doctoring Trade* (Princeton, NJ, 1996), pp. 66–8.
81 John Conolly, 'On the Management of Hanwell Lunatic Asylum', *Journal of Psychological Medicine and Mental Pathology*, ii (1849),

pp. 424–7.

82 像是蘭開斯特瘋人院院長 Samuel Gaskell: Samuel Gaskell, 'Visit to the Bicêtre', *Chambers's Edinburgh Journal*, 158 (9 January 1847), pp. 20–22; 'Education of Idiots at the Bicêtre', *Chambers's Edinburgh Journal*, 161 (30 January 1847), pp. 71–5; 'Education of Idiots at the Bicêtre, Part 3', *Chambers's Edinburgh Journal*, 163 (13 February 1847), pp. 105–7.

83 Wright, *Mental Disability*, pp. 42–3.

84 同前，p. 157.

85 同前，p. 159.

86 John Langdon Down, 'Observations on an Ethnic Classification of Idiots', *Journal of Mental Science*, xiii (1867), pp. 121–2.

87 Wright, *Mental Disability*, p. 41.

第八章

1 Idiots Act 1886, 49+50 Victoria c. 25.

2 Matthew Thomson, *The Problem of Mental Deficiency: Eugenics, Democracy and Social Policy in Britain, c. 1870–1959* (Oxford, 1998), pp. 12–13.

3 同前，p. 15.

4 同前，pp. 21, 51.

5 Roger Smith, *Between Mind and Nature: A History of Psychology* (London, 2013), p. 106.

6 Cited in Daniel J. Kelves, *In the Name of Eugenics: Genetics and the Use of Human Heredity* (Cambridge, MA, 1995), p. 3.

7 Smith, *Between Mind and Nature*, p. 107.

8 Richard L. Dugdale, *The Jukes: A Study in Crime, Pauperism, Disease and Heredity* (New York, 1877).

9 同前，p. 32.

10 Oscar McCulloch, *The Tribe of Ishmael: A Study in Social Degradation* (Indianapolis, IN, 1891).

11 José Harris, 'Between Civic Virtue and Social Darwinism: The Concept of the Residuum', in *Retrieved Riches: Social Investigation in Britain, 1840–1914*, ed. David Englander and Rosemary O'Day (Aldershot, 1995), p. 68.

12 Peter Quennell, ed., *Mayhew's London Underworld* (London, 1987), p. 176.

13 H. G. Wells, *The Time Machine* [1895] (London, 2005), p. 46.
14 同前，p. 25.
15 Kelves, *In the Name of Eugenics*, p. 92.
16 同前。
17 Charles Darwin, *The Descent of Man and Selection in Relation to Sex* [1871] (London, 2004), p. 54.
18 同前。
19 同前。
20 同前，pp. 55, 109.
21 George Romanes, *Animal Intelligence*, 第四版 (London, 1886), pp. 4–8.
22 George Romanes, *Mental Evolution in Animals* (London, 1883), p. 181.
23 H. G. Wells, *The Island of Dr Moreau* (London, 1896).
24 Henry Maudsley, *Body and Will* (London, 1883), p. 246.
25 Stephen Jay Gould, *The Mismeasure of Man* (New York, 1996), p. 176.
26 同前，p. 178.
27 同前，pp. 178–80.
28 同前，pp. 225–9.
29 Thomson, *The Problem of Mental Deficiency*, pp. 23–4.
30 同前，pp. 26–33.
31 John Carson, *The Measure of Merit: Talents, Intelligence and Inequality in the French and American Republics, 1750–1940* (Princeton, NJ, 2007), pp. 177–82.
32 Gould, *Mismeasure of Man*, pp. 188–9.
33 Henry Herbert Goddard, *The Kallikak Family: A Study in the Heredity of Feeble-mindedness* (Norwood, MA, 1912) p. 33.
34 Gould, *Mismeasure of Man*, pp. 198–201.
35 Anon., 'The Feeble-minded Control Bill House of Commons Meeting Dec. 5th 1911', *Eugenics Review*, III (1912), pp. 355–8.
36 同前，p. 355.

37 同前，pp. 355–6.

38 同前，p. 357.

39 Thomson, *The Problem of Mental Deficiency*, p. 39.

40 C. V. Wedgwood, 'Wedgwood, Josiah Clement, first Baron Wedgwood (1872–1943)', revd Mark Pottle, *Oxford Dictionary of National Biography* (Oxford, 2004); Thomson, *The Problem of Mental Deficiency*, pp. 37–46.

41 國家檔案館（以下簡稱TNA），NATS 1/727 (1917), *Central Association for the Care of the Mentally Defective: Request for Information regarding Rejection of Soldiers for Mental Deficiency, 1917–18.*

42 Jan Walmsley and Simon Jarrett, 'Intellectual Disability Policy and Practice in Twentieth-century United Kingdom', in *Intellectual Disability in the Twentieth Century: Transnational Perspectives on People, Policy and Practice*, ed. Walmsley and Jarrett (Bristol, 2019), p. 180.

43 Jan Walmsley et al., 'Community Care and Mental Deficiency, 1913 to 1945', in *Outside the Walls of the Asylum: The History of Care in the Community, 1750–2000*, ed. P. Bartlett and D. Wright (London, 1999), pp. 184–5.

44 同前，p. 186.

45 Walmsley and Jarrett, 'Intellectual Disability', pp. 180–81.

46 Walter Hedley, *Report of the Departmental Committee on Colonies for Mental Defectives* [Hedley Report] (London, 1931).

47 Maggie Potts and Rebecca Fido, *'A Fit Person to Be Removed': Personal Accounts of Life in a Mental Deficiency Institution* (Plymouth, 1991); Walmsley and Jarrett, 'Intellectual Disability', p. 182.

48 Walmsley et al., 'Community Care', pp. 185–6.

49 Kelves, *In the Name of Eugenics*, p. 114.

50 Walmsley et al., 'Community Care', p. 186.

51 Kelves, *In the Name of Eugenics*, p. 113.

52 Richard Overy, *The Morbid Age: Britain and the Crisis of Civilisation, 1919–1939* (London, 2010), p. 93.

53 Aldous Huxley, *Brave New World* [1932] (London, 2014), p. 50.

54 Overy, *The Morbid Age*, pp. 93–135.

55 Walmsley and Jarrett, 'Intellectual Disability', p. 184.

56 Smith, *Between Mind and Nature* (London, 2013), p. 108.
57 Karl Pearson, 'On the Inheritance of Mental Disease', *Annals of Eugenics*, IV/3–4 (1930), p. 374.

第九章

1 Stanley P. Davies, *Social Control of the feebleminded* (New York, 1923).
2 Albert Deutsch, *The Mentally Ill in America: A History of Their Care and Treatment from Colonial Times* (New York, 1937), p. 378.
3 Karl Binding and Alfred Hoche, *Allowing the Destruction of Life Unworthy of Life: Its Measure and Form* (Berlin, 1920).
4 Henry Frielander, 'The Exclusion and Murder of the Disabled', in *Social Outsiders in Nazi Germany*, ed. Robert Gellately and Nathan Stoltzfus (Princeton, nj, 2001), p. 147.
5 Robert Gellately and Nathan Stoltzfus, 'Social Outsiders and the Construction of the Community of the People', in *Social Outsiders*, ed. Gallately and Stoltzfus, p. 11.
6 Suzanne E. Evans, *Forgotten Crimes: The Holocaust and People with Disabilities* (Chicago, il, 2004), pp. 15–16.
7 Frielander, 'Exclusion and Murder of the Disabled', pp. 151–6.
8 Evans, *Forgotten Crimes*, pp. 17, 143–4.
9 Matthew Thomson, *The Problem of Mental Deficiency: Eugenics, Democracy and Social Policy in Britain, c. 1870–1959* (Oxford, 1998), p. 276.
10 同前，pp. 276–7.
11 同前，p. 277.
12 Thomson, *The Problem of Mental Deficiency*, p. 278.
13 Maggie Potts and Rebecca Fido, *'A Fit Person to be Removed': Personal Accounts of Life in a Mental Deficiency Institution* (Plymouth, 1991), p. 45.
14 同前，p. 52.
15 同前，pp. 60–61.
16 同前，pp. 86–9.
17 Sheena Rolph et al., *Witnesses to Change: Families, Learning Difficulties and History* (Kidderminster, 2005), p. 77.

18 同前，p. 49.
19 同前，p. 19.
20 同前，p. 48.
21 同前，p. 78.
22 Jan Walmsley and Simon Jarrett, 'Intellectual Disability Policy and Practice in Twentieth-century United Kingdom', in *Intellectual Disability in the Twentieth Century: Transnational Perspectives on People, Policy and Practice*, ed. J. Walmsley and S. Jarrett (Bristol, 2019), p. 186.
23 Kathleen W. Jones. 'Education for Children with Mental Retardation: Parent Activism, Public Policy and Family Ideology in the 1950s', in *Mental Retardation in America: A Historical Reader*, ed. Steven Noll and James W. Trent, Jr (New York, 2004), p. 325.
24 同前，p. 326.
25 Janice Brockley, 'Rearing the Child Who Never Grew: Ideologies of Parenting and Intellectual Disability in American History', in *Mental Retardation in America*, ed. Noll and Trent, p. 150.
26 Wolf Wolfensberger, *The Origin and Nature of Our Institutional Models* (New York, 1983), pp. 14–15.
27 Brockley, 'Rearing the Child', pp. 330–41.
28 George Thomson, *The Foreseeable Future* (London, 1957), pp. 123–5.
29 Michael Young, *The Rise of the Meritocracy* [1958] (Abingdon, 2017).
30 同前，p. xvi.
31 Thomson, *The Foreseeable Future*, p. 125.
32 Young, *Rise of the Meritocracy*, p. xvi.
33 Thomson, *The Problem of Mental Deficiency*, pp. 280–81.
34 'Report of the Royal Commission on the Law Relating to Mental Illness and Mental Deficiency' (1957), 皇家文書局（以下簡稱ＨＭＳＯ），1957.
35 Mental Health Act 1959, 7+8 Elizabeth 2 c. 72.
36 Thomson, *The Problem of Mental Deficiency*, p. 293.
37 'Report on Ely Hospital: Report of the Committee of Enquiry into Allegations of Ill-treatment of Patients and Other Irregularities at the

Ely Hospital, Cardiff' (1969), HMSO.
38 'Better Services for the Mentally Handicapped' (1971), HMSO cmd 4683.
39 Nigel Evans (dir.), *Silent Minority* (ATV, 1981).
40 'Report of the Committee of Enquiry into Mental Handicap Nursing Care (the Jay Report)' (1979), HMSO cmd 7468.
41 'Care in the Community: A Consultative Document on Moving Resources for Care in England' (1981), Department of Health and Social Security (DHSS) and House of Commons (HC) (81) 9.
42 'President's Committee on Mental Retardation' (Washington, DC, 1976), 引述在 Deborah S. Metzel, 'Historical Social Geography', in *Mental Retardation in America*, ed. Noll and Trent, p. 434.
43 Philip M. Ferguson, 'From Social Menace to Unfulfilled Promise: The Evolution of Policy and Practice towards People with Intellectual Disabilities in the United States', in *Intellectual Disability*, ed. Walmsley and Jarrett, pp. 199–200.
44 Metzel, 'Historical Social Geography', pp. 434–5.
45 Wolfensberger, *The Origin*, pp. 13–17.
46 Robert B. Edgerton, *The Cloak of Competence: Stigma in the Lives of the Mentally Retarded* (Berkeley, CA, 1967), p. 216.
47 同前，pp. 217–18.
48 Wolf Wolfensberger, 'A Call to Wake Up to the Beginning of a New Wave of "Euthanasia" of Severely Impaired People', *Education and Training of the Mentally Retarded*, 15 (1983) pp. 171–3.
49 Valerie Sinason, 'Foreword' in D. Niedecken, *Nameless: Understanding Learning Disability* (Hove, 2003), pp. xv–xviii, quoted in Jan Walmsley, 'Labels, Death-making and an Alternative to Social Valorisation: Valerie Sinason's Influence on My Work', in *Intellectual Disability and Psychotherapy: The Theories, Practice and Influence of Valerie Sinason*, ed. Alan Corbett (London, 2019), pp. 135–6.
50 Guoron Stefánsdóttir, 'People with Intellectual Disabilities in Iceland in the Twentieth Century: Sterilisation, Social Role Valorisation and "Normal Life"', in *Intellectual Disability*, ed. Walmsley and Jarrett, pp. 131–2; Wolf Wolfensberger, 'A Brief Overview of the Principle of Normalization', in *Normalization, Social Integration and Community Service*, ed. R. J. Flynn and K. E. Nitsch (Baltimore, MD, 1980).
51 Stefánsdóttir, 'People with Intellectual Disabilities in Iceland', pp. 129–41.
52 Simon Jarrett, 'The Meaning of "Community" in the Lives of People with Intellectual Disabilities: An Historical Perspective',

International Journal of Developmental Disabilities, LXI/2 (2015), p. 107.

53 Martin W. Barr, *Mental Defectives: Their History, Treatment and Training* (Philadelphia, PA, 1904), p. 2.

延伸閱讀

Andrews, Jonathan, 'Begging the Question of Idiocy: The Definition and Socio-cultural Meaning of Idiocy in Early Modern Britain, Part 1', *History of Psychiatry*, IX/33 (1998), pp. 65–95; and 'Part 2', IX/34 (1998), pp. 179–200.

Atkinson, Dorothy, Mark Jackson and Jan Walmsley, *Forgotten Lives: Exploring the History of Learning Disability* (Kidderminster, 1997)

Atkinson, Dorothy, et al., *Good Times, Bad Times: Women with Learning Difficulties Tell Their Stories* (Kidderminster, 2000).

Carson, John, *The Measure of Merit: Talents, Intelligence and Inequality in the French and American Republics, 1750–1940* (Princeton, NJ, 2007).

Cowling, Mary, *The Artist as Anthropologist: The Representation of Type and Character in Victorian Art* (Cambridge, 1989).

Dickie, Simon, *Cruelty and Laughter: Forgotten Comic Literature and the Unsentimental Eighteenth Century* (Chicago, IL, 2011).

Digby, Anne, and David Wright, eds, *From Idiocy to Mental Deficiency: Historical Perspectives on People with Learning Disabilities* (London, 1996).

Douthwaite, Julia V., *The Wild Girl, Natural Man and the Monster: Dangerous Experiments in the Age of Enlightenment* (Chicago, IL, 2002).

Edgerton, Robert B., *The Cloak of Competence: Stigma in the Lives of the Mentally Retarded* (Berkeley, CA, 1967).

Eigen, John Peter, *Witnessing Insanity: Madness and Mad Doctors in the English Court* (New Haven, CT, 1995).

Evans, Suzanne E., *Forgotten Crimes: The Holocaust and People with Disabilities* (Chicago, IL, 2004).

Frielander, Henry, 'The Exclusion and Murder of the Disabled', in *Social Outsiders in Nazi Germany*, ed. Robert Gellately and Nathan Stoltzfus (Princeton, NJ, 2001).

Gatrell, Vic, *City of Laughter: Sex and Satire in Eighteenth-century London* (London, 2006).

Goldstein Jan, *Console and Classify: The French Psychiatric Profession in the Nineteenth Century* (Chicago, IL, 2001).

Goodey, C. F., *A History of Intelligence and Intellectual Disability: The Shaping of Psychology in Early Modern Europe* (Farnham, 2011).

—, 'What Is Developmental Disability? The Origin and Nature of Our Conceptual Models', *Journal on Developmental Disabilities*, VIII/2 (2001), pp. 1–18.

Gould, Stephen Jay, *The Mismeasure of Man* (New York, 1996).

—, *The Panda's Thumb: More Reflections in Natural History* (London, 1980).

Harris, José, 'Between Civic Virtue and Social Darwinism: The Concept of the Residuum', in *Retrieved Riches: Social Investigation in Britain, 1840–1914*, ed. David Englander and Rosemary O'Day (Aldershot, 1995).

Jackson, Mark, *The Borderland of Imbecility: Medicine, Society and the Fabrication of the Feeble Mind in Late-Victorian and Edwardian England* (Manchester, 2000).

—, '"It Begins with the Goose and Ends with the Goose": Medical, Legal and Lay Understandings of Imbecility in *Ingram v. Wyatt*, 1824–1832', *Social History of Medicine*, XI/3 (1998), pp. 361–80.

Jarrett, Simon, 'The Meaning of "Community" in the Lives of People with Intellectual Disabilities: An Historical Perspective', *International Journal of Developmental Disabilities*, LXI/2 (2015), pp. 107–12.

Kelves, Daniel, *In the Name of Eugenics: Genetics and the Uses of Human Heredity* (Cambridge, MA, 1985).

Lund, Roger, 'Laughing at Cripples: Ridicule, Deformity, and the Argument from Design', *Eighteenth Century Studies*, XXXIX/1 (2005), pp. 91–114.

McDonagh, Patrick, *Idiocy: A Cultural History* (Liverpool, 2008).

—, Tim Stainton and C. F. Goodey, *Intellectual Disability: A Conceptual History, 1200–1900* (Manchester, 2019).

McGlynn, Margaret, 'Idiots, Lunatics and the Royal Prerogative in Early Tudor England', *Journal of Legal History*, XXVI/1 (2005), pp. 1–24.

Mezler, Irina, *Fools and Idiots? Intellectual Disability in the Middle Ages* (Manchester, 2016).

Nitsch, K. E., *Normalization, Social Integration and Community Service* (Baltimore, md, 1980).

Noll, Steven, and James W. Trent, Jr, eds, *Mental Retardation in America: A Historical Reader* (New York, 2004).

Overy, Richard, *The Morbid Age: Britain and the Crisis of Civilisation, 1919–1939* (London, 2010).

Pedersen, Susan, 'Hannah More Meets Simple Simon: Tracts, Chapbooks and Popular Culture in Late Eighteenth-century England', *Journal of British Studies*, XXV/1 (1986), pp. 84–113.

Potts, Maggie, and Rebecca Fido, *'A Fit Person to Be Removed': Personal Accounts of Life in a Mental Deficiency Institution* (Plymouth, 1991).

Rolph, Sheena, et al., *Witnesses to Change: Families, Learning Difficulties and History* (Kidderminster, 2005).

Scull, Andrew, Charlotte Mackenzie and Nicholas Harvey, *Masters of Bedlam: The Transformation of the Mad-doctoring Trade* (Princeton, NJ, 1996).

Simpson, Murray, 'The Moral Government of Idiots: Moral Treatment in the Work of Seguin', *History of Psychiatry*, X (1999), pp. 227–43.

Smith, Roger, *Between Mind and Nature: A History of Psychology* (London, 2013).

Stocking, George W., Jr, *Victorian Anthropology* (New York, 1991).

Tave, Stuart M., *The Amiable Humorist: A Study in the Comic Theory and Criticism of the Eighteenth and Early Nineteenth Centuries* (Chicago, IL, 1960).

Thomson, Matthew, *The Problem of Mental Deficiency: Eugenics, Democracy and Social Policy in Britain, c. 1870–1959* (Oxford, 1998).

Trent, James W., Jr, *Inventing the Feeble Mind: A History of Mental Retardation in the United States* (Berkeley, CA, 1994).

Verstraete, Pieter, 'Savage Solitude: The Problematisation of Disability at the Turn of the Eighteenth Century', *Paedagogica Historica*, XLV/3 (2009), pp. 269–89.

Walmsley, Jan, Dorothy Atkinson and Sheena Rolph, 'Community Care and Mental Deficiency, 1913–1945', in *Outside the Walls of the Asylum: The History of Care in the Community, 1750–2000*, ed. Peter Bartlett and David Wright (London, 1999), pp. 181–203.

Walmsley, Jan, and Simon Jarrett, eds, *Intellectual Disability in the Twentieth Century: Transnational Perspectives on People, Policy and Practice* (Bristol, 2019).

Wolfensberger, Wolf, 'A Brief Overview of the Principle of Normalization', in *Normalization, Social Integration and Community Services*, ed. R. J. Flynn and K. E. Nitsch (Baltimore, MD, 1980), pp. 7–30.

—, 'A Call to Wake Up to the Beginning of a New Wave of "Euthanasia"of Severely Impaired People', *Education and Training of the Mentally Retarded*, XV (1983), pp. 171–3.

—, *The Origin and Nature of our Institutional Models* (New York, 1983).

Wright, David, *Mental Disability in Victorian England: The Earlswood Asylum, 1847–1901* (Oxford, 2001).

—, *Downs: The History of a Disability* (Oxford, 2011).

Young, Michael, *The Rise of the Meritocracy* [1958] (Abingdon, 2017)

致謝

我得以完成本書的寫作，要感謝許多人和組織的協助。我非常感謝 Joanna Bourke 教授，她是我在倫敦大學伯貝克學院開始這項工作時的研究生導師。她從一開始就對我的這項計畫給予堅定的支持，也給了我極大的鼓勵和有見地的意見，她對我的支持，我永銘在心。惠康基金會（Wellcome Trust）在這項計畫上，慷慨地支援了我三年。我的寫作靈感來自於多年來與我共事、並肩作戰的許多學習障礙者。簡言之，沒有他們，我無法寫出本書，我由衷感謝他們。我希望對他們而言，這是一部公正的著作。我還要感謝我在各個檔案館和圖書館裡進行研究時，那些和善有禮、樂於助人的工作人員，特別是坐落在邱園的國家檔案館、惠康基金會圖書館、大英圖書館、英國國家肖像館的海因茨檔案館和圖書館，以及皇家人類學學會的圖書館和檔案館。我還要感謝 Brigitte Lacoste，協助檢查我從法語到英語的翻譯，並提出寶貴建議。此外，以下人士騰出了他們寶貴的時間閱讀我的作品，也提出了寶貴的回饋意見：萊斯特大學的 Chris Goodey 博士、溫徹斯特大學的 Chris Mounsey 教授、倫敦瑪麗女王大學的 Heather Tilley 博士，以及加拿大蒙特婁協和大學的 Patrick McDonagh 博士，開放大學的 Jan Walmsley 教授和 Liz Tilley 博士，以及學習障礙社會史研究團體，都是我的寶貴盟友，並樂意成為我的研究的試驗場。我也要感謝 Reaktion Books 出版社的 Amy Salter、Alex Ciobanu 和 Michael Leaman，以他們淵博的知識鼎力相助。我最感謝的是我的妻子黛安，感謝她的耐心、支持和睿智話語，她總是說誠實話，即使我不願意聽亦然。

本書第一章和第四章的部分內容轉載或改寫自我的文章〈*Belief*, '*Opinion*', and '*Knowledge*': The *Idiot* in *Law* in the *Long Eighteenth Century*〉，載於我的著作 *Intellectual Disability: A Conceptual History, 1200–1900*，P. McDonagh、C. F. Goodey 和 T. Stainton 共同編輯（Manchester, 2018），感謝曼徹斯特大學出版社允許我轉載這部分內容。第二章的部分內容轉載或改寫自我的文章 Laughing about and Talking about the Idiot in the Eighteenth Century，載於 *The Variable Body in History* 一書，C. Mounsey 和 S. Booth 共同編輯（Oxford, 2016），感謝 Peter Lang Copyright AG 允許轉載。

照片致謝

作者與出版商對下列插圖素材的來源，和（或）允許複製使用，表示感謝。基於簡潔起見，其中一些藝術品所在地點一併附上：

Artokoloro Quint Lox Limited/Alamy Stock Photo: p. 228; Beinecke Rare Book and Manuscript Library, Yale University, New Haven, CT: p. 240; Boston Public Library: pp. 90, 91, 236; British Museum, London: pp. 41, 188; 來自 Commission de Lunatico Inquirendo, *An Inquiry into the State of Mind of W. F. Windham, Esq. of Fellbrig Hall, Norfolk* (London, 1862), 照片提供 Wellcome Library, London: pp. 157; 來自 James Cook, *Voyage dans l'hémisphère austral, et autour du monde*, vol. IV (Paris, 1778), 照片提供 John Carter Brown Library, Providence, RI: p. 111; 來自 Charles Darwin, *The Expression of the Emotions in Man and Animals* (London, 1872), 照片提供 Wellcome Library, London: p. 270; 來自 Charles Dickens, *Barnaby Rudge* (Philadelphia, pa, 1841), 照片提供 University of California Libraries: p. 183; 來自 Jean-Baptiste Du Tertre, *Histoire generale des Antilles habitées par les François*, vol. II (Paris, 1667): p. 121; 來自 James

Grant, *Sketches in London*, 2nd edn (London, 1840), 照片提供 Wellcome Library, London: p. 252; 來自 Francis Grose, *Supplement to The Antiquities of England and Wales* (London, 1777), 照片提供 Philadelphia Museum of Art, Library and Archives: p. 62; 提供者Huntington Art Museum, San Marino, CA: p. 89; 來自 *Illustrated London News* (11 March 1864): p. 232; 來自 Carl Linnaeus, *Amoenitates academicae, seu, Dissertationes variae physicae, medicae, botanicae*, vol. VI, 2nd edn (Erlangen, 1785), 照片提供 Digital Archive of the University of Maryland, Baltimore: p. 103; Los Angeles County Museum of Art: p. 108; The Metropolitan Museum of Art, New York: pp. 39, 47, 50; 照片提供 John Minihan/Evening Standard/Hulton Archive via Getty Images: p. 313; Minneapolis Institute of Art, MN: p. 88; 來自 Alexander Morison, *Outlines of Lectures on Mental Diseases*, 2nd edn (London, 1826), 照片提供 Wellcome Library, London: p. 248; 照片提供 National Library of Medicine, Bethesda, MD: pp. 141, 277; National Maritime Museum, Greenwich, London: p. 100; National Portrait Gallery, London: p. 167; The New York Public Library: p. 177; from *Punch; or, the London Charivari* (23 June 1877): p. 174; 來自 William Henry Pyne, *The Microcosm of London*, vol. ii (London, 1808–10): p. 147; Rijksmuseum, Amsterdam: pp. 85, 86; © The Trustees of the British Museum: pp. 79, 82, 83; 來自 Edward Whymper, *Scrambles Amongst the Alps in the Years 1860–69* (London, 1871), 照片提供 Harold B. Lee Library, Brigham Young University, Provo, UT: p. 190; 來自 James Wilson, *A Missionary Voyage to the Southern Pacific Ocean* (London, 1799), 照片提供 Wellcome Library, London: p. 128; 來自 George Moutard Woodward, *Eccentric Excursions; or Literary and Pictorial Sketches of Countenance,*

Character and Country in Different Parts of England and South Wales (London, 1796): p. 54; Yale Center for British Art, Paul Mellon Collection, New Haven, CT: p. 65. Universidad Pablo de Olavide (UPO)，第 318 頁的圖片版權所有人，已根據創用CC姓名標示——相同方式分享 2.0 通用版授權條款，在網路上發布。Wellcome Collection 是第 31, 34, 81, 87, 135, 154, 188, 206, 213, 219, 223, 226, 256, 273, 275, 287, 290, 295, 301, 311 和 324 頁的圖片版權所有人，已根據創用CC姓名標示 4.0 國際版授權條款，在網路上發布。

讀者可以自由地：

分享：以任何媒介或格式重製及散布本素材。

修改：重混、轉換本素材，及依本素材建立新素材且為任何目的，包含商業性質之使用。

根據以下條款：

姓名標示：你必須給予適當表彰、提供指向本授權條款的連結，以及**指出（本作品的原始版本）是否已被變更**。你可以任何合理方式為前述表彰，但不得以任何方式暗示授權人為你或你的使用方式背書。

相同方式分享：若你重混、轉換本素材，或依本素材建立新素材，你必須依本素材的授權條款來散布你的貢獻物。

索引

人名

三至六畫

七至八畫

九畫

十至十二畫

十三畫

十四畫以上

地點

三至十畫

十一畫以上

組織機構

一至七畫

八至十二畫

十三畫以上

文獻影片

一至五畫

六至九畫

十至十三畫以上

十四畫

其他

一至六畫

七至十二畫

十三畫以上

Those They Called Idiots: The Idea of the Disabled Mind from 1700 to the Present Day
by Simon Jarrett was first published by Reaktlon Books, London, UK, 2020.

白癡的歷史：18 世紀至今世人如何看待智能障礙者

作　　者　賽門．賈勒特
譯　　者　劉卉立
選 書 人　張瑞芳
責任編輯　張瑞芳
協力編輯　曾時君
校　　對　童霈文
版面構成　張靜怡
封面設計　陳文德
行 銷 部　張瑞芳、段人涵
版 權 部　李季鴻、梁嘉真
總 編 輯　謝宜英
出 版 者　貓頭鷹出版

發 行 人　涂玉雲
發　　行　英屬蓋曼群島商家庭傳媒股份有限公司城邦分公司
104 台北市中山區民生東路二段 141 號 11 樓
劃撥帳號：19863813；戶名：書虫股份有限公司
城邦讀書花園：www.cite.com.tw　購書服務信箱：service@readingclub.com.tw
購書服務專線：02-2500-7718~9（週一至週五 09:30-12:30；13:30-18:00）
24 小時傳真專線：02-2500-1990~1
香港發行所　城邦（香港）出版集團／電話：852-2877-8606／傳真：852-2578-9337
馬新發行所　城邦（馬新）出版集團／電話：603-9056-3833／傳真：603-9057-6622
印 製 廠　中原造像股份有限公司
初　　版　2023 年 7 月
定　　價　新台幣 630 元／港幣 210 元（紙本書）
新台幣 441 元（電子書）
I S B N　978-986-262-638-2（紙本平裝）／978-986-262-640-5（電子書 EPUB）

讀者意見信箱　owl@cph.com.tw
投稿信箱　owl.book@gmail.com
貓頭鷹臉書　facebook.com/owlpublishing

【大量採購，請洽專線】(02) 2500-1919

城邦讀書花園
www.cite.com.tw

國家圖書館出版品預行編目資料

白癡的歷史：18 世紀至今世人如何看待智能障礙者／賽門．賈勒特（Simon Jarrett）著；劉卉立譯. -- 初版. -- 臺北市：貓頭鷹出版：英屬蓋曼群島商家庭傳媒股份有限公司城邦分公司發行, 2023.07
面；　公分.
譯自：Those they called idiots: the idea of the disabled mind from 1700 to the present day.
ISBN 978-986-262-638-2（平裝）

1. CST：學習障礙　2. CST：智能障礙
3. CST：社會倫理　4. CST：社會環境

529.69　　112007061

本書採用品質穩定的紙張與無毒環保油墨印刷，以利讀者閱讀與典藏。